Manitus Krieger

René Oth

Manitus Krieger

Die indianischen Völker Nordamerikas, ihre Häuptlinge und Medizinmänner

Weltbild

Meinen Kindern Jocelyn, Adrien und Elodie gewidmet

Genehmigte Lizenzausgabe für Verlagsgruppe Weltbild GmbH, Steinerne Furt, 86167 Augsburg
Copyright © 2000 by Weltbild Ratgeber Verlage GmbH & Co. KG, München. Veröffentlicht im
Battenberg Verlag.
Redaktion: Michael Schönberger
Layout: Daniel Schindler
Umschlaggestaltung: S/L-Kommunikation, Wörthsee
Gesamtherstellung: aprinta Druck GmbH & Co. KG,
Senefelderstraße 3-11, 86650 Wemding

Printed in Germany

ISNB 3-8289-0788-1

2005   2004   2003
Die letzte Jahreszahl gibt die aktuelle Lizenzausgabe an.

Einkaufen im Internet: www.weltbild.de

Inhalt

Der Freiheitskampf des roten Mannes 6

Die Indianer als die Geschundenen, Verfolgten und Entrechteten der Geschichte 6

Die Häuptlingswürde 10

Sachem, Friedenshäuptling und War Chief 10

Die Waldlandindianer des Nordostens 14

Der Traum der Algonkins von einer »politischen Verteidigungskonföderation« 14

Powhatan, der Zauberer 17, Metacomet, der Freiheitskämpfer 18, Pontiac, der Rebell 20, Tecumseh, der Revolutionär 23, Black Hawk, der Verteidiger der indianischen Unabhängigkeit 27

Die Irokesen und der Sechs-Nationen-Bund 30

Deganawidah, der Friedensstifter, und Hiawatha, der Einiger der Irokesen-Stämme 35

Die Ackerbauern des Südostens 38

Die Natchez und ihre »absolute Theokratie« 38

Die Creeks und ihre »plebiszitäre Demokratie« 41

Die Cherokees und der »Weg der Tränen« 44

Sequoyah, der Erfinder des Cherokee-Alphabets 48

Die Choctaws, die Chikasaws und ihr »ökonomischer Kommunismus« 49

Die Seminolen, die perfekten Guerilla-Dschungelsumpfkrieger 51

Osceola, der Freischärler, der aus dem sumpfigen Untergrund kam 54

Die Wüstenbewohner des heißen Südwestens 58

Die Pueblos, die indianischen »Städtebauer« 58

Die Apachen, die »Adler des Südwestens« 66

Mangas Coloradas: Bis zuletzt glaubte er an das Gute im Bleichgesicht 71, Cochise, der Blutsbruder eines Weißen 73, Victorio: vom Friedenssucher zum Rebell 75, Nana: mit 70 zum Guerilla-Anführer berufen 76, Geronimo, der letzte Widerstandskämpfer der Apachen 77

Die Navahos, die »Apachen des bepflanzten Landes« 79

Die Pferdekrieger der Prärien 84

Die Comanchen, die besten Reiter der Prärie 84

Quanah Parker: vom Kriegshäuptling zum Politiker und Finanzmann 89

Die Kiowas, die gefährlichsten Indianer der südwestlichen Plains 92

Satanta, der »Redner von den Plains« 95, Satank, das Oberhaupt der »Gesellschaft der Zehn Tapfersten« 96

Die Sioux, die Herren der nördlichen Bisonweiden 97

Little Crow: gegen die Habgier und Niedertracht der Weißen 104, Spotted Tail oder Würdeloses Katzbuckeln vor den Siegern 106, Red Cloud, Oberhäuptling im Krieg und Diplomat im Frieden 108, Sitting Bull, Seher und Sachem 112, Crazy Horse, Feldherr und Stratege 115, Gall, ein unversöhnlicher Gegner der Weißen 119, Rain-in-the-Face, ein unbekümmerter Draufgänger 120, American Horse, ein treuer Gefolgsmann Sitting Bulls 122

Die Cheyennes, die »Ritter des Grasmeeres« 123

Black Kettle oder Der unerschütterliche Glaube an das Gute im Menschen 127, Roman Nose oder Die Tapfersten sterben jung 129, Dull Knife oder Unstillbare Sehnsucht nach der verlorenen Heimat 130

Die Arapahos, die »Blaue-Wolken-Leute« 132

Die Crows, die gerissensten Pferdediebe 134

Die Pawnees, die Kundschafter der US-Kavallerie 135

Die Assiniboins, die »Steinkocher« 136

Die Sammler des Fernen Westens 138

Die Nez Percés, die »durchbohrten Nasen« 138

Chief Joseph, der »Rote Napoleon des Westens« 143

Die Shoshonen, die Freunde des weißen Mannes 146

Washakie, der Beschützer der weißen Trecks 148

Die Utes, die »Negergesichter« 150

Die Modocs, primitive Jäger, Sammler und Korbflechter 151

Die Seefahrer der Nordwestküste 154

Die Tlingit, Totembildhauer und Potlatchverschwender 154

Die Jäger im hohen Norden 158

Die Crees, die Kanufahrer 158

Die Chippewas, die »runzligen Mokassins« 161

Die Eskimos, die »Rohfleischesser« 163

In der Mitte von nirgendwo 166

Reservate gestern und heute: Zwangsjacke oder Heimatland? 166

Red Power – Das neue indianische Bewusstsein 169

Die letzten freien Indianer Nordamerikas: gibt es sie noch? 169

Eine »neue Partnerschaft« zwischen der US-Regierung Bill Clintons und den Indianern 172

Literaturverzeichnis 173

Register 174

Der Freiheitskampf des roten Mannes

Die Indianer als die Geschundenen, Verfolgten und Entrechteten der Geschichte

Am 12. Oktober 1492 entdeckte Kolumbus Amerika – so lautet die gängige Umschreibung für ein Ereignis, das nach geläufiger Geschichtsauffassung den Eintritt in die Neuzeit kennzeichnet. Europa wurde von keinem Kolumbus »entdeckt«, die »Alte« Welt existiert seit Menschengedenken; Amerika aber begann für die Europäer erst in dem Augenblick Wirklichkeit zu werden, als sie es zur Kenntnis nahmen und sich von dieser »Neuen« Welt ein Bild schufen. Die Begegnung der Europäer mit Amerika war eine Begegnung mit dem Fremden – mit einer Welt und mit Völkern, die nicht zur eigenen Erlebniswelt gehörten und von dieser sehr verschieden waren.

Interessanter als die Taten – und Untaten – europäischer Entdecker ist jedoch die Art und Weise, wie die Neue Welt von der Alten wahrgenommen wurde, und wie diese Wahrnehmung von Anfang an immer wieder durch stereotype Vorstellungen und Vorurteile unterschiedlichster Art geprägt war: edle Wilde, nackte Kannibalen, Heiden, Barbaren, Monster oder tugendhaftglückselige Völker, die über unermessliche Schätze verfügten und im irdischen Paradies wohnten.

Ein Träumer und Täter namens Kolumbus

Den Europäern brachte die Begegnung mit Amerika unermesslichen Profit, den amerikanischen Völkern hingegen Raub, Versklavung und Tod. Schuldzuweisungen heute können das geschehene Unrecht nicht bewältigen helfen, doch vermag es vielleicht die Einsicht in jene Strukturen und Mechanismen bringen, die bei der Begegnung der Alten mit der Neuen Welt wirksam wurden und die heute bei der Begegnung der Industrienationen mit der Dritten Welt keineswegs überwunden sind.

Die heutigen Indianer sind selbstbewusster geworden, vielleicht auch fordernder, sie sind dabei, ihre Vergangenheit zu bewältigen und sich der Zukunft zuzuwenden, sie sind bemüht, die Apathie zu überwinden, die ihnen als den Geschlagenen, Verfolgten, Entrechteten zu Eigen war – und noch vielerorts ist.

Doch eines steht fest: Mit Kolumbus schwand der Seelenfriede der roten Rasse, durch ihn wurde die beschauliche Naturverbundenheit der Indianer erheblich gestört, der zivilisatorische Ausgriff des Abendlandes auf die Westfeste, die Neue Welt, wurde erst mit ihm möglich. Als die

Kunde von seiner Entdeckung kam, wussten schon die Zeitgenossen: damit hat eine neue Epoche begonnen, damit ist das Zeitalter der Wissenschaft eingeläutet worden, damit ist der erste Schritt zu der einen Welt geglückt.

Ob Amerika von asiatischen Jägern entdeckt wurde, die in vorgeschichtlichen Zeiten nach Alaska vordrangen, von phönizischen Kapitänen, die auf Entdeckungsreisen bis in die Neue Welt gelangten, von einem chinesischen Kolumbus, der im 5. Jahrhundert v. Chr. bis nach Mexiko segelte, von Seefahrern des antiken Rom, die um 200 v. Chr. an der brasilianischen Küste Schiffbruch erlitten, vom heiligen Brendan aus Irland, der den Atlantik im 6. Jahrhundert n. Chr. in einem Lederboot überquert haben soll, vom Wikinger Leif Eriksson während seiner »Vinland«-Fahrt um die Jahrtau-

sendwende, von afrikanischen Negern, die sich von den Meeresströmungen bis zur amerikanischen Küste treiben ließen, oder von Christoph Kolumbus am 12. Oktober 1492, ist eigentlich unerheblich. Wichtig ist, dass erst durch Kolumbus und die nach ihm einsetzende Conquista das Abendland auf den neuen Kontinent aufmerksam wurde, den vor allem die Spanier, Engländer und Franzosen beanspruchten.

Der größte Völkermord aller Zeiten

Nach Ankunft der Weißen wurde einer Jahrtausende währenden eigenständigen Kulturentwicklung ein jähes Ende bereitet. Die Spanier, die sich als Botschafter des Christentums verstanden, zogen im Goldrausch plündernd durch Mittel- und Südamerika;

Auf diesem Gemälde wird das Duell zwischen Buffalo Bill, der als Scout vor der 5. Kavallerie ritt, und Yellowhand, einem Unterhäuptling der Cheyennes dargestellt. Dieser Kampf soll sich tatsächlich am 17. Juli 1876 im nordwestlichen Nebraska zugetragen haben. Gemälde von Charles Russell, Öl auf Leinwand, 1917; Sir Richardson Collection of Western Art, Fort Worth, TX

je weiter die Engländer und Franzosen im nördlichen Teil des Kontinents nach Westen vorrückten, desto mehr schrumpfte das von Indianern besiedelte Land zusammen.

Bei ihren Raufereien um die Hegemonie in der Neuen Welt scherten sich die Europäer keinen Deut um die Belange der amerikanischen Ureinwohner. Mit körperlichem Totschlag (Genozid) und kulturellem Mord (Ethnozid) vergingen sich die fremden Eroberer an den Indianern, die einen teuren Preis für ihre angebliche »Zivilisierung« durch die Weißen bezahlen mussten. Im großen Ringen um die Vorherrschaft unterlagen die Indianer, stark dezimiert, umgesiedelt in Reservate, demoralisiert. Die alten indianischen Hochkulturen, die bei der Ankunft der Spanier seit langem erloschen waren oder noch in voller Blüte standen, waren in vielem den europäischen Eindringlingen voraus, auch wenn die Indianer aus abendländischer Sicht barbarischen Gewohnheiten anhingen, wie die Azteken, bei denen der blutige Brauch der Menschenopfer das gesamte Denken beherrschte und der rituelle Mord zu einem Zwang geworden war, dem sie sich nicht mehr entziehen konnten.

Die Geschichte wiederholt sich

Was sich vor mehr als 100 Jahren in Nordamerika abspielte, vollzieht sich heute erneut in Lateinamerika. In Brasilien sind die Indianer auf dem Kriegspfad. Mit Pfeil und Rohr wehren sie sich gegen weiße Landräuber: Ihr letzter Kampf geht ums nackte Überleben. In Nordamerika werden zurzeit Wiedergutmachungsleistungen angestrebt – so wurden den Sioux 137,5 Millionen Dollar für die ihnen 1877 geraubten Black Hills zugesprochen –, wohingegen Genozid und Ethnozid in Lateinamerika weiterhin an der Tagesordnung sind.

Auch lassen sich einige Kulturen Lateinamerikas mit indianischen Völkern Nordamerikas vergleichen. So brachten zum Beispiel zwei Reitervölker den Spaniern und Angloamerikanern das Grausen bei. Die Araukaner, die Ureinwohner des mittleren Chile, erwiesen sich als die hartnäckigsten Gegner der spanischen Besatzer. Wegen ihres erbitterten Widerstandes machten die Araukaner Geschichte. Dank der Geschicklichkeit ihres Militärstrategen Lautaro, auch araukanischer Hannibal genannt, gelang es ihnen, Pedro de Valdivia, einen Veteranen der Conquista, am 1. Februar 1554 zu besiegen. Gegen 1600 konnten sie sich durch den Aufbau einer eigenen Kavallerie gegen die Spanier durchsetzen. Die araukanischen Reiter sollten nunmehr dieselbe Rolle spielen wie die mit dem Pferd verwachsenen Comanchen in Nordamerika. Obwohl die Araukaner sich lange gegen die spanischen Eindringlinge behaupten konnten, war ihnen dasselbe Endschicksal wie den Comanchen beschieden. Dass die Spanier leichtes Spiel mit allen altamerikanischen Völkern hatten, ist eine hartnäckige Mär, die nicht der historischen Wirklichkeit entspricht.

Die Eigenständigkeit der Indianer

Die Geschichte der nord- und lateinamerikanischen Indianer ist die Historie einer Auseinandersetzung, die noch immer nicht zu Ende ist, denn als ein Teil der Menschheit, die vor mutmaßlich mehr als 50 000 Jahren über eine heute abgesunkene Landbrücke aus Asien in den menschenleeren Erdteil einzog oder über den Seeweg in die Neue Welt fand und sich unabhängig von allen Völkern und Rassen der anderen Kontinente entfaltete, wollen die Indianer auch heute nicht ihre langsam gewachsene Eigenständigkeit aufgeben. 500 Jahre Umgang mit den Bleichgesichtern und ihrem kategorischen Imperativ, ihrer auf dem Leistungsprinzip aufgebauten materialistischen Gesellschaftsform und ihrem Glauben an einen unendlichen Fortschritt haben 50 Jahrtausenden einer von uns unverstandenen Kreatürlichkeit nicht viel anhaben können.

Als der kämpferische Widerstand der Indianer gebrochen war, hatten die Weißen sie noch nicht für die abendländische Zivilisation gewonnen. Mit aller Macht sträubten sich die Rothäute gegen die Integration, sie wollten unbedingt ihre Eigenheit bewahren. Die Indianer waren Individualisten im Rahmen ihrer Sippenverbände. Obwohl sie sich von Stamm zu Stamm, von Nation zu Nation durch ihre Sitten und Gebräuche, ihre Sprachen und Dialekte unterschieden, war ihnen jedoch allen gemeinsam ihr Nonkonformismus gegenüber den Weißen, ihr Wunsch, in Ruhe gelassen zu werden, ihre Freiheit so auszuleben, wie sie es verstanden.

So ist es nicht erstaunlich, dass sich unter den Sippen- und Familienverbänden der nomadisierenden Völkerschaften eine staatliche Organisation erübrigte. Bei allen indianischen Völkern wurde eine regelrechte Basisdemokratie gepflegt, was sich allein schon in der Tatsache spiegelt, dass nur der Tüchtigste, Erfahrenste und Einsatzfreudigste zum Anführer berufen wurde und dieser seinen Posten wieder abgeben musste, wenn er die Zustimmung des Stammes nicht mehr besaß. Da diese Basisdemokratie zwangsläufig größere indianische Zusammenschlüsse verhinderte, kam sie der durch die Entdeckung des Kolumbus ausgelösten Westwärtsbewegung der Weißen natürlich zugute.

Die Indianer erwiesen sich als absolute Individualisten mit völlig eigener Wesensart, mit Wertmaßstäben, die sich nicht mit denen der Weißen vergleichen ließen

Die Häuplingswürde

Sachem, Friedenshäuptling und War Chief

Unter den Anführern der nordamerikanischen Indianer gab es unterschiedliche Rangordnungen, vom Sachem über den Friedenshäuptling bis zum War Chief. Wer es zum Befehlshaber bringen wollte, musste hohen Anforderungen gerecht werden und mit vortrefflichen Eigenschaften aufwarten

Unter Häuptling verstanden die Naturvölker den anerkannten Anführer einer Gemeinschaft, der ein Mann mit festen Überzeugungen, kraftvollem Charakter und erprobten Fähigkeiten sein musste. Bei den Indianern Nordamerikas war er der »Vorsitzende« des Stammes- oder Ältestenrates, dem die wichtigsten Männer und Frauen des Volkes angehörten. Weil er dafür sorgen musste, dass die Beschlüsse dieses Führungsgremiums durchgeführt wurden, wobei er sich stets dem Willen der Mehrheit zu beugen hatte, war sein Einfluss begrenzt. Trotzdem sind aus den Reihen der nordamerikanischen Stämme viele bedeutungsvolle Häuptlinge hervorgegangen, die durch ihre unterschiedliche Einstellung zu den Weißen Geschichte machten.

Die Wesensmerkmale eines guten Anführers

Unbändigen und kompromisslosen Widerstand leisteten Kämpfernaturen wie der Chihuahua-Apache Geronimo, der gegen Siedler und Soldaten einen »dreißigjährigen Krieg« führte, oder der Oglalla-Sioux Crazy Horse, der der US-Kavallerie die schwerste Niederlage der gesamten amerikanischen Militärgeschichte bereitete. Daneben gab es auch Anführer, die sich auf die Seite der Bleichgesichter schlugen und mit ihnen Hand in Hand arbeiteten, wie der Shoshone Washakie, dessen Weißenfreundlichkeit vielen benachbarten Nationen ein Dorn im Auge war. Wieder andere Häuptlinge erwiesen sich als glühende Idealisten, wie der Nez-Percé-Chief Joseph, der, als ihm der Frieden versagt und der Krieg aufgezwungen wurde, bis zuletzt von der Hoffnung beseelt war, dass »*kein Stöhnen von verwundeten Frauen und Männern mehr das Ohr des Großen Geistes dort oben erreicht und dass alle Menschen ein Volk sein werden*«.

Zu den unerlässlichen Wesensmerkmalen eines »guten« Häuptlings zählten Tatkraft und Gelassenheit, Tapferkeit, Klugheit und Weisheit, Aufgeschlossenheit gegenüber den Meinungen anderer, Besonnenheit im Urteil und große Redegewandtheit. Es musste sich zudem um eine überragen-

Rechte Seite: Der Kopfschmuck des Arapaho-Häuptlings Yellow Calf

Rechts:
Nez-Percé-Häuptling Joseph (1840 bis 21.9.1904), der lange mit den Weißen in Frieden lebte, im Krieg jedoch beachtliche strategische und taktische Fähigkeiten bewies

Steep Wind, ein Sioux-Häuptling, in voller kriegerischer Ausrüstung: Jede Feder in seiner Kriegshaube war eine Belohnung für eine Heldentat auf dem Schlachtfeld

Stämmen oder bei Unterhandlungen mit Weißen aufzutreten und unter den einzelnen Stammesgruppen die Jagdreviere aufzuteilen. Des Kriegshäuptlings Mission bestand darin, bei einer kriegerischen Auseinandersetzung die Kampfstrategie festzulegen, Späher auszusenden, Wachposten aufzustellen, Lagerplätze auszuwählen, Männer zur Wassersuche und zur Pferdeversorgung einzuteilen und die ihm unterstehende Streitmacht in die Schlacht zu führen.

In Kriegszeiten musste sich der Friedenshäuptling dem Kriegshäuptling unterordnen, der während der Kampfhandlungen die Geschicke des Stammes leitete und über eine beachtliche Machtfülle verfügte. Weil aber zahlreiche Indianervölker beständig das Kriegsbeil gegen die weißen Eindringlinge oder Nachbarstämme ausgegraben hatten, konnte der Kriegshäuptling die Führungsgewalt oft sehr lange ausüben und den Friedenshäuptling in den Hintergrund drängen. In Friedenszeiten musste er wohl oder übel seine unumschränkte Machtposition wieder aufgeben und sich erneut dem Friedenshäuptling fügen. War er aber im Kampf überaus erfolgreich gewesen, hatte er sich als tapferer Krieger, guter Jäger und ausgezeichneter Versorger hervorgetan, dann konnte es vorkommen, dass er auch nach dem Amt des Stammesoberhauptes selbst streben durfte. Die Zahl der Adlerfedern in der wallenden Adlerhaube und die in einer Art Bilderschrift gestalteten Bemalungen auf der Robe aus gegerbtem Bisonfell berichteten von den Heldentaten des Anführers, der auch manchmal, wie der Hunkpapa-Sioux Sitting Bull, zugleich Medizinmann des Stammes war und somit zwei wichtige Posten in einer Hand vereinigte.

de Persönlichkeit handeln, der man großen Respekt zollte. Der ideale Anführer sollte auch ein wohlhabender Mann sein, um sich gegenüber seinen minderbemittelten Stammesbrüdern großzügig zeigen zu können.

Friedens- contra Kriegshäuptling

Viele Stämme hatten zwei Häuptlinge, einen Friedenshäuptling, der seine Stellung meist ererbt hatte, und einen Kriegshäuptling, der sein Amt durch Ansehen erlangt hatte. Dem Friedenshäuptling oblag es, das Gefühl der Stammeseinigkeit zu fördern und zu erhalten, Streitigkeiten zwischen Gruppen und Personen zu schlichten, als Sprecher der Nation bei Treffen mit anderen

Sachem und Stammesrat

Bei den höher entwickelten Indianergesellschaften des Nordostens und des Südostens wurde der Häuptling mit dem Algonkin-Wort »Sachem« bezeichnet, wohingegen weniger einflussreiche Anführer »Sagamo-

kee-Nation und vertrat unermüdlich die Interessen seines Volkes, dessen Verhältnis zu den Amerikanern er ins richtige Licht rückte: *»Ich kenne die Welt der Weißen genug, um sie beurteilen zu können. Diese Menschen sind nicht besser und schlechter als wir Indianer. Sie haben Talentierte, Schufte und Heuchler ebenso wie hervorragende ehrenwerte Persönlichkeiten, gleichermaßen wie wir. Ich erkenne nur, dass ihr ganzes soziales gesellschaftliches System einfach schicksalhaft schlecht ist.«*

Konfrontation, Unterordnung oder Zusammenarbeit?

Bei den Prärieindianern kam es oft zu einem losen Stammesbund oder einer Vereinigung mehrerer Dörfer oder Horden. Dann bildeten die Häuptlinge der verbündeten Gruppen einen Gemeinschaftsrat, aus dem ein Oberhäuptling gewählt wurde. Die Cheyennes beispielsweise griffen auf ein Führungsgremium aus 44 Häuptlingen und vier Oberhäuptlingen zurück. Bei den Kiowas hatte der weise Oberhäuptling Dohasan (Little Mountain – Kleiner Berg) lange Zeit das Sagen. Als er 1866 verschied, war es um die Einheit des Stammes geschehen, der in rivalisierende Fraktionen zerfiel. Die vereinigten Sioux, Cheyennes und Arapahos, die 1876 das 7. US-Kavallerie-Regiment am Little Big Horn aufrieben, unterstanden dem Befehl des Oberhäuptlings Sitting Bull. Den Apachen jedoch, deren einzelne Gruppen völlig unabhängig an der mexikanisch-amerikanischen Grenze operierten, war der Begriff Oberhäuptling ganz fremd.

Vererbter Rang und Reichtum, erlangte Achtung und Ehre verquickten sich im Amt des Oberhäuptlings oder Sachems, der sich der bleichgesichtigen Eroberung erbittert widersetzen, widerstrebend unterwerfen oder den Weg einer zielbewussten Bündnispolitik mit den Weißen beschreiten konnte und bei seiner Wahl der Konfrontation, der Unterordnung oder der Zusammenarbeit unabänderlich die Weichen für die Zukunft seines Stammes stellte.

Sitting Bull (1834 bis 15.12.1890), Sachem und Medizinmann der Hunkpapa-Sioux, der nach dem Triumph am Little Big Horn (25. Juni 1876) den Siegesrausch der vereinigten Sioux, Cheyennes und Arapahos dämpfte und seinen Kriegern dazu riet, sich in kleine Gruppen aufzuteilen, um dank dieser Zersplitterungstaktik dem nun folgenden Rachefeldzug der US-Kavallerie zu entgehen

res« hießen, was in der Abnaki-Sprache soviel wie »Unteranführer« bedeutete. Bei den Irokesen zum Beispiel war der Sachem eine Art Parlamentspräsident, der von den einzelnen »Clanmüttern« oder »Matronen« gewählt wurde und wegen Unfähigkeit wieder abgesetzt werden konnte. Im irokesischen Sechs-Nationen-Bund wurden die wichtigsten Entscheidungen einstimmig vom »Rat der fünfzig Sachems« getroffen, wodurch eine primitive Form der Demokratie verwirklicht wurde. Ein von den weisen Frauen der verschiedenen Großfamilien überreichtes Hirschgeweih war das Zeichen der Häuptlingswürde, die zwar von den Männern ausgeübt, aber von den Frauen streng kontrolliert wurde.

In den Konföderationen der Algonkins hieß der Anführer, dem die meiste Macht zufloss, »Großsachem«. War der Bund sehr mächtig, betitelte er sich sogar »König« oder »Kaiser« und übernahm damit Begriffe, die er von den Engländern gelernt hatte.

Bei den Cherokees, die eine hoch stehende Zivilisationsstufe erreicht hatten, hieß das Stammesoberhaupt weder Häuptling noch Sachem, sondern »Präsident«. In der Tat war die Cherokee-Republik eine Präsidialdemokratie mit einem gesetzgebenden Zweikammersystem. Von 1831 bis 1866 war John Ross Präsident der Chero-

Die Waldlandindianer des Nordostens

Die indianischen Völker, die in den regne-rischen Waldgebieten des Nordostens – von der Atlantikküste bis zum Mississippi hei-misch waren, machten alle dieselbe Erfah-rung mit den Weißen. Durch deren große amerikanische Landnahme wurden die rie-sigen Wälder von Indianern leergekämmt.

Die Algonkinstämme bevölkerten vor-nehmlich die Küstenregionen und den Be-reich um die Großen Seen, während die Iro-kesen die Waldflächen beherrschten.

Die im Nordosten beheimateten Völker lebten einerseits von der Jagd auf das in den Wäldern reichlich vorhandene Wild, ande-rerseits vom intensiv betriebenen Anbau von Mais, Bohnen und Kürbissen. Die Pelz-tierjagd und der Handel mit den Pelzen ge-diehen erst nach der Ankunft der Europäer.

Der Traum der Algonkins von einer »politischen Verteidigungskonföderation«

Zur indianischen Sprachfamilie der Algonkins, die eine größere Ver-breitung kannte als jede andere Sprachgruppe, gehörten sowohl westliche Prärienationen, wie die Arapahos und Cheyennes, als auch nordöstliche Wald-landstämme, wie die Abenakis, Chippewas, Crees, Delawaren, Kickapoos, Miamis, Mic-macs, Narragansetts, Ottawas, Pequotes, Potawatomis, Powhatans, Sauks und Foxes, Shawnees, Wampanoags und andere. Unter der Bezeichnung Algonkins verstand man aber besonders die zahlreichen Bauern- und Waldjägervölker des Nordostens, deren Le-bensraum sich vom Sankt-Lorenz-Strom im Norden bis zum Cumberland River im Sü-den und vom Mississippi im Westen bis zur Atlantikküste im Osten erstreckte.

In den Jahren 1550 bis 1700 lernten die Küsten-Algonkins weiße Händler kennen, die Eisenwaren, Messingkessel, Perlen und Alkohol gegen Biberpelze tauschten. Auch machten die Rothäute erstmals mit Infekti-onskrankheiten Bekanntschaft, die die weißhäutigen Kaufleute einschleppten und denen die Indianer zu tausenden zum Op-fer fielen. Weil einzelne Stämme den ge-samten Handel an sich reißen wollten, ent-standen kriegerische Reibereien, was zur Folge hatte, dass sich einige kleinere Grup-pen zu größeren Gemeinschaften zusam-menschlossen, um nicht unterzugehen.

Nach 1620 strömten scharenweise euro-päische Siedler in die Küstengebiete und drängten den roten Mann immer tiefer ins Binnenland. Als die Algonkins endlich be-

griffen, dass die Bleichgesichter nur darauf aus waren, ihr Land zu rauben, wehrten sie sich gegen die weiße Habgier. Die politischen Zweckbündnisse ganzer Stammesgemeinschaften, die der Häuptling Powhatan – aus dem gleichnamigen Volk –, der Wampanoag Metacomet (King Philip), der Ottawa Pontiac, der Shawnee Tecumseh und Black Hawk vom Stamm der Sauks und Foxes gründeten, verfolgten nur ein Ziel: die Rettung des indianischen Landes vor dem Zugriff der andersfarbigen Eroberer und deren endgültige Vertreibung. Dass der Widerstand der Algonkins letztlich immer wieder zusammenbrach, war vor allem ihrem Mangel an Organisationstalent und der demokratischen Struktur ihrer Gesellschaft anzulasten. Die nordöstlichen Waldlandvölker waren wohl furchtlos und tapfer, blieben aber trotz vieler Einheitsbemühungen untereinander uneins, sodass die Bleichgesichter in ihrem Expansionswahn nie allzu lange von aufsässigen Algonkins aufgehalten wurden. Um die traditionelle Kultur der Küstenstämme war es endgültig geschehen, als diese unter dem starken Druck protestantischer Sekten christliche Denkweisen und Moralvorstellungen annahmen und auf ihren uralten Glauben an die Wiedergeburt, die »Wiederfleischwerdung« nach dem Tod, verzichteten.

Die Errungenschaften der Algonkins

Die nordöstlichen Algonkins bearbeiteten den Boden in den riesigen Laub- und Mischwäldern und erzielten trotz primitiver Anbaumethoden eine reichhaltige Ernte. *»Man rodete ein Stück Wald, brannte das Unterholz ab und jätete den Boden oberflächlich mit einer Hacke, die in voreuropäischer Zeit aus einem gekrümmten Aststück mit einer Klinge aus einem Hirsch- oder Bisonschulterblatt oder einem Stück Schildkrötenschale bestand. Zur Aussaat stachen die Frauen, die die Hauptlast der Feldarbeit trugen, mit dem Pflanzstock Löcher für die Saatkörner aus, denn der Mais muß in den Boden eingelegt werden. Oft wuchsen auf den gleichen Beeten Kürbisse, Bohnen und Melonen. Zur Ölgewinnung wurden Sonnenblumen, als Genußmittel wurde Tabak, für Gefäße wurde Flaschenkürbis und zur Herstellung von Taschen und Gewändern Hanf angepflanzt«* (W. Lindig).

Dank ihres intensiv betriebenen Ackerbaus und erwirtschafteten Überschusses an Nahrungsmitteln waren die Algonkins des Ostens nicht allein auf den Ertrag der Jagd angewiesen. Mit Pfeil und Bogen, mit Schlingen und Fallen stellten sie Hirschen, Elchen, Bären, vielen kleineren Säugetieren, Vögeln, Fröschen und Schildkröten nach. Mit Angelhaken, Speer und Netz fingen sie Lachse, Aale, Barsche, Hechte und Forellen. Die erlegten Jagdtiere lieferten ihnen Häute und Pelze, die zu Kleidungsstücken verarbeitet wurden. Der Durchziehschurz und der kurze Überwurf des Mannes, der bis zum Knie fallende Rock und das langärmelige Überhemd der Frau waren aus weichem Hirschleder, auf das gefärbte Stachelschweinborsten oder Elchhaare zur Ausschmückung genäht wurden. Die Männer schoren sich den Kopf kahl bis auf einen Kamm, einen Scheitelbusch, eine Stirnfranse oder eine Skalplocke. Das Haarbüschel schmückten sie mit Federn oder Knochen. Die Frauen flochten ihr Haar zu einem langen Zopf.

Als wichtigsten Werkstoff gebrauchten die Indianer der Waldgebiete Holz, das das Grundmaterial abgab für den Hausbau und die meisten Geräte des täglichen Lebens, wie Kriegskeulen und Streithämmer, wasserdichte Gefäße und Vorratsbehälter. Ihre kegelförmigen Wigwams waren aus Holz gebaut und mit Rinden oder Matten abgedeckt. Ihre Kanus bestanden aus zusammengenähten Rindenstücken, die mit Kiefernpech abgedichtet wurden.

Die Waldlandvölker des Nordostens, die eine Art Symbolschrift in Rinden ritzten, besaßen auch schon eine primitive Form von Geld. Dieses Zahlungsmittel wurde aus zu Schnüren aufgereihten Wampumperlen gemacht, die nicht nur als flüssiges Kapital gebraucht, sondern auch bei Friedensverträgen und Handelsabschlüssen überreicht wurden.

Auch wenn die östlichen Algonkins unter der Führung von Powhatan, Metacomet, Pontiac, Tecumseh und Black Hawk politische Zweckbündnisse schlossen, um die Weißen zurück ins Meer zu treiben, scheiterten ihre furchtlosen Bemühungen an einem Mangel an Organisationstalent und an der durch und durch demokratischen Struktur ihrer Gesellschaft, laut derer nur Mehrheitsbeschlüsse gefasst werden konnten

Powhatan (Wahunsonacock), der Zauderer
1531 bis 1618

Als Captain John Smith am 26. April 1607 in der Chesapeake-Bucht vor Anker ging und schon im Mai desselben Jahres am James River die Gründung der britischen Stadt Jamestown in die Wege leitete, war er ins Gebiet der Powhatan-Konföderation eingedrungen, die über 20 Algonkin-Stämme Virginias umfasste. Powhatan, Großsachem des gleichnamigen Volkes, der von 200 unterjochten Dörfern Tribut erhob, legte auf Wunsch seiner Lieblingstochter Pocahontas eine freundschaftliche Duldsamkeit gegenüber den Weißen an den Tag. Als Kapitän Smith während eines Erkundungszuges ins Landesinnere in indianische Gefangenschaft geriet und als unerwünschter Eindringling zum Tode verurteilt wurde, warf sich Pocahontas ihrem Vater zu Füßen und bettelte um die Begnadigung des weißen Haudegens, der kurz darauf freigelassen wurde.

Warum Powhatan mit den Weißen Frieden hielt

Der Großsachem, den die Engländer zum König Powhatan krönten, hielt mit den europäischen Neuankömmlingen Frieden, nicht nur auf Betreiben seiner Tochter, die an den Weißen Gefallen fand, sondern auch aus strategischen Erwägungen. Seine Algonkin-Konföderation war in der Tat zwischen zwei gefährlichen Gegnern eingekeilt. Vor Powhatan dehnte sich das Meer aus, über das die unheimlichen Bleichgesichter mit ihren Feuerwaffen und Stahlklingen gesegelt kamen. In seinem Rücken bemühte sich der kämpferische Irokesen-Bund, einen Keil ins Land der Algonkins, ihrer Erbfeinde, zu treiben. So war es verständlich, dass der Großsachem, dessen indianischer Name Wahunsonacock lautete, zeitlebens zögerte,

sich mit den Weißen anzulegen, obwohl sein Bruder Opechancanough mit den vereinigten Powhatan-Algonkins des Hinterlandes unablässig zum Krieg drängte.

Die »Friedensbotschafterin« Pocahontas

1613 brachten die Kolonisten von Jamestown, die des Oberhäuptlings Zuvorkommenheit mit Füßen traten, die Indianerprinzessin Pocahontas in ihre Gewalt, um die Rothäute dazu zu zwingen, sie mit Lebensmitteln zu versorgen. Während ihres Aufenthaltes im städtischen Gefängnis verliebte sich der Pflanzer John Rolfe in die hübsche Tochter Powhatans, die bald darauf den christlichen Glauben und bei der Taufe den Namen Rebekka annahm und die Frau des jungen Briten wurde. Ihr Vater stand der Heirat keineswegs ablehnend gegenüber, sondern entsandte sogar eine Abordnung zur Hochzeitsfeier.

Als Frau Rebekka Rolfe und zugleich als »königliche« Botschafterin ihres Volkes besuchte Pocahontas 1616 das Mutterland ihres Gatten und wurde mit Prunk am englischen Hof von Königin Elisabeth empfangen. In London verschied sie

Die Indianerprinzessin Pocahontas (1595 bis 1617), die Tochter des Großsachems Powhatan, die vor ihrem Vater niederkniete und um die Begnadigung des zum Tode verurteilten Kolonistenanführers John Smith bat: Sie gilt heute noch in Amerika als das Sinnbild des schönen Traums von der Integration verschiedener Rassen und Kulturen

jedoch im Alter von 21 Jahren an einer ansteckenden Krankheit.

Der erste Indianerkrieg in Nordamerika

Obwohl es ihr durch ihren Einfluss auf Powhatan gelungen war, den »Übergangsfrieden« zwischen Weiß und Rot in Virginia eine Zeit lang zu bewahren, kam es nach dem Ableben ihres unschlüssigen Vaters (1618) im Jahre 1622 zum offenen Kampf. Powhatans Nachfolger, sein Bruder Opechancanough, hatte endlich die Hände frei, nach eigenem Gutdünken mit den frechen Eindringlingen zu verfahren. Dem Ansturm der verbündeten Algonkins fielen 73 der 81 kleinen Siedlungen Virginias zum Opfer. Trotz dieser Anfangserfolge verloren die Powhatans den am 1. April 1622 entbrannten Indianerkrieg, den ersten in Nordamerika, weil sie ihre Siege nicht voll auszunutzen wussten und der Heimtücke der Weißen nicht gewachsen waren.

Metacomet (»King Philip«), der Freiheitskämpfer
1639 bis 12. 8. 1676

Zum ersten Mal in der jahrtausendealten Geschichte der Indianer Nordamerikas versuchten die Rothäute unter Metacomets Leitung, sich von ihrer althergebrachten Kriegsführung loszulösen und für »einen Krieg aus dem Hinterhalt« zu rüsten, »mit dem Willen, alles, was eine weiße Haut besitzt, zu töten«

Den Kopf auf die Knie gestützt, das Gesicht von der Trauer um das bittere Schicksal seines Volkes gezeichnet, von Müdigkeit und Mutlosigkeit übermannt, gleichgültig gegen die ihn zu Tode hetzenden englischen Häscher, saß Metacomet mitten in den verkohlten Ruinen seiner einstigen Hauptstadt Montaup, als er am 12. August 1676 von einem Verräter aus den eigenen Reihen ermordet wurde.

Der Vaters Nachsicht

Der eng verbündete Algonkin-Doppelstamm der Wampanoags und der Pokanokets war am 11. November 1620 durch die Landung der Pilgerväter auf Cape Cod im heutigen US-Staat Massachusetts aufgeschreckt worden. Ein junger Wampanoag, der den Schädel bis auf eine borstige Haarraupe kahl geschoren trug, hatte jede Bewegung der langsam die Küste ansteuernden »Mayflower« (»Maiblume«) beobachtet und seinem Sachem Massasoit (»Gelbe Feder«) berichtet, wie weißhäutige Fremde dem »schwimmenden Wigwam« entstiegen und, kaum standen sie auf festem Boden, auf die Knie niedersanken, die Hände gegen den Himmel streckten und lauthals zu ihrem Gott zu beten begannen.

Auf Geheiß des gutmütigen Massasoit, dem Vater von Metacomet, ließen die Indianer die Neuankömmlinge zunächst in Ruhe und zeigten sich ihnen erst nach Ablauf des Winters. Am 22. März 1621 schloss der zuvorkommende Oberhäuptling einen Friedensvertrag mit den Puritanern der »Mayflower«, die mit der Bibel in der einen und der Muskete in der andern Hand ausgezogen waren, um die amerikanische Wildnis zu erschließen. In seinem grenzenlosen Wohlwollen gegenüber den Weißen sah er in den folgenden Monaten und Jahren über die grundlosen Brutalitäten der Kolonisten hinweg und hielt auch die aufgebrachten Nachbarvölker und deren Anführer vom Kriegspfad fern. Durch seine friedfertige Politik des »Es ist Raum da für alle« verpasste er die Gelegenheit, den bleichgesichtigen Landräubern Einhalt zu gebieten und sie ins Meer zu treiben.

Des Sohnes kühl berechnende Intelligenz

Als er 1660 starb, erbte sein 1639 geborener Sohn Metacomet die Häuptlingswürde und mit ihr das von seinem Vater unbewältigte »weiße Problem«. Noch auf dem Totenbett hatte sein Vater ihm den Schwur abgerungen, mit den »Yingles« (wie die Algonkins die Engländer nannten, woraus sich später die Bezeichnung »Yankees« bildete) freundschaftliche Beziehungen zu bewahren. Seine Mutter hingegen hatte ihn nicht zur väterlichen Weißenhörigkeit, sondern zu einer klugen, angemessenen Zurückhaltung erzogen. Metacomet, der schon als Knabe von außergewöhnlicher Intelligenz und von ernstem Wesen war, erwies sich nicht als Befürworter des Friedens um jeden Preis. Er begriff schon bald, dass des Vaters Nachsicht und Nachgiebigkeit gegenüber den europäischen Eindringlingen fehl am Platz gewesen waren und dass nur noch ein großes Indianerbündnis der englischen Besiedlung Herr werden konnte.

Metacomet, der von den Briten den Vornamen Philip erhalten hatte und später als »King Philip« in die Geschichte einging, verbündete sich zunächst mit den benachbarten Narragansetts und versuchte daraufhin, so viele Stämme Neuenglands wie möglich in seine Allianz einzubeziehen. Damit die rund 60 000 Weißen Neuenglands ihre Kräfte verzetteln sollten, beschloss er, die einzelnen Völker erst nach und nach ins Kampfgeschehen eingreifen zu lassen.

Eine alte Chronik hat uns seine zündende Ansprache überliefert, mit der er seine vereinte Streitmacht in den Krieg schickte: »... Brüder – es ist unmöglich, mit diesen weißhäutigen Raubmenschen in Frieden zu leben. Man kann sich nur von ihnen zerstören lassen oder versuchen, sie selbst zu zerstören. Das ist aber nur möglich, wenn wir einen Krieg nicht so führen, wie wir es gewöhnt sind, sondern wie sie selbst ihn führen, also einen Krieg aus dem Hinterhalt und mit dem Willen, alles, was eine weiße Haut besitzt, zu töten. Brüder – ich weiß, dass wir uns selbst ver-*

leugnen müssen, um unschuldige Kinder, Frauen und Schwache umzubringen, die sich nicht wehren können. Aber wir müssen dies tun, denn diese Kinder werden einst Männer, die unsere Frauen und Kinder töten, denn diese Frauen schenken wiederum Kindern das Leben, die als Erwachsene unsere Frauen und Kinder töten werden. Wir haben es in der Vergangenheit nicht glauben wollen, aber es ist eine Tatsache: nur ein toter Weißer ist ein guter Weißer. Brüder – wir müssen uns vereinigen oder wir werden untergehen.«

Von der Zeit überrundet

Am 24. Juni 1675 schlugen die Rothäute los und schwärmten sengend und mordend durch das Gebiet von Massachusetts und das Tal des Connecticut. Metacomet konnte auf über 5 000 Krieger zurückgreifen, wohin-

Mit dem Calumet wurden heilige Eide besiegelt: Dieser historische Stich datiert von 1621 und zeigt den feierlichen Friedenspakt, den Massasoit, oberster Häuptling der Wampanoags, mit Gouverneur John Carver in Plymouth schloss

Obwohl Metacomet mit seiner Streitmacht aus vereinigten Algonkin-Stämmen Neuenglands scheiterte, ebnete er den späteren Allianzbestrebungen Pontiacs und Tecumsehs den Weg

gegen die Engländer etwa 10 000 Infanteristen und Reiter in die Schlacht werfen konnte. Obwohl der Indianerhäuptling in den meisten Kämpfen gegen die 89 damaligen Ansiedlungen der Briten den Sieg davontrug, wurde er von der Zeit überrundet. Da es ihm nicht gelang, die Weißen vor Einbruch des Winters zu bezwingen, musste er den Krieg abbrechen und für die kalte Jahreszeit vorsorgen.

In der Nacht zum 19. Dezember 1675 spürten indianische Söldner im Dienst der Engländer Metacomets mit mächtigen Palisaden umgebenes Winterlager auf, das sich auf einer Insel in einem tiefen Sumpf befand und nur durch einen schmalen Pfad zugänglich war. Mit 1500 Soldaten fielen die Weißen über die gut versteckte Indianersiedlung her und setzten die Wigwams und die Vorratsspeicher in Brand. Dank der Hilfe des Mohegan-Sachems Uncas konnten die englischen Rotröcke die Schlacht für sich entscheiden und mehr als 1 000 Indianer töten. Mit nur wenigen Getreuen rettete sich Metacomet aus dem Flammeninferno. Im Frühjahr 1676 hatte er bereits eine neue Streitmacht um sich geschart, mit der er schließlich an den Fällen des Connecticut von Captain Turner und dessen Kavallerie in einem blutigen Gefecht vernichtend geschlagen wurde. Nachdem die verbündeten Stämme sich in alle vier Winde zerstreut hatten, blieben dem roten Freiheitskämpfer nur

noch eine Hand voll ergebener Krieger, mit denen er sich dem unablässigen Zugriff der Weißen entzog, indem er mit seinen zähen Verfolgern Katz und Maus spielte und sie ins Leere rennen ließ. Auf die Dauer war seine Flucht aber aussichtslos, was ihn veranlasste, seine treuesten und unbeugsamsten Anhänger zu ihren Familien zurückzuschicken und allein den Tod zu erwarten.

Nach Metacomets Ermordung wurde sein Leichnam öffentlich enthauptet und geviertelt, wobei Captain Benjamin Church, der Oberbefehlshaber der Kolonistenarmee, den Toten als »armseliges, großes, nacktes, dreckiges Biest« schalt.

Über Metacomet, der durch seine angestrebte Union der Algonkin-Stämme Neuenglands den Vereinigungsbemühungen Pontiacs und Tecumsehs den Weg ebnete, urteilte General Daniel Gookin: »*Metacomet war außergewöhnlich begabt und bewies geradezu erstaunliche politische und militärische Fähigkeiten. Ich glaube nicht, dass er bewusst den Krieg vorbereitet hat, dafür war er zu menschlich. Trotz der ihm und den Indianern zugefügten Kränkungen, Verleumdungen und Ungerechtigkeiten hat er bis zuletzt die ihm freundlich gesinnten Kolonisten beschützt. Metacomet hat mit geradezu übermenschlichen Anstrengungen den Rachedurst der Stämme gedämpft und oft unter Lebensgefahr die kriegerischen Geheimbünde unterdrückt.*«

Pontiac, der Rebell *1720 bis 20. 4. 1769*

Brennende Fackeln rauschten über die Festungen herab und klatschten auf die dürren Holzdächer. Flammen knisterten und prasselten, züngelten über die Brustwehren, leckten an den Palisaden und fraßen sich an den Blockhäusern hoch, bis das Fort ein rauchender Trümmerhaufen war. An einem schönen

Frühlingstag des Jahres 1763 wiederholte sich dasselbe grausige Schauspiel achtmal. Rußgeschwärzte Ruinen, versengte Felder, abgeschlachtetes Vieh und verstümmelte Leichen zeugten vom allgemeinen Aufstand der Indianer, die vom Michigan-See bis zu den Appalachen gleichzeitig acht der insgesamt zehn

englischen Forts in Brand setzten und gänzlich zerstörten. Hunderte von Siedlungen und einsamen Gehöften sanken am gleichen Tag in Schutt und Asche. Das Feuer der Erhebung hatte Pontiac, Häuptling des Algonkin-Volkes der Ottawas, geschürt.

Von riesiger Gestalt und – laut Aussage eines weißen Zeitgenossen – »von erhabenem königlichem Aussehen« hatte Pontiac im französisch-englischen Indianerkrieg (1754 bis 1763) sich auf die Seite der Franzosen geschlagen, um die ihm verhassten Engländer aus seiner Heimat zu vertreiben: *»Die Engländer haben alles das vernachlässigt, was die Nachbarschaft mit den Franzosen so angenehm gemacht und was ihre eigene hätte erträglich gestalten können. Das Betragen der Franzosen gab niemals Veranlassung zu Verdacht; das der Engländer hat mich niemals schlafen lassen.«*

Der Ottawa-Häuptling Pontiac (1720 bis 20. 4. 1769) glaubte, die Indianer könnten wieder so wie früher leben, wenn es ihm gelänge, die Weißen aus dem Nordwesten der USA zu vertreiben

Pontiac und die Franzosen

Als französische Offiziere, Waldläufer und »schwarzröckige« Jesuitenpatres (von denen etliche zu Märtyrern wurden) von Norden, von Kanada her, bis ins Ohio-Tal vorzustoßen begannen, passten sie sich nach und nach den Sitten und Gebräuchen der Rothäute an, brachten für ihre Lebensweise Verständnis auf und lebten häufig in herzlichem Einvernehmen mit ihren roten Freunden. Die Franzosen, die oft in Algonkin-Stämme einheirateten, rüsteten diese mit Feuerwaffen aus, unterwiesen sie militärisch und spornten sie zu Raubzügen gegen die stets nach Westen vorrückende englische Besiedlung an. Die »Schwarzen Väter«, die den Indianern ihre Freuden und Lustbarkeiten gönnten und ihr Brauchtum achteten, behandelten die Rothäute ganz anders als die steifen, unnahbaren, bibelwütigen englischen Puritaner, die mit eiserner Strenge und – wenn nötig – mit Feuer und Schwert die Verbreitung des Christentums erzwangen.

Pontiac, der unter dem Befehl des französischen Marquis Montcalm im beinahe zehn Jahre währenden Kolonialkrieg von 1754 kämpfte, lernte von seinen weißen Freunden, dass sich eine Schlacht nur durch gründliche Planung, militärische Disziplin und überlegene Kampftechnik gewinnen lässt.

Als die Engländer nach hartem Ringen den Krieg für sich entschieden und Frankreich 1763 durch den Frieden von Paris aus Nordamerika verjagten, befanden sich die mit den Franzosen verbrüderten Algonkin-Häuptlinge – wie H.-J. Stammel schreibt – in einer ausweglosen Situation: *»Sie hatten europäische Kampfesweisen mit indianischen Guerillapraktiken verbunden, hatten einen Sieg nach dem anderen erfochten, waren von den Franzosen hochgelobt und dekoriert worden, und ihre leichten Siege über die Engländer hatten ihnen Genugtuung, Skalpe, Gefangene und reiche Beute beschert – ihre eigenen Dörfer waren heil und ungeschoren geblieben, ihre Verluste gering, und nun erklärten ihnen ihre französischen Freunde, daß der Krieg verloren sei, alles Gebiet östlich des Mississippi den Engländern gehöre, daß bald eine Hand voll englischer Soldaten erscheinen und Besitz von allen französischen Forts nehmen würde. Sie verstanden nichts.*

Mit seiner kriegerischen Interessengemeinschaft zahlreicher Algonkin-Völker brachte Pontiac die Engländer zeitweilig in arge Bedrängnis und hätte den Sieg davontragen können, wenn die Franzosen als Verbündete nicht von ihm abgefallen wären

Sie betrachteten die Franzosen als Feiglinge und Verräter, die sie im Stich gelassen und ihren Feinden ausgeliefert hatten.«

Pontiacs »Revolution des roten Mannes«

In dieser schwierigen Lage setzten die Algonkins ihre Hoffnung auf den Ottawa-Häuptling Pontiac, der trotz des französischen Abfalls eine Fortsetzung des Krieges gegen die Engländer befürwortete und die geballte Kraft von 25 Indianernationen gegen den »Union Jack«, die englische Fahne, ins Feld führte.

Nachdem am 10. Februar 1763 die Franzosen im Pariser Friedensvertrag auf alle ihre nordamerikanischen Besitztümer verzichtet hatten, legte Pontiac tausende von Kilometern zu Fuß, zu Pferde oder im Kanu zurück, um die indianischen Stämme zur Einigkeit und zum gemeinsamen Kampf aufzurufen. Durch seine große Menschenkenntnis und Überzeugungsgabe vermochte er in nur wenigen Wochen und Monaten eine »Vereinigung unabhängiger Indianervölker« aus dem Boden zu stampfen und generationenlange Stammesfeindschaften und Eifersüchteleien abzubauen. Sein Appell fand Gehör bei den Ottawas, Chippewas, Potawatomis, Miamis, Huronen, Mascoutens, Sauks und Foxes, Micmacs, Winnebagos, Shawnees und vielen anderen Nationen. Die meisten Irokesen-Stämme weigerten sich jedoch, an Pontiacs »heiligem Krieg« gegen die andersfarbigen Eroberer teilzunehmen. Durch seine Fähigkeit, zu begeistern und zu vermitteln, machte er sich als Politiker, Staatsmann und Diplomat einen bedeutsamen Namen in der indianischen Geschichte. Mit Klugheit, List und Behändigkeit versuchte er den Engländern beizukommen, die die von ihm entfachte gewaltige Erhebung der Nordost-Völker die »Pontiac-Verschwörung« nannten.

Pontiacs verwegener Plan bestand darin, zunächst die vorgeschobenen Befestigungen der britischen Kolonien zu stürmen und so das Vorfeld vom weißen Mann zu säubern, dann in einer zweiten Bewegung die Bleichgesichter stets nach Osten abzudrängen und schließlich in den Atlantik zurückzuwerfen.

Obwohl seine kriegerische Interessengemeinschaft die Front der englischen Kolonisation auf einer Länge von über 1600 Kilometern zerschlug und an einem einzigen Tag durch Überraschungsangriffe acht der zehn englischen Forts zwischen den Großen Seen und dem Ohio dem Erdboden gleichmachte, war Pontiac doch der erhoffte Erfolg nicht beschieden. Wie ausgehungerte Wölfe über den umzingelten Bison herfallen und ein Stück Fleisch nach dem anderen aus seiner blutenden Flanke herausreißen, so führten die Indianer ihre massive Attacke auf die Engländer durch. Sie verdarben sich dabei den Magen an zwei gewaltigen Brocken, die sie nicht vom »weißen« Fleisch abtrennen konnten. Nur zwei Forts widerstanden dem roten Ansturm. Vor Pittsburgh und Detroit holten sich die Rothäute eine blutige Abfuhr, weil sie nicht über das nötige Belagerungsmaterial verfügten, das ihnen die Franzosen vorenthielten. Als Major de Villiers, Kommandant von Fort de Chartres in Louisiana, der indianischen Streitmacht mitteilen ließ, *»das Kriegsbeil zu begraben und mit den Engländern in Frieden zu leben, wie es die Franzosen auch tun«*, brach Pontiacs *»Revolution des Roten Mannes«* endgültig zusammen.

Der erste Fall biologischer Kriegsführung in der Geschichte

Seine Krieger waren zusätzlich ein Opfer des ersten Falles biologischer Kriegsführung in der Geschichte geworden. Als Lord Jeffrey Amherst, der Oberbefehlshaber der englischen Streitkräfte in Nordamerika, unter Pontiacs Druck nicht mehr ein und aus wusste, heckte er den niederträchtigen Plan aus, die Indianer mit Bluthunden niederzurennen oder mit Pocken anzustecken. Da er sich keine Bluthunde in genügender Zahl

Ottawa-Häuptling Pontiac (1720 bis 20.4.1769), der die von Heimatlosigkeit bedrohten Algonkin-Stämme des Ostens einigte und die Engländer aus Nordamerika verjagen wollte

beschaffen konnte, erteilte er seinen Offi-zieren den Befehl, die Rothäute mit Ta-schen- und Leintüchern pockenkranker Weißer zu infizieren, was sich bei den Otta-was verheerend auswirkte.

Für ihre Niederlage mussten die 25 an Pontiacs Krieg beteiligten Nationen 1764 einen furchtbaren Preis bezahlen: Sie kamen in den Genuss des Friedens und waren der Schonung durch die englischen Sieger ge-wiss, wurden aber mit eiserner Faust zur Aufgabe ihres Landes gezwungen.

Pontiac war inzwischen in der Versen-kung verschwunden und unauffindbar. Nachdem er die bittere Niederlage verkraf-tet hatte, soll er einen noch größeren und schrecklicheren Aufstand geplant haben.

Dazu musste er aber zunächst sein früheres Ansehen wieder herstellen, was nicht so ein-fach war, da sein eigener Stamm ihn ausge-stoßen hatte. Die Engländer setzten ein Kopfgeld von 200 Goldpfund auf Pontiac aus, und es dauerte nicht allzu lange, bis ein feiger indianischer Meuchelmörder sich im Frühjahr 1769 im Peoriadorf Cahokia den Judaslohn verdiente.

Die bekannte Automobilmarke Pontiac, die in der Autostadt Detroit hergestellt wird, erinnert noch heute an den großen Ottawa-Häuptling, der die von Heimatlo-sigkeit bedrohten Stämme des Nordostens einigte und vor Detroit, dem damaligen wichtigsten Fort an der Grenze zwischen Weiß und Rot, scheiterte.

Auch Pontiac wurde, wie viele rebellierende Häupt-linge vor und nach ihm, von einem feigen Verräter aus den eigenen Reihen umgebracht

Tecumseh, der Revolutionär   *1768 bis 5. 10. 1813*

Seit über drei Stunden wütete bereits die Schlacht. Auf dem blutigen Kampfplatz lagen 900 blau uniformierte Leichen. US-General Arthur St. Clair, der kurz nach der Unabhängigkeit der Vereinigten Staaten mit 1400 Soldaten ins Ohio-Tal vorge-drungen war, unterlag hoffnungslos der Kriegskunst des Miami-Häuptlings Little Turtle (Michikinikwa – Kleine Schildkröte), der heute als das größte militärisch-strate-gische Genie der Indianer gilt. An dem denkwürdigen Kampf an den Quellen des Wabash beteiligte sich auch ein junger In-dianer namens Tecumseh (Tikamthi, Te-cumtha – Der sich zum Sprung duckende Berglöwe), der sich von der Wirksamkeit der »gebündelten Kraft« vereinigter Stämme mit eigenen Augen überzeugen konnte. Ein solcher Bund aus Algonkin-Völkern – Miamis, Shawnees, Potawatomis und Chippewas – versetzte an diesem ereignis-vollen Tag der amerikanischen Armee einen entsetzlichen Schlag, von dem sie sich erst

nach zwei Jahren erholte. Der Shawnee Tecumseh wollte es aber nicht bei einem einzigen Sieg belassen. Er träumte fort-an von einer mächtigen Union aller In-dianerstämme zwischen Ohio und Missis-sippi.

Noch feindlicher als die englische Kolo-nialverwaltung gaben sich die frisch ge-gründeten Vereinigten Staaten von Ameri-ka gegenüber den Indianern, als sie zur Er-oberung des Gebiets westlich der Grenze der 13 ehemaligen britischen Kolonien schritten. In ihrem Drang, den Rothäuten Grund und Boden abzunehmen, wurden sie erheblich durch die Bemühungen Tecum-sehs gestört. Nachdem der 1768 im Dorf Old Piqua am Mad River geborene Shawnee zum Häuptling seines Stammes aufgestie-gen war, konnte er endlich an die Verwirk-lichung einer politischen »Verteidigungs-konföderation« der Indianer von den Großen Seen bis hinunter nach Alabama und Florida denken.

Tecumseh bemühte sich um ein dauerhaftes Bünd-nis möglichst vieler India-nerstämme, um dem Vor-dringen der Weißen Ein-halt zu gebieten und diese dann ganz aus Amerika zu vertreiben, wo er einen in-dianischen Staat nach dem Muster der Vereinigten Staaten errichten wollte

Tecumseh (1768 bis 5.10.1813), der berühmte Shawnee-Häuptling, der schon früh erkannte, dass gerade die Uneinigkeit der roten Stämme das ständige Vordringen der Weißen ermöglichte: Er sah seine Lebensaufgabe darin, sich um ein groß angelegtes Bündnis möglichst vieler Indianerstämme zu bemühen und damit das rote Volk vor dem Untergang zu retten

war mit dem Alten und Neuen Testament bekannt geworden und hatte wertvolle Kenntnisse über die Mentalität der Eroberer und die Möglichkeiten ihrer Bekämpfung erworben.

Tecumsehs Traum von den Vereinigten Staaten der Indianer Nordamerikas

Im Laufe von sieben Jahren saß Tecumseh an allen Lagerfeuern zwischen der kanadischen Grenze und dem Golf von Mexiko. Im Rindenkanu setzte er über Flüsse und Seen, hoch zu Ross durchquerte er Savannen und Wälder, im Toboggan (Indianerschlitten) fuhr er durch den eisigen Winter. Überall warb er eindringlich und beschwörend für die Einheit der Indianerstämme. Redegewandt und eindrucksvoll suchte er die Häuptlinge für die Gründung eines freien roten Staates zu gewinnen. *»Seht hier in meiner Hand dieses Bündel Pfeile. So wie keiner von euch es vermag, dieses Bündel zu zerbrechen, so wenig werden die weißen Soldaten euch zerbrechen, wenn ihr einig seid. Aber wehe euch, wenn ein jeder seinen eigenen Weg geht. Ein Kind zerbricht die dünnen Schäfte dieser einzelnen Pfeile. So werdet auch ihr zerbrochen werden, wenn ihr nicht eins seid!«*

Nach und nach wuchs Tecumsehs Liga, liefen ihm immer mehr junge Krieger zu, wurden die dünnen Pfeile zu einem unzerbrechlichen Bündel. Im Frühjahr 1811 wagte er sich sogar in den tiefen Süden, wo er die 30 000 Krieger der Creeks, Choctaws, Chikasaws, Cherokees und Seminolen für sein Vorhaben zu gewinnen hoffte.

Mit außergewöhnlicher Überzeugungskraft redete er auf die Südostnationen ein: *»Schlaft nicht länger ... in falscher Sicherheit und trügerischer Hoffnung. Unsere großen Landgebiete entgleiten immer mehr unserem Griff. Jedes Jahr werden die weißen Eindringlinge habsüchtiger, erpresserischer, erdrückender und anmaßender. Noch treten und schlagen sie uns nicht wie ihre Schwarz-*

Durch seine Schwester lernte er das europäische Mädchen Rebekka Galloway kennen und lieben, das ihn mit dem Gedankengut der Weißen vertraut machte. Obwohl die Galloways nichts gegen eine Heirat ihrer Tochter mit Tecumseh einzuwenden hatten, verzichtete er doch auf seine Liebe, weil er die Bedingung, mit seiner Frau nach Art der Bleichgesichter zu leben, nicht eingehen wollte und konnte. Sein Rassenzugehörigkeitsgefühl war stärker als seine Zuneigung für die »weiße Blume«. Trotzdem hat ihn dieses Erlebnis tief gezeichnet: Dank Rebekka hatte er sein Englisch verbessert,

gesichter. Aber wie lange noch wird es dauern, bis sie uns an Pfähle binden und uns auspeitschen und uns zwingen, für sie auf ihren Feldern zu arbeiten? – Haben wir ihre Absichten nicht klar vor Augen in den Beispielen ihres Verhaltens in der Vergangenheit? Sollen wir die Gebeine unserer teuren Verstorbenen preisgeben, sollen wir warten, bis sie so zahlreich geworden sind, dass es einen Widerstand gar nicht mehr geben kann? Sollen wir uns eines Tages zerstören lassen, ohne Kampf? Niemals, sage ich! Niemals! Also müssen wir uns zusammenschließen, eine große indianische Einheit bilden und die Bleichgesichter an der ganzen Front zurücktreiben. Krieg oder Ausrottung ist die einzige Alternative, die wir haben …«

Trotz seiner rhetorischen Meisterleistung scheiterte Tecumseh am Einspruch Pushmatahas, dem führenden Kopf der Choctaws und Chikasaws, der mit seiner persönlichen Abneigung gegen gewalttätiges Vorgehen die so genannten »Fünf Zivilisierten Nationen« des Südostens aus der geplanten Indianerkoalition heraushielt. »Ich achte die Gründe des großen Shawnee-Orators hoch. Sie sind ehrenvoll und würdevoll, und das Recht ist sicherlich auf seiner Seite. Aber seine Gründe sind nicht unsere Gründe. Und wenn das nicht der Fall ist, so kann sein Kampf nicht unser Kampf sein, sein Krieg nicht unser Krieg.«

Als Tecumseh sich nach dieser Abfuhr der mächtigen Südostvölker, deren Hilfe er unbedingt gegen die amerikanische Invasion gebraucht hätte, zum langen Heimweg aufmachte, brauten sich finstere Gewitterwolken über seinen hochfliegenden Plänen zusammen.

Tenskwatawa, der Verräter

Während seiner Abwesenheit war eine amerikanische Armee unter dem Kommando von General Josiah Harrison bis ins Herz seiner Heimat vorgestoßen. Als Stellvertreter hatte er seinen Zwillingsbruder Tenskwatawa (Offene Tür) zurückgelassen, auch

Der Tod von Tecumseh in der Schlacht an der kanadischen Themse. Gemälde von Alonzo Chappel, 1857

Laulewasikau oder Elkswatawa genannt, der Tecumsehs Idee einer allumfassenden Indianerliga tatkräftig unterstützte. Tenskwatawa war ein weit und breit gepriesener Prophet, der einmal auf Tag und Stunde genau den »Tod der Sonne«, eine totale Sonnenfinsternis, vorausgesagt und sich damit einen ausgezeichneten Namen als begabter Seher gemacht hatte. Im Shawnee-Zentrum Tippecanoe, der »Stadt der großen Reinigung«, errichtete er am Wabash River einen tempelartigen heiligen Schrein, zu dem Indianer von nah und fern pilgerten.

Tenskwatawa war jedoch von der anmaßenden Überzeugung durchdrungen, nur durch seine prophetische Macht käme die »rote Union« zustande. Tecumsehs Bemühungen, eine politische und militärische Allianz der Indianer auf die Beine zu bringen, nahm er nicht ernst. So verwundert es nicht, dass er beim Anmarsch der 800 Soldaten Harrisons trotz Tecumsehs Anweisungen, auf keinen Fall den Feind anzugreifen, im blinden Vertrauen auf seinen angeblichen »Zauber« am 7. November 1811 die Kämpfer des indianischen Bündnisses aus der »heiligen Stadt« herausführte und im Mündungsfeuer der amerikanischen Gewehre verbluten ließ. Anstatt auf Tecumseh, einen der besten roten Heerführer aller Zei-

Die Weigerung der mächtigen »Fünf Zivilisierten Nationen« des Südostens, sich am Krieg der vereinigten Algonkins gegen die Weißen zu beteiligen, und die vorzeitige Niederlage seines Zwillingsbruders Tenkswatawa vor Tippecanoe zerschlugen Tecumsehs Wunschvorstellung eines indianischen Nordamerika

Tenskwatawa (1775 bis 1837), der Zwillingsbruder Tecumsehs, auch »The Prophet« genannt, unterstützte Tecumsehs Idee einer allumfassenden Indianerliga tatkräftig. Obwohl Tecumseh ihm befohlen hatte, während seiner Abwesenheit auf keinen Fall die Weißen anzugreifen, preschte der Shawnee-Medizinmann ungestüm vor und musste eine schreckliche Niederlage einstecken (7. November 1811)

ten, zu warten, preschte der Prophet ungestüm vor und wurde durch seine Eifersucht und Kurzsichtigkeit zum Verräter seines Bruders.

General Harrison zerstörte alle Waffen- und Vorratslager der Rothäute und auch Tecumsehs Hauptstadt Tippecanoe, die in Schutt und Asche versank. Somit war der große Aufstand der Indianer schon vor dem Ausbruch durch die Unbedachtsamkeit des Shawnee-Propheten zum Scheitern verurteilt. Er war regelrecht im Keim erstickt worden.

Durch dieses Missgeschick, für das Tecumseh gar nicht verantwortlich zeichnete, verlor er dennoch die Unterstützung vieler Stämme. Innerhalb eines Tages war das mühselige Werk von sieben Jahren an Tenskwatawas Ruhmsucht oder Ungeduld zerbrochen. Tecumsehs Traum von den Vereinigten Staaten der Indianer Nordamerikas war zerschmettert.

Auf der Suche nach dem indianischen Nationalbewusstsein war er weiter gegangen als Pontiac, der eigentlich nur an ein zeitgebundenes kriegerisches Bündnis gedacht hatte. Tecumseh wollte darüber hinaus einen eigenen Indianerstaat errichten, der auch in Friedenszeiten fortbestehen und über einheitliche Gesetze, eine indianische Regierung und Armee verfügen sollte.

Auf der Flucht nach Kanada

Trotz der von seinem Bruder verschuldeten Niederlage, die in ein wahres Gemetzel ausgeartet war, gab Tecumseh jedoch nicht auf. Er floh mit seinen Getreuen nach Kanada, wo er aufseiten der Briten im amerikanisch-englischen Krieg von 1812 mit einer eigens von ihm aufgestellten und gedrillten Indi-

anerbrigade kämpfte und es zum Rang eines britischen Brigadegenerals brachte. Durch sein taktisches Können entschied er diesen Krieg beinahe zugunsten des »Union Jack«, doch wurden seine Erfolge durch die Unfähigkeit englischer Oberbefehlshaber zunichte gemacht. So soll er seinen Vorgesetzten, General Proctor, in der Schlacht an der kanadischen Themse einen »feigen Hund, der seinen Schwanz einkneift«, gescholten haben, ehe er in diesem seinem letzten Kampf am 5. Oktober 1813 seine Indianerehre rettete und auf dem Schlachtfeld als tapferer Truppenführer fiel. Mit seinem frühzeitigen Tod waren die von ihm vereinigten Shawnees, Delawaren, Miamis, Potawatomis, Chippewas und andere um eine große Hoffnung ärmer. Mit ihm erlosch endgültig der Gedanke einer Union aller nordamerikanischen Stämme.

Tecumsehs Widersacher, General Harrison, hatte die Bemühungen des Shawnee-Politikers zu würdigen gewusst: »Wenn er nicht in unmittelbarer Nähe der Vereinigten Staaten lebte, würde er ein indianisches Reich schaffen, das sich mit Mexiko, dem Reich der Azteken, oder mit Peru, dem Reich der Inkas, messen könnte. Keine Schwierigkeiten können ihm Einhalt gebieten. Während der letzten vier Jahre ist er unaufhörlich in Bewegung gewesen. Heute kann man ihn am Wabash sehen und kurze Zeit später an den Ufern des Erie- oder Michigansees oder am Mississippi. Und wohin er auch kommt, überall gewinnt er Sympathien für seine Vorschläge …«.

Tecumsehs Versuch, die Indianer zu einigen, hätte die Amerikaner Kopf und Kragen gekostet, wenn der Shawnee-Häuptling auf die ihm verweigerte Hilfe der machtvollen »Fünf Zivilisierten Nationen« des Südostens hätte zurückgreifen können und zudem nicht durch die Niederlage Tenskwatawas vor Tippecanoe vorzeitig geschwächt worden wäre. Der Traum der verbündeten Indianer, die Weißen ins Meer zu treiben, wäre dann vielleicht Wirklichkeit geworden. Aber mit Tecumsehs Ableben war die letzte Chance eines indianischen Nordamerika für immer vertan.

Black Hawk (Schwarzer Falke), der Verteidiger der indianischen Unabhängigkeit *1767 bis 3. 10. 1838*

Die miteinander verbündeten Stämme der Sauks und Foxes (»Füchse«), die wie eine große Familie zusammenhielten, lebten in Kanada am Ostufer des Sankt-Lorenz-Stroms, ehe sie zu Beginn des 17. Jahrhunderts unter dem Druck der Irokesen westwärts zogen und im heutigen Illinois zwischen dem Westufer des Michigansees und dem Mississippi eine neue Bleibe fanden. Ihre Hauptstadt Saukenuk errichteten sie da, wo der Rock River (»Felsenfluss«) in den mächtigen Mississippi mündet. Die zwei Nationen gehörten zur großen Völkergemeinschaft der Algonkins. Der richtige Name der Sauks lautete »Osakiwag«, was »Menschen der gelben Erde« bedeutete. Ihre Weggefährten, die Foxes, hießen ursprünglich »Imeshwakihug«, »Menschen der roten Erde«. Erst zu Anfang des 19. Jahrhunderts machten sie die unliebsame Bekanntschaft der weißen Landräuber. Bislang hatten sie nur amerikanische Trapper und Pelzhändler getroffen, mit denen sie sich gut verstanden. In den letzten Jahrzehnten des 18. Jahrhunderts führten sie einen erbitterten Krieg mit den am oberen Missouri siedelnden Osagen, wobei der Krieger Black Hawk hervorstach.

»Die Weißen sind üble Vorbilder«

Zur Zeit als Black Hawk wegen seiner Verdienste um die zwei eng befreundeten Völker zum obersten Häuptling aufgestiegen war, erwuchs dem neuen Anführer ein viel rücksichtsloserer Feind in den Amerikanern, die ihr Augenmerk auf das Gebiet der Sauks und Foxes warfen und es der Union einverleiben wollten.

»Die Weißen sind üble Vorbilder. Schon ihre Blicke und Bewegungen lügen. Sie lächeln den Indianer an und betrügen ihn; sie schütteln ihm die Hände, gewinnen sein Vertrauen, um ihn betrunken zu machen und dann zu täuschen. Wir haben sie gebeten, uns in Ruhe zu lassen, sich von uns fern zu halten, aber sie folgten uns und besetzten unsere Wege und schlängelten sich zwischen uns wie eine Schlange. Sie vergiften uns mit ihren Berührungen. Wir waren nicht mehr sicher, wir lebten in Gefahr. Wir begannen zu wer-

Black Hawk (1767 bis 3. 10. 1838) erwies sich als ein tapferer Verteidiger der indianischen Unabhängigkeit, ehe er die Unterwerfung vorzog

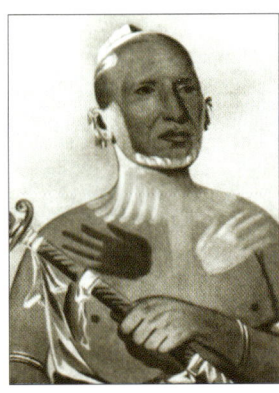

Oben: Fischkopf, Krieger der Sauks

Unten: Keokuk, Black Hawks Rivale im Kampf um die Vorherrschaft bei den Sauks und Foxes. Gemälde von George Catlin, 1834

den wie sie, Heuchler und Lügner, Allesversprecher und Nichtstuer«, heißt es im Testament von Black Hawk (Schwarzer Falke), den die französisch sprechenden Kanadier »Faucon Noir« und die Indianer »Makatawinesheka« oder »Ma-ka-tai-me-sche-kia-kiak« (Schwarzer Sperber) nannten.

Dass die Bleichgesichter die Rothäute mit niederträchtigen Methoden zu übertölpeln suchten, sie nach und nach ihrer edlen Gesinnung beraubten und geistig verdarben, erfuhr Black Hawk, Sachem der Sauks und Foxes, am eigenen Leib.

Als der US-General Harrison 1804 nach Saint Louis kam, um das im Jahr zuvor von Frankreich an die Vereinigten Staaten verkaufte Louisiana zu übernehmen, stieß er dort auf einige Unterhäuptlinge der Sauks und Foxes, denen er mit Feuerwasser die Zunge löste und daraufhin einen gemeinen Friedensvertrag zur Unterzeichnung vor-

legte. Durch ihren erzwungenen Fingerabdruck verkaufte die indianische Abordnung ihr gesamtes Landgebiet zwischen dem Michigansee und dem Mississippi für eine lächerliche Summe. Nachdem Oberhäuptling Black Hawk von diesem merkwürdigen Vertrag Kunde erhalten hatte, ließ er die Amerikaner wissen, er könne ihr tückisches Vorgehen nicht billigen, und bezichtigte sie der Erpressung und des Landraubs.

Als Tecumseh Gesandte zu ihm schickte mit der Bitte, dem von ihm gegründeten indianischen Bündnis beizutreten und seine Streitmacht im Kampf gegen die amerikanischen Eroberer zu unterstützen, kam Black Hawk der Aufforderung zum »heiligen Krieg« nach. Während der englisch-amerikanischen Auseinandersetzung von 1812 focht der Sauks-und-Foxes-Oberhäuptling in der Indianerbrigade Tecumsehs und fiel durch außergewöhnliche Tapferkeit auf.

Black Hawk und sein Rivale Keokuk

Seine Abwesenheit im Land der Sauks und Foxes machten sich die Amerikaner zunutze. Auf der Suche nach einem weißenhörigen Häuptling fanden sie in Keokuk (»Der überall ist«) einen gewichtigen Bundesgenossen, der die Sauks zur freiwilligen Preisgabe ihrer Heimat brachte. Auf sein Zureden verließ die Hälfte der Nation die angestammten Jagdgründe und siedelte sich westwärts der Mississippi-Linie an. Trotz dieser bösen Überraschung, die seiner harrte, als er aus dem Krieg in die Heimat zurückkehrte, gelang es Black Hawk, am 21. Juli 1814 eine amerikanische Kavallerieabteilung, die auf seinem Gebiet ein Fort errichten wollte, in der Hundeprärie zu vernichten. 1815 segelte eine Strafexpedition von acht Kriegsschiffen unter dem Befehl von Major Taylor den Mississippi hinauf

und wurde an der Mündung des Rock River von Brandpfeilen und Kanonenkugeln überschüttet. Mit der ihm von den Engländern zur Verfügung gestellten Kanone versenkte Black Hawk die Hälfte der kleinen Armada.

Obwohl er in der Hundeprärie und am Rock River den Amerikanern zwei schmerzliche Schlappen bereitet hatte, wurde Black Hawk der beiden Siege nicht froh. Als 1815 die Engländer mit den Amerikanern Frieden schlossen, entzogen sie dem Sauks-und-Foxes-Sachem ihre wertvolle Hilfe, sodass Black Hawk wieder einmal auf sich allein angewiesen war. Zu diesem Zeitpunkt versuchte sein junger Nebenbuhler Keokuk erneut, die dem Oberhäuptling verbliebenen Krieger davon zu überzeugen, dass es vorteilhafter sei, den Kampf gegen die mächtigen Vereinigten Staaten einzustellen und sich dem Diktat der Amerikaner zu fügen. Auf Betreiben Keokuks musste der alternde Black Hawk 1816 in Saint Louis einen ungünstigen Friedensvertrag unterzeichnen, der es den ersten weißen Siedlern gestattete, im Sauks-und-Foxes-Land zu leben. Nachdem sich Black Hawk 1825 gegen ein neues Abkommen zur Wehr gesetzt hatte, spielte ihm Keokuk 1829 einen üblen Streich. Als der »Schwarze Falke« von der üblichen Winterjagd in sein Dorf am Rock River zurückkehrte, traute er seinen Augen nicht mehr. Alle Hütten waren von Amerikanern bewohnt, die auch von den Maisfeldern Besitz ergriffen hatten. Auf eigenem Grund und Boden waren er und die Seinen zu Fremden geworden, die von den Siedlern davongejagt wurden. Während seiner Abwesenheit hatte der weißenhörige Keokuk auch die letzten Sauks dazu gebracht, ihre Häuser und Äcker im Stich zu lassen und in die Verbannung zu gehen.

Eine ausweglose Lage

Black Hawk gab sich jedoch noch nicht geschlagen. Wie einst Tecumseh, reiste er zu den benachbarten Indianerstämmen und bat um ihre Hilfe. Obwohl die meisten ihm ihre Unterstützung versagten, versuchte er mit seinen Getreuen, sich wenigstens eine Zeit lang gegen die Übermacht der amerikanischen Truppen unter General E. P. Gaines zu behaupten. Nach einer letzten Niederlage am Wisconsin war die Lage für Black Hawk ausweglos geworden. Mit den wenigen Kriegern, die ihm noch verblieben, wich er zum Mississippi zurück, den er aber ohne Boote nicht zu überqueren vermochte. Als sie mit eiligst zusammengezimmerten Flößen über den Fluss setzten, griff sie mitten auf dem Wasser das amerikanische Kanonenboot »Warrior« an. Zu ihrem Glück ging das Brennmaterial auf dem Schiff zur Neige, sodass die »Warrior« gezwungen war, den Kampf abzubrechen und frisches Brennholz an Bord zu nehmen. Unterdessen überquerten die überlebenden Männer, Frauen und Kinder Black Hawks den Mississippi und stießen am Ufer auf US-Infanterie, die ein schreckliches Blutbad unter den flüchtenden Rothäuten anrichtete. Inzwischen kam die »Warrior« wieder herangedampft und beteiligte sich mit dem Feuer ihrer Kanonen am Massaker. Von den 100 Indianern, die ihr Leben gerettet hatten, fielen die meisten etwas später den Skalpiermessern feindlicher Sioux zum Opfer. All diese Gemetzel überstand nur ein einziger Kämpfer der Sauks und Foxes: der fast siebzigjährige Häuptling Black Hawk.

Den auf ihn gesetzten Kopfpreis von 20 Pferden und einem Beutel Golddollars verdienten sich rote Verräter, die den Greis an die Amerikaner auslieferten. Die Sieger brachen die Widerstandskraft des alten Mannes, indem sie ihm die Macht der Vereinigten Staaten vor Augen führten und ihn von der Zwecklosigkeit seines Kampfes überzeugten.

Sein Volk wurde gezwungen, aus Illinois wegzuziehen, sich am Iowa River niederzulassen, von dort nach Kansas überzusiedeln, bis ihm im Oklahoma-Reservat eine endgültige Heimstätte zugewiesen wurde.

Black Hawk empfand große Sympathie für Tecumsehs Ideen. Anfangs erzielte er Achtungserfolge gegen die US-Armee. Auf Dauer war er jedoch der Niedertracht der Weißen nicht gewachsen und musste deren Landräuberei wohl oder übel hinnehmen

»Die Weißen skalpieren den Kopf nicht, sie tun Schlimmeres – sie vergiften das Herz« (Black Hawk)

»Nehmt Abschied von Black Hawk!«

Keokuk, der mit seinen unrühmlichen Geschäftspraktiken das Land seines Stammes veräußert und sich selbst bereichert hatte, genoss die Achtung der Amerikaner, die sogar eine Büste von ihm im Washingtoner Kapitol aufstellten, wohingegen der ehrliche Black Hawk lange Zeit leer ausging, bis der Bildhauer Lorado Taft seiner mit einem überlebensgroßen Denkmal am Rock River gedachte. Auch eine der bekanntesten Berufs-Eishockey-Mannschaften Nordamerikas trägt heute den Namen Black Hawks.

Der tapfere Oberhäuptling der Sauks und Foxes, der 1767 in Saukenuk das Licht der Welt erblickte, verschied am 3. Oktober 1838 am Des-Moines-River, nachdem er kurz vorher einem Buchdrucker und Zeitungsherausgeber seine Erinnerungen anvertraut hatte, die dann als autobiographisches Buch herausgebracht wurden und einen Achtungserfolg erzielten.

In seinem Testament verabschiedete er sich auf ergreifende Weise von seinem Volk: *»Lebe wohl, mein Volk! Black Hawk hat versucht, euch zu bewahren und das euch zugefügte Unrecht zu vergelten. Er hat das Blut einiger Weißer getrunken. Er ist zum Gefangenen geworden, und seine Pläne sind beendet. Er kann nichts mehr tun. Er ist seinem Ende nahe. Seine Sonne sinkt, und er wird sich nie wieder erheben. Nehmt Abschied von Black Hawk!«*

Als Ausstellungsobjekt erwarb die Burlington Historical Society in Illinois des Häuptlings Gebeine, die 1885 mit dem Naturwissenschaftlichen Museum in Burlington verbrannten.

Die Irokesen und der Sechs-Nationen-Bund

Irokesen-Bund oder Irokesen-Liga nannte sich eine Konföderation von zunächst fünf, später sechs Völkern der Irokesen, die sich zwischen 1559 und 1570 zum Zweck einer gemeinsamen Verteidigung zusammenschlossen

*S*ie haben ihre Köpfe vollständig rasiert bis auf eine Locke in der Mitte, die sie lang wachsen lassen wie einen Pferdeschweif. Sie binden sie an ihre Köpfe mit dünnen Lederriemen«,* beschrieb der französische Entdecker Jacques Cartier 1534 die typische Haartracht der Irokesen-Krieger. Im heutigen Staat New York lebten bei der Ankunft der ersten Weißen Irokesen-Dialekte sprechende Indianer, die in vorkolumbischen Zeiten aus Süden und Westen zugezogen waren. Im Waldland zwischen den Großen Seen und der Atlantikküste bauten sie ihre mit Palisaden umgebenen Dörfer an Fluss- und Seeufern. Ihre Langhaussiedlungen entstanden vornehmlich in Gebieten mit fruchtbarem Boden, wo sie den Wald roden und Äcker anlegen konnten. Als sesshafte Farmer, die manchmal bis zu 40 Jahre an derselben Stelle blieben, erwirtschafteten sie auf ihren ordentlich bestellten Feldern Mais, Bohnen, Kürbis, Tabak und Artischocken. Sie wohnten in 50 bis 60 Meter langen, rechteckigen Holzhäusern mit eindrucksvollen Giebeldächern. Durch den Reichtum ihrer Feldarbeit wurden sie vom Ertrag der Jagd unabhängig und konnten sich so ausgedehnte Raubzüge erlauben, was ihnen den Ruf von Plünderern einbrachte.

Eine beachtliche Machtkonzentration

Als die Irokesen-Stämme sich der weißen Gefahr bewusst wurden und die Notwen-

digkeit einer gemeinsamen Verteidigung einsahen, gründete der legendäre Mohawk-Sachem Hiawatha mithilfe des Friedensstifters Deganawidah zwischen 1559 und 1570 die Fünf-Nationen-Konföderation, die sich aus den Senecas, Onondagas, Cayugas, Mohawks und Oneidas zusammensetzte und sich selbst Hodénosaunee (Das Volk des langen Hauses) nannte. Nachdem sich 1722 die Tuscaroras in die Vereinigung eingereiht hatten, sprach man fortan nur noch vom Sechs-Nationen-Bund, der eine beachtliche Machtkonzentration darstellte. Obwohl die Huronen auch zur irokesischen Sprachgemeinschaft gehörten, wurden sie von der Irokesen-Liga bekämpft und nach langjährigem Ringen 1649 als Stamm ausgelöscht.

Die sechs sprachverwandten Völker bildeten eine politische Einheit, in der jede Nation ihre Selbstständigkeit behielt und ein Senat von 50 Sachems sowie eine Art Repräsentantenhaus von rangniedrigeren Häuptlingen Beschlüsse über auswärtige Angelegenheiten, wie Krieg und Frieden, fasste. Der Irokesen-Zusammenschluss, den die weißen Siedler wegen seines demokratischen Aufbaus bewunderten, diente wahrscheinlich als mustergültige Vorlage für die Verfassung der Vereinigten Staaten.

Die Frauen als Drahtzieher der Macht

Übten die Männer scheinbar die Macht nach außen aus, indem sie die Hauptentscheidungen des Sechs-Nationen-Bundes trafen, so war doch den Frauen die wirkliche »innere« Führung der Irokesen-Koalition vorbehalten. Sie kontrollierten die Wahl des Sachems und konnten ihn absetzen, falls er seinen Pflichten nicht genügte. Den Frauen gehörten die Langhäuser, die Felder und die Werkzeuge. Trennten sie sich von ihren Gatten, blieben die Kinder bei ihnen. Somit war die irokesische Gesellschaftsform, in der die Frauen den Ton angaben, ein richtiges Matriarchat. Innerhalb jeder Nation des Bundes gab es ein Dutzend Clans, denen jeweils eine »Clanmutter«

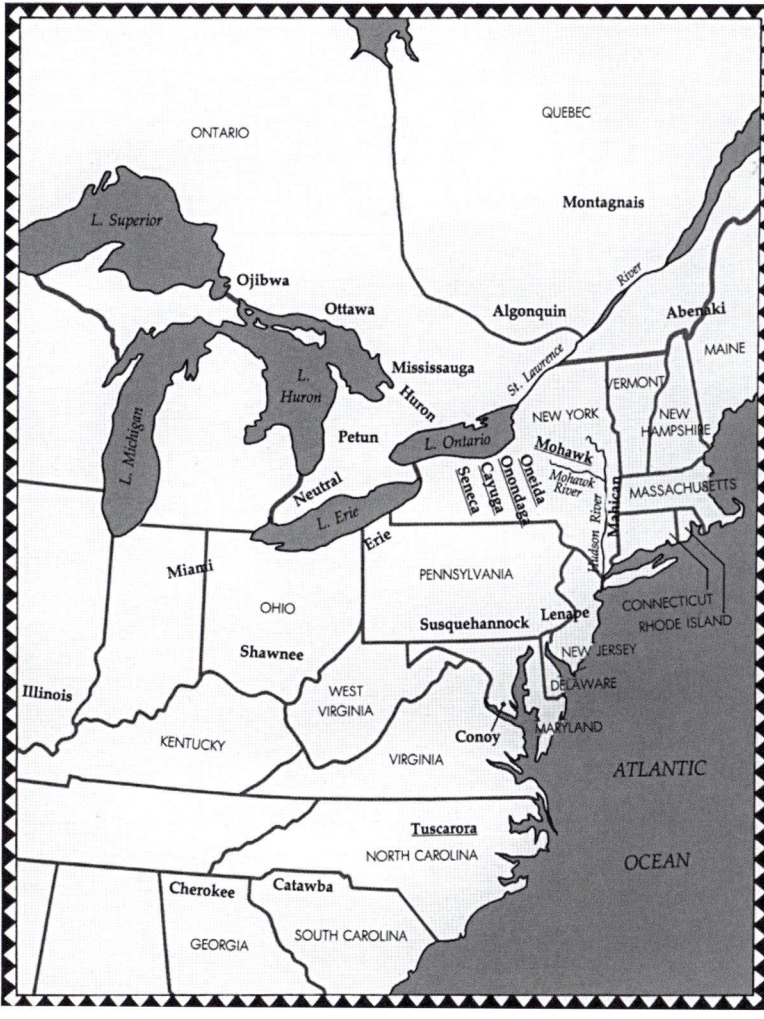

oder »Matrone« vorstand. Der Einfluss der »Clanmütter« überwog bei weitem das Prestige der von ihnen gewählten Sachems, denen sie lediglich ihre politischen Befugnisse zeitweilig übertrugen. Bei keinem anderen Indianervolk Nordamerikas war die Autorität der Frauen so unbestritten anerkannt wie bei den Irokesen.

Der Irokesen-Bund entstand zur Zeit, als französische Schiffe den Sankt-Lorenz-Golf hinaufsegelten, wurde aber erst um 1640 von den Weißen wahrgenommen und war gegen 1850 in der Versenkung verschwunden. Unterlagen die Irokesen in den ersten Auseinandersetzungen mit den im Nordosten angesiedelten Algonkin-Stäm-

Das Gebiet der Irokesen

men, die die Jagdgebiete an der atlantischen Küste beherrschten, so gelang es ihnen trotzdem nach langen Kämpfen, eine breite Schneise ins Gebiet der Algonkins zu schlagen und sich dort zu behaupten. Bereits gegen 1720 musste das Algonkin-Volk der Delawaren vor ihnen zurückweichen und nicht viel später ein tributpflichtiges »Untermieterdasein« auf irokesischem Grund und Boden fristen.

Der Niedergang der Irokesen

Im französisch-englischen Indianerkrieg von 1754 bis 1763 schlugen sich die finsteren Irokesen auf die Seite der Engländer, deren Sieg sie tatkräftig beschleunigten. Im Unabhängigkeitskrieg (1775 bis 1783) machten sie wiederum gemeinsame Sache mit den Briten und verübten schreckliche Grausamkeiten an ihren nunmehr amerikanischen Feinden, wobei sich der Mohawk-Sachem Thayendanegea, auch unter dem Namen Captain Joseph Brant bekannt, und der Seneca-Häuptling Young King (Junger König) hervortaten. Als aber im August 1779 eine bedeutende US-Armee ins Irokesen-Land einfiel, 40 Indianerdörfer dem Erdboden gleichmachte, 1500 Pfirsichbäume umsägte und alle angesammelten Vorräte in Brand steckte, war es um die mächtige Irokesen-Nation geschehen, die diesen furchtbaren Schlag nie mehr überwinden

sollte. Nach dem Unabhängigkeitskrieg, in dem sie für die Verliererpartei gefochten hatten, mussten die Irokesen den größten Teil ihrer Jagdgebiete aufgeben und in ein Reservat ziehen, das ihnen vom neuen US-Staat zugewiesen wurde. Viele Mitglieder der Nation machten von der englischen Einladung Gebrauch, sich in Kanada einzugewöhnen.

Zutiefst beeindruckt von der Intelligenz und Würde der Irokesen-Sachems Sagoyewatha (He keeps them awake – Er hält sie wach, auch Red Jacket – Rotjacke genannt) und Cornplanter (Maispflanzer), beide vom Stamm der Seneca, Thayendanegea, einem Mohawk, und James Logan, einem Cayuga (bekannt als Mingo), schloss Präsident George Washington einen mehr oder weniger gerechten Frieden mit den Irokesen, der sich schon 1812 für die Vereinigten Staaten auszahlte, als ein neuer Krieg mit England ausbrach, aus dem sich diesmal der Sechs-Nationen-Bund heraushielt. Dessen Niedergang war trotzdem besiegelt und konnte nicht mehr aufgehalten werden. Die große Zeit der Irokesen gehörte endgültig der Vergangenheit an.

Blutige Schlächter

Über ihre rückläufige Entwicklung schrieb Lewis Henry Morgan um die Mitte des letzten Jahrhunderts: *»Die Feuer des Rates der Ältesten sind seit langem erloschen ... Ihre Herrschaft ist zu Ende gegangen. Heute senken sich die Schatten des Untergangs über die letzten Reste eines schwachen und doch einst so mächtigen Bundes [...] Bald werden die Irokesen als Volk in der undurchdringlichen Nacht verschwunden sein, die schon so viele Indianervölker für immer aufgenommen hat. Andere haben sich ihr Land angeeignet, die Wälder gerodet, die Fährten verwischt. Die Reste dieser stolzen und begabten Rasse, die sich noch um ihre einstigen Sitze scharen, sind dem Untergang geweiht. Die Irokesen werden als Volk verschwinden. Wir werden ihrer nur noch als Verlorener gedenken, deren*

Weil die Irokesen im Unabhängigkeitskrieg (1775 bis 1783) aufseiten der Engländer, der Verliererpartei, gekämpft hatten, zogen sie den Zorn und die Rache des neuen amerikanischen Staates auf sich, der mit seinen Truppen die Preisgabe des größten Teils ihrer Landgebiete erzwang

Irokesisches Langhaus

Existenz erloschen ist. Zugleich werden wir sie als Volk ehren, dessen weise Männer keine Städte hatten, dessen Religion sich nicht in Tempeln verbarg, dessen Regierung keine Akten kannte.«

Unbezähmbare Wildheit und mitleidlose Entschlossenheit kennzeichneten die unbändigen Irokesen, die sich im Krieg barbarisch grausam und im Frieden maßlos herrisch gaben. In ihrer Glanzzeit reichte ihr Einflussgebiet vom Hudson River bis zu den Großen Seen.

»Sie schleichen wie Füchse, sie kämpfen wie Löwen, und sie verschwinden wie Vögel«, schilderten weiße Siedler die Kampftechnik der Irokesen, die mit Pfeil und Bogen, Tomahawk und Holzschild sowie einer Art Rüstung kämpften, an deren mit Hirschleder verknüpften Stäben die Hiebe des Gegners abprallten. Ihre Kriegsführung war psychologischer Natur. Sie zermürbten ihre Feinde mit einem regelrechten Nervenkrieg, *»in dem Tortur, Hinterhalt, Massaker und nächtliches Kriegsgeschrei die siegreichen Waffen waren«* (P. Farb).

Feinfühlige Psychologen

Trotz ihrer grausamen Folterungen, für die sie weit und breit bekannt waren, hatten die Irokesen eine sehr hohe Kulturstufe erreicht. Obwohl sie sich oft als blutige Schlächter zeigten, waren sie in Wirklichkeit feinfühlige Psychologen, die schon 200 Jahre vor Freud eine auf Träumen basierende Psychotherapie anwandten. Sie wussten von der Existenz des Unterbewusstseins, kannten die Kraft unbewusster Triebe, verfügten über eine moderne Traumdeutung und über hellseherische Fähigkeiten.

Geister, Totenseelen und Götter beherrschten ihre religiösen Vorstellungen, in denen der »Große Geist« und dessen teuflischer Widersacher eine bedeutende Rolle spielten. Aus lebenden, das heißt ungefällten Bäumen schnitzten sie ihre berühmt-berüchtigten Holzmasken, die so genannten Falschgesichter, denen sie eine große Zauberkraft

bei der Vertreibung der bösen Geister zuschrieben. Auch glaubten die Irokesen an ein Leben nach dem Tod, das sich nicht notwendigerweise in den ewigen Jagdgründen zutragen müsste. In ihrem Jenseitsglauben waren sie von der Überzeugung durchdrungen, dass der Verstorbene es nicht mehr nötig habe, sich in seiner Existenz nach dem Tod durch Speise und Trank zu ernähren, dass aber sein Geist weiterhin Interesse für den Stamm bekunde und als unsichtbarer Begleiter an allen Raubzügen der Nation teilnehme, ohne

Links: Thayendanegea (1742 bis 24. 11. 1807), auch Joseph Brant genannt, war ein Mohawk-Kriegshäuptling, der als Staatsmann, Redner und unerbittlicher Kämpfer für die Rechte der Irokesen große Berühmtheit erlangte

Unten: Cornplanter (1753 bis 18. 2. 1836) war ein bekannter Kriegshäuptling der Senecas, der mit seinen Kriegern an der Seite Thayendanegeas kämpfte

Große Bedeutung maßen die Irokesen der Religion bei, die ihr gesamtes Leben beherrschte

Typische »Falschgesicht«-Maske der Irokesen, die zur Heilung von Kranken diente. Eine Gruppe von Trägern dieser Masken war als Falschgesichter-bund bekannt

Heute bestreiten viele der in Kanada und in den USA beheimateten Irokesen ihren Lebensunterhalt als Kleinbauern oder als Arbeiter in den Städten

jedoch ins Kampfgeschehen eingreifen zu können. Weil die Irokesen an ein höchstes übernatürliches Wesen glaubten, das sie als Urgrund und Schöpfer der Welt verehrten, fiel es ihnen nicht allzu schwer, sich zum Christentum bekehren zu lassen.

Trotz des frühen Zusammenbruchs ihres Sechserbundes haben die Irokesen den Sprung ins 20. Jahrhundert geschafft. In Kanada leben heute weit über 20 000 An-gehörige der Sechs Nationen, vornehmlich in der Provinz Ontario. Im US-Staat New York wohnen zurzeit über 10 000 Irokesen. In den beiden Weltkriegen kämpften ihre jungen Männer zugunsten Kanadas und der Vereinigten Staaten und bezeugten damit eine Pflichttreue, die ihnen noch heute zur Ehre gereicht, die ihnen aber die Weißen beider Länder bis auf den jetzigen Tag schuldig geblieben sind.

Deganawidah, der Friedensstifter, und Hiawatha, der Einiger der Irokesen-Stämme

Als sich die einzelnen Stämme der späteren Fünf-Nationen-Konföderation zwischen 1350 und 1600 in endlosen Fehden aufrieben, erschien inmitten der sich zerfleischenden Irokesen-Völker der »Peacemaker« Deganawidah in einem schneeweißen Birkenrindenkanu, das ihm der Schöpfer der Welten übergeben hatte.

Deganawidahs Vision vom »Friedensbaum«

Vom Friedensstifter Deganawidah, einem gebürtigen Huronen, weiß die Überlieferung der Irokesen zu berichten: »*Nördlich des schönen Ontario-Sees, im Land der gekrümmten Zungen [Anm.: damit sind die Huronen oder Wyandot gemeint, die zu den Irokesen-Völkern zählten und einen anderen Dialekt sprachen] lag eine lange Bucht … In einem Dorf lebte eine brave Frau, die eine jungfräuliche Tochter hatte. Es war sonderbar, doch diese Jungfrau empfing ein Kind, und ihre Mutter wusste, dass sie ein Kind gebären würde. In dieser Zeit verfiel die Tochter in einen tiefen Schlaf und träumte, dass ihr Kind ein Sohn sein würde und dass sie ihn Deganawidah nennen sollte. Der, der ihr diese Botschaft im Traum überbrachte, sagte ihr, dass ihr Sohn ein großer Mann werden würde … Es stimmte, was ihr verheißen worden war; die Jungfrau gebar einen Sohn.*«

Als der Knabe zum Mann heranreifte, hatte er eines Nachts einen merkwürdigen Traum, in dessen Mittelpunkt der »Friedensbaum«, der »Tree of Peace«, stand, der mächtige Wurzeln in fünf Richtungen trieb, die »Weißen Wurzeln des Friedens«, die symbolisch für die »Five Nations« der Irokesen einstanden. Auf dem Wipfel des hohen Baums, der bis zum Himmel emporragte, hatte sich ein mächtiger Adler niedergelassen, der nach von weither auftauchenden Feinden spähte und die Irokesen durch seine Anwesenheit an den Frieden gemahnte, der nunmehr zwischen den einzelnen Völkern herrschte und durch nichts gebrochen werden durfte.

Deganawidah hegte keinen Zweifel an der Bedeutung seines Traums. Als Friedensstifter oblag es ihm, zwischen den verfeindeten Nationen zu vermitteln und diese zur Einstellung der Kämpfe und Überfälle zu bewegen. Auch fühlte er sich dazu berufen, ein gemeinsames Gesetz zu entwerfen, dem sich alle ohne Ausnahme fügen müssten.

Als er versuchte, sein eigenes Volk, das der Huronen, auf den neuen Frieden einzuschwören, holte er sich eine erste Abfuhr, was eigentlich nicht weiter verwunderlich war, wenn man weiß, dass der Friedensstifter ein Stotterer war, der sich nur mit Mühe und Not verständlich machen konnte.

In makelloses weißes Wildleder gekleidet, paddelte er in einem weißen Kanu tagelang ostwärts auf der Suche nach einem Gleichgesinnten, der für ihn sprechen könnte. Im Land der Mohawks stieß er auf einen sprachgewandten Redner namens Hiawatha, dem er stotternd seinen Traum vom Großen Frieden erklärte.

Hiawathas »indianischer Weg«

Hiawatha war sofort Feuer und Flamme: »*Dein Name bedeutet ›Zwei Flüsse fließen zusammen‹ und meiner ›Er macht Flüsse‹ – das heißt, es ist uns bestimmt, zusammenzuarbeiten.*«

Und so geschah es, dass die beiden als Paar die einzelnen Stämme der Irokesen auf-

Die Anregung zur Gründung des Irokesen-Bundes kam vom Friedensstifter Deganawidah, der mithilfe Hiawathas seinen Traum vom großen Frieden verwirklichte

Hiawatha, der Einiger der
Irokesen-Stämme, lebte
um 1579

Deganawidah und Hiawatha, die sich bei ihrer Zusammenarbeit perfekt ergänzten, vermochten trotz schwerer Rückschläge ihre hochfliegenden Pläne einer alles umfassenden Irokesen-Liga durchzusetzen

suchten, um diese zu überreden, sich zu einem Bund zusammenzuschließen.

Hiawatha erwies sich als begnadeter Redner, als er vor den Stammesräten den Großen Frieden erörterte, wohingegen Deganawidah sich als effizienter Organisator entpuppte, der die Grundsätze für die ihm vorschwebende Irokesen-Liga bis ins letzte Detail ausarbeitete.

In Hiawathas grimmigem Halbbruder Todadaho, Zauberer und Häuptling der Onondagas, erwuchs ihnen ein gnadenloser Gegner, der sogar vor Mord nicht zurückschreckte, um die beiden Fürsprecher des Großen Friedens mundtot zu machen. So soll er dank seiner Zauberkraft die Frau und drei Töchter Hiawathas getötet haben.

Trotz dieser Rückschläge gelang es den beiden, die Zustimmung der Oneidas, Mohawks, Cayugas und Senecas für ihre Pläne einzuholen. Als Deganawidah den Onondagas schließlich das Vorrecht einräumte, das Ratsfeuer zu entzünden, erklärten diese sich ebenfalls dazu bereit, sich dem neu gegründeten Irokesen-Bund anzuschließen und sich darüber hinaus auch dessen Zielsetzung zu Eigen zu machen: »*das Wohl des Volkes, die Verteidigung gegen Feinde, die Wahrung des Friedens zwischen einzelnen Personen und zwischen den Stämmen sowie die Aufrechterhaltung von Recht und Ordnung, die man im Sinne der allgemeinen Gerechtigkeit und menschlichen Würde für notwendig hielt*«.

Aus der Historie enteilen sie in die Legende

Deganawidah und Hiawatha gehören zu den Hauptfiguren der irokesischen Mythologie, die das historische Zusammenwirken der beiden Mitbegründer der Fünf-Nationen-Konföderation zur poetischen Legende verklärt hat.

Deganawidah, Irokesen-Prophet und Staatsmann, bezeichnete sich selbst als Friedensstifter. Auf die Frage, wer er sei, pflegte er stets zu antworten: »Der große Schöpfer, von dem wir alle abstammen, sandte mich, um unter euch den Großen Frieden zu stiften. Ihr sollt nicht länger jemanden umbringen, und die Stämme sollen aufhören, sich zu bekriegen. Dies ist nämlich von Grund auf schlecht und er, euer Schöpfer, verbietet es. Friede und Trost sind besser für das Wohl des Stammes als Krieg und Elend.« Als er seine Aufgabe als Schlichter und Versöhner erfüllt hatte, soll er in einem hellen Lederwams ein strahlend weißes Kanu bestiegen haben und aus der Historie in die Legende enteilt sein, wo er in den Mythen zahlloser Stämme weiterlebt.

Hiawatha, der in der zweiten Hälfte des 16. Jahrhunderts lebte und die Führerschaft im Schildkröten-Clan der Mohawks ausübte, galt als großer Spötter und Reformer, um den sich noch zu Lebzeiten zahlreiche Legenden rankten. Das Versepos »The Song of Hiawatha« des amerikanischen Dichters Henry Wadsworth Longfellow (1807 bis 1882) machte ihn bei den Weißen berühmt.

H. W. Longfellow, der Professor für neuere Sprachen war und zwischen 1840 und 1880 zur einflussreichsten Gestalt des Bostoner Literatenkreises aufstieg, verband in seinem bekannten epischen Gedicht den Namen des historischen Einigers der Irokesen-Nationen mit indianischen Mythen und christlich-abendländischen Elementen. Dieses Versepos, das 1844 zum ersten Mal erschien und binnen kürzester Zeit zur Volkserzählung wurde, schildert eindringlich in poetischen Bildern, wie Hiawatha im Gebiet der Großen Seen bei seiner Großmutter Nokomis, der Tochter des Mondes, aufwächst. Er ist ein Sohn des Westwindes und auf die Erde gesandt, um den Frieden unter den Stämmen zu wahren und seine Brüder im rechten Gebrauch der Gaben Manitus zu unterweisen. Dabei erzählt Longfellow von der liebevollen Fürsorge Nokomis', von Hiawathas wachsendem Verständnis für die Natur und von der Vorbereitung auf seine Rolle als geistiger Führer seines Volkes. In Longfellows schönen Versen glaubt der Leser das Wispern der Bäume zu hören, das Rauschen des Wassers, die Rufe der Tiere, und mit Hiawatha lernt er, alle Lebewesen als seine Brüder anzusehen. Der »Indianische Weg« ist nie eindrucksvoller beschrieben worden. Auch heute noch haben Longfellows Verse nichts von ihrer Faszination verloren, obwohl »The Song of Hiawatha« nicht auf historischen Fakten beruht und des Autors poetische Hiawatha-Gestalt einem Chippewa (auch Ojibwa genannt) und nicht einem Mitglied der Irokesen nachempfunden ist.

Auch wenn bei Deganawidah und Hiawatha Historie und Legende nicht leicht zu unterscheiden sind, besteht doch kein Zweifel darüber, dass gerade ihre Grundsätze den Vätern der amerikanischen Verfassung, die mit dem Gedankengut der Irokesen-Liga vertraut waren, als Vorbild dienten.

Durch das Versepos »The Song of Hiawatha« des amerikanischen Poeten H. W. Longfellow, das nicht auf geschichtlichen Tatsachen basiert, erlangte der Einiger der Irokesen-Stämme weltweite Berühmtheit

Die Ackerbauern des Südostens

Die im Südosten hauptsächlich vom Ackerbau lebenden Natchez, Creeks, Cherokees, Choctaws, Chikasaws und Seminolen wurden von der Geschichtsschreibung als die »Zivilisierten Nationen« herausgestellt

Im Südosten, in den Wäldern des Appalachengebirges, an der atlantischen Küste und in den Flussniederungen am Golf von Mexiko wohnten die kulturell hoch stehendsten Indianer ganz Nordamerikas, die Creeks, die Cherokees, die Choctaws und die Chikasaws sowie die Seminolen, bei den Weißen als die »Fünf Zivilisierten Stämme« bekannt.

Ihre gemeinsame Ernährungsquelle waren das Jagen und Fischen sowie die Landwirtschaft, der im milden Klima mit langen Wachstumsperioden eine große Bedeutung zukam. Als Wohnung dienten feste Behausungen aus Pfosten, Stroh oder Rinde, deren Dächer mit Schilf gedeckt waren. Im Waldland erwiesen sich die Flüsse als natürliche, praktische Verkehrswege, auf denen die Indianer mit Kanus aus ausgehöhlten Baumstämmen, so genannten Einbäumen, weite Strecken zurücklegten.

Die Natchez mit ihrem starren sozialen Kastensystem gehören mit den Creeks, den Choctaws und den Chikasaws sowie den Seminolen zu der Muskhogee-Sprachfamilie, während die Cherokees zu den irokesisch sprechenden Völkern zählen. Die Natchez waren schon längst ausgerottet, als der Leidensweg der anderen Stämme des Südostens begann.

Die Natchez und ihre »absolute Theokratie«

Die Natchez, die auf ihren Feldern vor allem Mais anpflanzten, zeichneten sich durch eine außergewöhnliche gesellschaftliche Struktur aus, in der das Schicksal der Aristokratie mit dem des »gemeinen Volkes« auf eigenartige Weise verbunden war

Sie hießen Stinkende oder Stinker und waren die unterste von vier Klassen des Natchez-Volkes, das von 1400 n. Chr. bis in die französische Kolonialzeit Louisianas am Mississippi lebte und pyramidenartige Tempelmounds baute. Sie waren vogelfrei, rechtlos und jeglicher Willkür ausgesetzt. Aber trotz der abgrundtiefen Verachtung, die die oberen Klassen ihnen bezeugten, waren sie doch durch eine unter allen Indianervölkern Nord-, Mittel- und Südamerikas einmalige soziale Struktur an die herrschende Aristokratie gebunden.

Große Sonne

Der Herrscher der Natchez, ein absoluter Monarch, betitelte sich Große Sonne und genoss göttliche Ehren. Seine Heiligkeit und Erhabenheit war so groß, dass die gewöhnliche Erde seine Füße nicht verunreinigen durfte und er deswegen ständig in einer Sänfte herumgetragen wurde. Starb der oberste Kriegsherr des Volkes, so mussten seine Frauen und Gefolgsleute ihn ins Land der Götter begleiten. In einem rituellen Massenmord folgten sie ihrem Gebieter ins Leben nach dem Tod.

Die Aristokraten, die sich so edel dünkten, dass sie niemals ein Werkzeug anrührten und Arbeit verrichteten, gliederten sich in drei Klassen. Angehörige der obersten hießen Sonne und waren die Vertrauten des Herrschers oder der Herrscherin – Große Sonne konnte auch eine Frau sein. Da es keine königliche Erbfolge gab, wurde Große Sonne nach ermüdenden Riten unter den Sonnen ausgewählt und mit verschwenderischem Pomp in eine Sänfte gesetzt. Die zweite Klasse der Aristokratie setzte sich aus den Edelleuten, die dritte aus den Ehrenmännern zusammen. Dann erst kamen die Stinker als unterste Klasse.

Das Merkwürdige und wohl Einzigartige an der Gesellschaftsordnung der Natchez bestand darin, dass Mitglieder der hoch gestellten Klassen Angehörige der grausam unterdrückten Unterschicht heiraten mussten. Zwischen den ansonsten streng getrennten Sozialgruppen kam es dadurch zu einer systematischen Blutmischung. Große Sonnen mussten sich immer mit einer Stinkenden vermählen. Kinder aus dieser Bindung gehörten nicht zu den Sonnen, sondern sanken in die Klasse der Edelleute ab. Diese mussten nun ihrerseits mit Stinkern die Ehe eingehen, und ihre Kinder waren dann nur noch Ehrenmänner.

Bei den Ackerbauern des Südostens erfreute sich das raue Lacrosse-Ballspiel größter Beliebtheit. Auf diesem Gemälde von George Catlin nehmen hunderte von Choctaws an diesem ursprünglich religiösen Mannschaftsspiel teil. »Ball Play of the Choctaw – Ball up«, Gemälde von George Catlin, Öl auf Leinwand, 50 × 70 cm, 1834–35; The National Collection of Fine Arts, Washington, D.C.

1833 von Karl Bodmer gemaltes Lager der Choctaws am Mississippi bei Natchez. Diese Reisenden kochen in Metallgefäßen. Bei einer der Kochhütten sieht man die typischen Schilftragekörbe. Joslyn Art Museum, Oklahoma, Nebraska

1731 wurden die Natchez von den Franzosen als ethnische Einheit ausgelöscht. Dies gilt als erster geschichtlicher Fall der totalen Vernichtung eines indianischen Volkes auf amerikanischem Boden

Aber nicht immer rutschten Kinder in die niedrigere Klasse ab. Entscheidend war die Herkunft der Mutter. Heiratete eine Frau der Sonnenkaste einen Stinker, wozu sie gezwungen war, dann wurden die Kinder einer solchen Ehe als Sonne anerkannt. Ihr Vater jedoch blieb sein ganzes Leben lang ein Stinkender, der wohl das Nachtlager seiner Frau teilen und mit ihr Nachkommen zeugen, nicht aber gemeinsam mit seinem Weib tafeln durfte. In der Gegenwart seiner Angetrauten musste er stehen. Erhob sie sich, hatte er auf die Knie zu sinken. Gefiel er ihr nicht mehr, konnte sie ihn töten lassen, um sich einen neuen Stinker als Gefährten ihres Bettes auszusuchen.

Unter den Natchez lebende Franzosen, die mit der sozialen und kulturellen Ordnung dieser Indianer bestens vertraut waren, haben immer wieder ihr Erstaunen bekundet, dass das seltsame System tatsächlich reibungslos funktionierte.

Die erste totale Ausrottung eines indianischen Volkes

Weil die ungewöhnliche Gesellschaftsordnung der Natchez vielleicht zu leistungsfähig war, kam es zu einer Überbevölkerung, die ihren sozialen Zerfall verursachte. Als die Natchez 1729 auch noch gegen die sie ausbeutenden Franzosen rebellierten, war es für die europäischen Kolonialherren umso leichter, mit den überlegenen Waffen der Weißen die Revolte brutal niederzuschlagen, da aus Europa eingeschleppte Krankheiten wie Pocken, Grippe, Masern, Cholera, Blattern, Pest, Hepatitis und Tuberkulose bereits den Niedergang des einst so stolzen Volkes beschleunigt hatten. Mit dem Massaker durch die Franzosen war es um die Kultur der Natchez geschehen. Erstmals hatten Europäer auf amerikanischem Boden ein indianisches Volk gänzlich ausgerottet.

Die Creeks und ihre »plebiszitäre Demokratie«

Als der spanische Konquistador Hernando de Soto 1540 an der Küste des Golfs von Mexiko an Land ging und im heutigen Alabama auf die Creeks stieß, hatte dieses sesshafte Indianervolk bereits eine hohe Stufe eigener Zivilisation erreicht. 60 Ackerbau treibende Stadtstaaten mit insgesamt 16 000 Einwohnern hatten sich zu einer losen Konföderation vereint. Die soliden Häuser der Creeks übertrafen jede europäische Dorfgemeinschaft des Mittelalters an Komfort und Sauberkeit.

Ein Stammesverbund von Stadtstaaten

Jede Stadt stand unter der Verwaltung eines öffentlich gewählten Rats, der von einem Häuptling, Mico genannt, präsidiert wurde. Der Mico, der eher die Funktionen eines Bürgermeisters als die eines Fürsten ausübte, verfügte über nur wenig Macht. Als Ratspräsident konnte er keine eigenmächtigen Befehle erteilen, sondern nur Empfehlungen geben. Der Rat, der jeden Tag nach einem peinlich genauen Zeremoniell zusammentrat, bestand aus drei Klassen Ratsmitgliedern: den Micnggee, die für öffentliche Gebäude, Stadtplanung, Hausbau und Feldarbeit verantwortlich zeichneten, den Enchau ulgea, die für die Beziehungen mit den anderen Städten zuständig waren, und den Istcchaque, die sich aus angesehenen Alten – auch geliebte Männer genannt – zusammensetzten, dem Mico als Berater dienten, zudem die Archive der Stadt bewahrten und sich um Geschichtsschreibung und Bildung kümmerten.

Vor jeder Entscheidung über irgendwelche äußeren Angelegenheiten, wie Handel, Krieg oder Frieden, mussten die einzelnen »Volksvertreter« die von ihnen repräsentierten Bürger um ihre Meinung bitten und konnten erst einen Beschluss fassen, wenn durch ihre Volksbefragung ein Volksentscheid zustande gekommen war. Diese »plebiszitäre Demokratie« trug dazu bei, Entscheidungen gegen das Interesse der Bürger und persönliches Machtstreben zu verhindern.

Auf einer bemerkenswerten Kulturstufe

Durch frühe Entdecker, Siedler und Soldaten erhielten die Europäer, besonders die Engländer und Franzosen, schnell Kunde vom Regierungssystem der Creeks. In England und Frankreich nahmen die Philosophen die Idee vom »Volk, das durch das Volk regiert wird«, mit Begeisterung auf. John Locke (1632 bis 1704), den englische Missionare mit der Kommunal- und Staatsphilosophie der Creeks bekannt gemacht hatten, griff in seiner erkenntnistheoretischen Philosophie darauf zurück. Auch Jean-Jacques Rousseau (1712 bis 1778) wurde von den politischen Gedankengängen der Creeks beeinflusst, was sich in seinem Werk widerspiegelt. Zudem stehen die Creek-Prinzipien im Mittelpunkt der amerikanischen Unabhängigkeitserklärung, was unter Beweis stellt, dass diese Indianer einen Humanismus lehrten, der ohne weiteres im praktischen alltäglichen Leben Verwendung finden konnte, womit sie ihren weißen Zeitgenossen gedanklich weit voraus waren.

Die Creeks waren den Weißen auch durch ihre hoch entwickelte pflanzliche Naturkunde weit überlegen. Schon seit Jahrhunderten waren sie sich der Bedeutung körperlicher Hygiene voll bewusst. Ihre medizinischen Kenntnisse waren beachtlich zu einer Zeit, als man in Europa noch der Gesundbeterei anhing und primitive chirurgische Eingriffe vornahm, die den Creeks barbarisch vorkommen mussten.

Schon 1540, als der spanische Konquistador Hernando de Soto mit den Creeks Bekanntschaft machte, hatten diese bereits ein beachtliches Zivilisationsniveau erreicht, das die geistige Entwicklungsstufe der Weißen übertraf

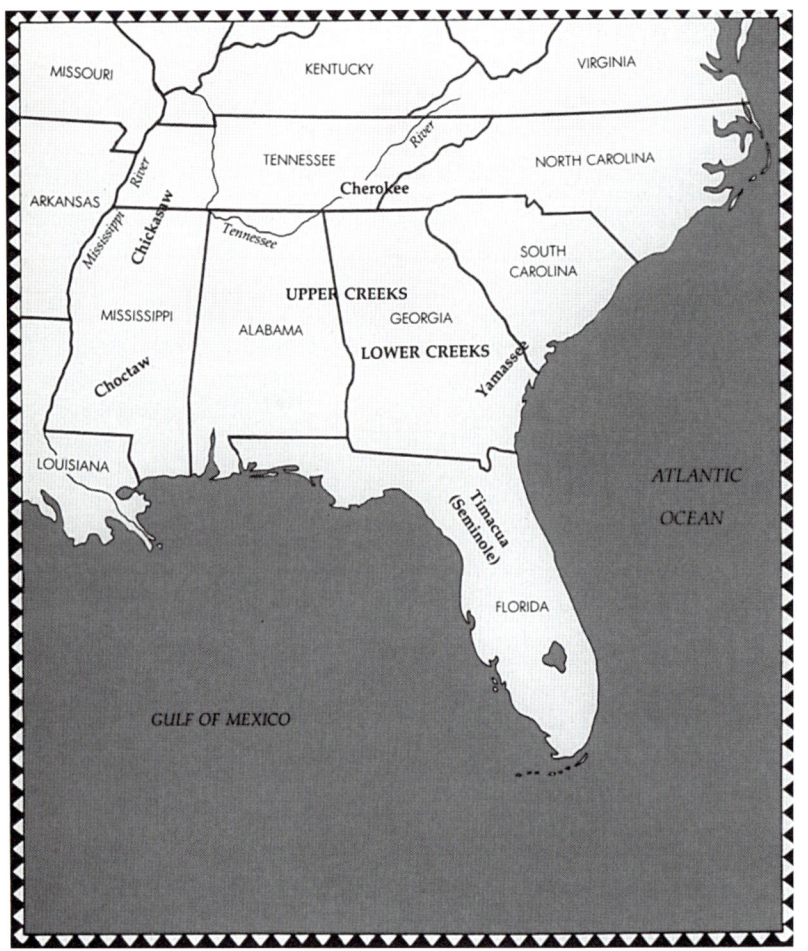

Das Gebiet der Creeks

In der Tat: Mit ihrer plebiszitären Demokratie, ihrem praktischen Humanismus, ihrer fortschrittlichen Naturheilkunde, ihrem ausgeprägten Gemeinschaftssinn, ihrem Streben nach individueller Freiheit und Unabhängigkeit waren die Creeks den weißen Kolonisten weit überlegen

dem frisch geernteten Mais und aus Hirschfleisch wurden zubereitet. Dabei wurden die übernatürlichen Mächte angerufen. Zu den Festvergnügungen gehörten auch Ballspiele und gemeinsames Tanzen. Die Männer reinigten sich rituell mit dem »Schwarzen Trunk«, einer Mischung aus Ilex vomitoria und anderen Pflanzen, deren Einnahme zu einer Entschlackung des Körpers führte.

Das Streben nach individueller Freiheit

Den Engländern, den Feinden der verhassten, brutalen Spanier, hatten die Creeks einen freundlichen und warmherzigen Empfang bereitet. Die Briten, angetan »*von den ›feinen Manieren‹ der Indianer, ihrer rhetorischen Begabung, Ehrlichkeit und Bescheidenheit*« (H.-J. Stammel), sahen in der vollendeten gesellschaftlichen Harmonie der Creeks ein Ideal, dem sie große Begeisterung entgegenbrachten. So kam es schon sehr früh zu einer ausgedehnten Rassenvermischung. Viele Kolonisten ehelichten Indianerinnen, viele Indianer weiße Frauen. In der Creek-Gesellschaft fanden die Weißen erstmals das menschliche Streben nach individueller Freiheit und Unabhängigkeit in die Wirklichkeit des Alltagslebens umgesetzt.

Als sich nach einigen Generationen die ersten Auseinandersetzungen zwischen Creeks und englischen Kolonisten ergaben, standen den Weißen sehr oft Indianerpersönlichkeiten gegenüber, die viel weißes Blut in ihren Adern hatten, sich aber trotzdem ganz als Indianer fühlten und dementsprechend auftraten. Der hohe weiße Blutanteil unter den Creeks brachte auch mit sich, dass die Rothäute den europäischen Siedlern gegenüber viel toleranter waren und Reibereien zwischen beiden Gemeinschaften, von außen herangetragen, erst viel später zum Zündstoff wurden. Als Musterbeispiel hierfür zitiert H.-J. Stammel den Creek-Anführer Alexander McGillivray, den Präsident George Washington zum Brigadegeneral ernannte und der 1793 als Oberhäuptling der Creeks das Zeitliche segnete. Seine Halb-

Bei den Creeks wurde der Gemeinschaftssinn in jeder Beziehung gefördert. Jede Familie war im Besitz eines eigenen Feldes, auf dem Mais, Bohnen und Kürbisse angebaut wurden. Alle mussten aber beim Bestellen des »Dorffeldes« Hand anlegen und zu einem gemeinsamen Vorrat beitragen, der für Besucher, Krieger und Notleidende bestimmt war.

Das vier Tage während Busk, das »Fest des grünen Maises«, das im Juli oder August gefeiert wurde, war der Höhepunkt des Creek-Jahres. Die alten Feuer wurden ausgelöscht und neue entfacht. Ausgediente Kleidungsstücke und Haushaltsgeräte wurden verbrannt und durch neue ersetzt. Allen Straftätern, Mörder ausgenommen, wurde Amnestie gewährt. Festliche Mahlzeiten aus

schwester schenkte ihrem Gatten, dem schottischen Tauschhändler Charles Weatherford, zwei Söhne, John und William. Im Alter von 16 Jahren beschloss John, sich als Weißer in der Welt der Bleichgesichter niederzulassen, während sein Bruder William sich für das Universum der Creeks entschied und unter dem Häuptlingsnamen Red Eagle (Roter Adler) Einlass in ihre Ratsversammlung fand. William Weatherford, alias Red Eagle, teilte Tecumseh den abschlägigen Bescheid seines Volkes mit, als dieser die Creeks aufsuchte und seine ganze Überredungskunst aufbot, um sie für seine Indianerkonföderation zu gewinnen.

Opfer amerikanischer Rachsucht

Während des amerikanischen Unabhängigkeitskriegs verhielten sich die Creeks zunächst neutral, ergriffen dann aber Partei für die Engländer. Nach der US-Staatsgründung rächten sich die »frisch gebackenen« Amerikaner an den Indianern für deren gutes Einvernehmen mit den britischen Kolonialherren. Als die nun »amerikanischen« Siedler immer mehr Creek-Land beanspruchten und Verhandlungen sich als aussichtslos erwiesen, überfiel der Creek-Häuptling William Weatherford 1813 Fort Mims und tötete die gesamte Garnison bis auf 36 Männer, Frauen und Kinder, die entkommen konnten. Nach diesem Aufsehen erregenden Handstreich, der den so genannten »Creek-Bürgerkrieg« eröffnete, setzte die Hatz auf die »rebellischen« Creeks ein. Sie erlitten derart schwere Verluste, dass ihr Anführer William Weatherford sich schließlich im April 1814 ergeben musste. Weatherfords Worte an seinen Bezwinger, US-General Andrew Jackson, wühlen den Leser noch heute auf:

»Ich bin in eurer Hand: Macht mit mir, was ihr wollt. Ich bin ein Soldat. Ich habe den Weißen so viel Schaden zugefügt, wie ich konnte. Ich habe sie bekämpft, und wenn ich noch eine Armee hätte, so würde ich noch weiter kämpfen, bis zum letzten. Aber ich bin fertig

– meine Leute sind alle weg –, ich kann nichts mehr tun als weinen über das Unglück meines Volkes. Einst konnte ich meine Krieger zur Schlacht ermuntern, aber ich kann keine Toten mehr ermuntern. Meine Krieger können nicht länger meine Stimme vernehmen, ihre Gebeine ruhen bei Talladega, Tallaschatchee, Emuckfaw und Tohopeka. Ich habe nicht gedankenlos kapituliert. Während es noch Erfolgschancen gab, habe ich niemals meinen Posten verlassen noch demütig um Frieden gebeten. Aber meine Leute sind nicht mehr, und jetzt bitte ich für mein Volk und für mich selbst.

Ich blicke mit tiefster Sorge auf das Elend und Unglück, das über mein Land gekommen ist, zurück und wünsche, noch größeres Unheil zu vermeiden.

Wenn ich mich nur gegen die Miliz von Georgia zu behaupten gehabt hätte, so hätte ich an einem Ufer des Flusses meinen Mais angebaut und gegen sie auf dem anderen Ufer gekämpft. Aber die USA haben meine Nation zerstört. Ihr seid tapfere Männer. Ich zähle auf eure Großmütigkeit. Ihr werdet einem eroberten Volk keine Bedingungen auferlegen, die es nicht erfüllen kann. Welche es auch immer sein mögen, es wäre Wahnsinn und Narrheit, sich ihnen zu verweigern. Wenn man sie verweigern sollte, so werdet ihr mich unter den strengsten Verfechtern ihrer Erfüllung finden.«

Trotz des Häuptlings Wunsches nach Gerechtigkeit wurden den Creeks in einem »Friedensvertrag« schwer zu verkraftende Bedingungen gestellt. So mussten sie an amerikanische Siedler den Hauptteil ihres Gebiets abgeben. Infolge Weatherfords Kapitulation traten die Creeks, zwangsweise und entschädigungslos, drei Fünftel von Alabama und ein Fünftel von Georgia an den US-Staat ab, wodurch sie in ihrem eigenen Haus zu einem Untermieterdasein erniedrigt wurden. Nach 1840 kam es dann durch das schreckliche Indianervertreibungsgesetz (»Indian Removal Bill«), das dem roten Mann in den USA das Recht auf Bodenbesitz einfach absprach, zu ihrer grundsätzlichen Enteignung und zu ihrer Verbannung in die Einöde von Oklahoma.

Das beinahe herzliche, nachbarliche Verhältnis, das die Creeks mit den englischen Kolonialherren verband, führte zum Zerwürfnis mit den »frisch gebackenen« Amerikanern, die nichts unversucht ließen, um die Creeks zu unterwerfen und sich ihr Land anzueignen

Die Cherokees und der »Weg der Tränen«

M it den Chikasaws, Choctaws, Creeks und Seminolen gehörten die Cherokees zu den so genannten »Fünf Zivilisierten Nationen«, die im Appalachengebirge der Atlantikküste beheimatet waren und auf einer höheren Kulturstufe standen als die weißen Siedler.

Das Gebiet der Cherokees um 1700

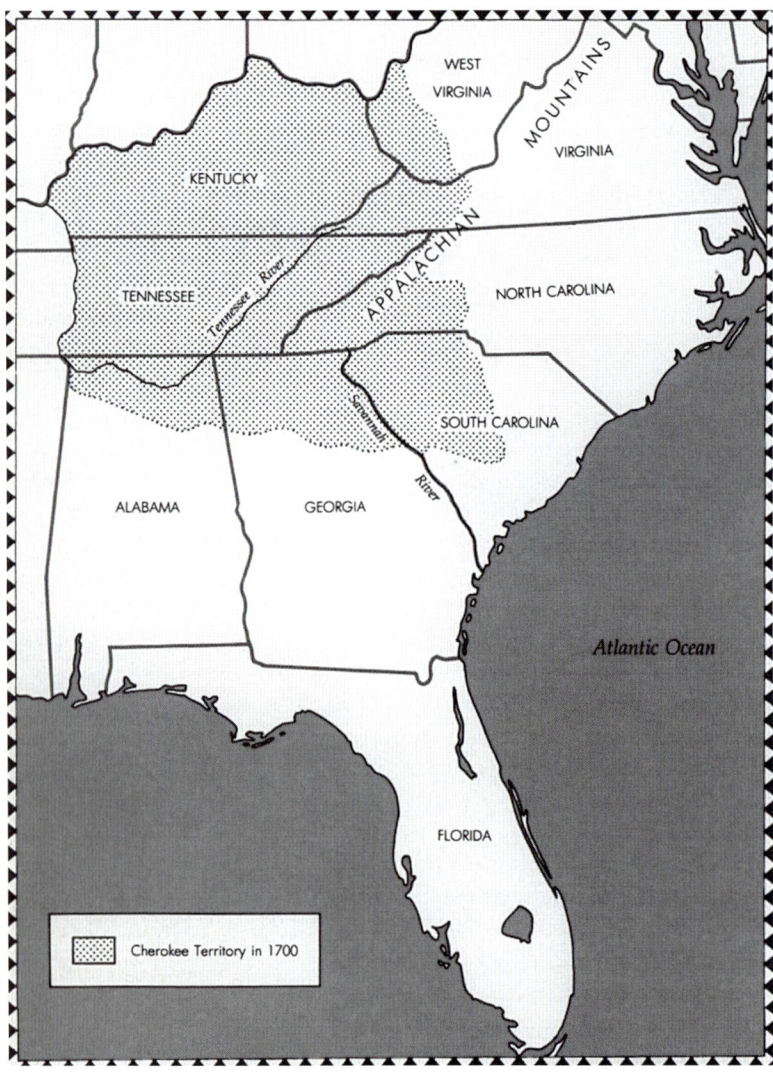

Cherokee Territory in 1700

Außergewöhnliche Leistungen

Dort, wo Georgia, Tennessee und Nord-Carolina sich berühren, lebte das vornehme Volk der Cherokees, dessen Name auf das Choctaw-Wort »Chiluk-ki« (Höhlenvolk) zurückzuführen ist. Die große, sprachlich der Familie der Irokesen nahe stehende Appalachen-Nation verfügte über das beste Regierungs- und Verwaltungssystem aller nordamerikanischen Indianer. Die Cherokee-Republik war eine richtige Präsidialdemokratie mit zwei Abgeordnetenkammern, eigenen Zivil- und Strafgesetzen und einem obersten Appellationsgericht. In diesem vollkommenen Wohlfahrts- und Sozialstaat gab es weder Arbeitslosigkeit, Hunger, Elendsviertel, Armut noch Kerker, Irrenanstalten, Obdachlosenunterkünfte, Waisenhäuser. Durch eine außerordentliche Krankenpflege, eine bemerkenswerte Hygiene und eine weit fortgeschrittene Pflanzen- und Naturheilkunde kannten die Cherokees eine hohe Lebenserwartung. Ihr Volk zählte Bauern und Handwerker, Lehrer und Pfarrer, Ärzte und Rechtsanwälte, Büchsenmacher und Architekten, Richter und Polizisten, Staatsanwälte und Abgeordnete, Politiker und Diplomaten. In ihrem wirtschaftlich gesunden Staatswesen entwickelten sich Kirchen und Schulen, Gymnasien und Akademien, Hospitäler und Bibliotheken, Baumwollplantagen und Bergwerke, Farmen und Obstanlagen, Spinnereien und Textilfabriken, Ziegeleien und Porzellanwerke. 1821 erstellte der an der Princeton University ausgebildete Rechtsanwalt Sequoyah ein eigenes Cherokee-Alphabet. Innerhalb weniger Jahre konnte das ganze Volk seine neue Schriftsprache lesen und schreiben. Schon 1828 gaben sich die Cherokees eine geschriebene Verfassung und eine nationale Druckerei. Im selben

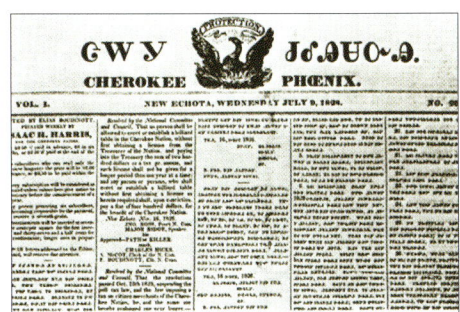

A Portion of the Cherokee Phoenix July 9 1828

Jahr erschien die erste Indianerzeitung, der »Cherokee Phoenix«.

Als »orangenhäutiges Kriegervolk, das an die Mazedonier Alexanders des Großen erinnert, etwa siebzehntausend Seelen zählt und in neunundsechzig festungsähnlichen Städten wohnt«, beschrieb der spanische Konquistador Hernando de Soto die Cherokees, deren Verteidigungsbereitschaft er bewunderte.

Vom Freund zum Feind

Mit den englischen Siedlern kamen sie erst zu Beginn des 18. Jahrhunderts in Berührung. Recht bald stellte sich ein inniges Verhältnis mit den Briten ein, die der außergewöhnlichen Kultur der Cherokees Achtung zollten. 1730 reiste eine siebenköpfige Cherokee-Diplomatendelegation, angeführt von Botschafter Attakullaculla, nach London, wo sie von König George II. empfangen wurde und mit der englischen Krone einen Beistandspakt und einen Handelsvertrag abschloss. Während des amerikanischen Unabhängigkeitskrieges (1775 bis 1783) fochten mehr als 5 000 Cherokees auf der Seite der Engländer und brachten den rebellischen Kolonisten schwere Verluste bei.

Nach der britischen Niederlage standen dem wackeren Indianervolk schwere Zeiten bevor. Durch seine Kriegsteilnahme hatte es sich den Hass der amerikanischen Siedler Georgias zugezogen. Die zum Christentum übergetretenen Cherokees, die zahlreiche Mischehen mit Engländern eingegangen waren, wurden vom Bundesstaat Georgia als

Wilde angesehen und auch dementsprechend behandelt. Als Präsident Andrew Jackson 1830 mit seinem Indianervertreibungsgesetz eine menschenunwürdige Politik der Umsiedlung aller Rothäute in Gebiete westlich des Mississippi betrieb, hatte auch die Stunde der Cherokees geschlagen. Acht Jahre lang wehrten sich ihre Rechtsanwälte und Politiker verzweifelt gegen die Einverleibung ihres Landes ins Staatsgebiet Georgias. Als sie 1838 alle ihnen zur Verfügung stehenden rechtlichen Mittel zur Verhinderung ihrer Enteignung ausgeschöpft hatten, gab Präsident Martin van Buren den Befehl zu ihrer zwangsweisen Umsiedlung in die wasserarme Steinwüste Oklahoma.

Der »Marsch der tausend Meilen«

Am 6. Juni 1838 drang General Winfield Scott mit US-Truppen in die Cherokee-Republik ein und begann mit der gewalttätigen Evakuierung. »Soldatenabteilungen zogen zu den abgelegenen Farmen und trieben die Familien mit gezückten Bajonetten zu Plätzen, die man heute Konzentrationslager nennen würde. Mit der Gründlichkeit und Schnelligkeit, die die Nazis unter ähnlichen Umständen an den Tag legten, wurden die Familien aus ihren Heimstätten gerissen. Man ließ ihnen keine Zeit, sich auf die mühevolle Reise vorzubereiten, sie durften weder ihr Land verkaufen noch ihren Besitz veräußern. Plündernd und sengend fielen die Weißen über ihre Farmen her und eigneten sich an, was sie wollten« (Peter Farb).

Der »Marsch der tausend Meilen« ins ferne Oklahoma wurde für die Cherokee-Nation zu einem »Weg der Tränen«. Ein Viertel der zwangsevakuierten 18 000 Indianer starb auf dem langen Zug an Hunger und Durst, Kälte und Hitze, Auszehrung und Erschöpfung, Cholera und Typhus, Sepsis und Masern. Im Indianerterritorium Oklahoma verwandelten die fleißigen und intelligenten Cherokees die wüste Einöde bald in ein blühendes Staatswesen, das zum Schmelztiegel der aus ihren Jagdgründen vertriebenen

Links: Cherokee Phoenix: So hieß die erste Indianerzeitung, die 1828 erschien

Oben: Der Cherokee Stand Watie (1806 bis 1871) war der einzige Indianer, der während des amerikanischen Bürgerkrieges (1861 bis 1865) bei den Konföderierten Generalsrang hatte, und der letzte Südstaaten-General, der sich den siegreichen Blauröcken aus dem Norden ergab (23. Juni 1865)

Unten: Andrew Jackson (15.3.1767 bis 8.6.1845), Präsident der USA von 1829 bis 1837, der für das Indianervertreibungsgesetz verantwortlich zeichnete und auch die Zwangsumsiedlung der Cherokees befahl

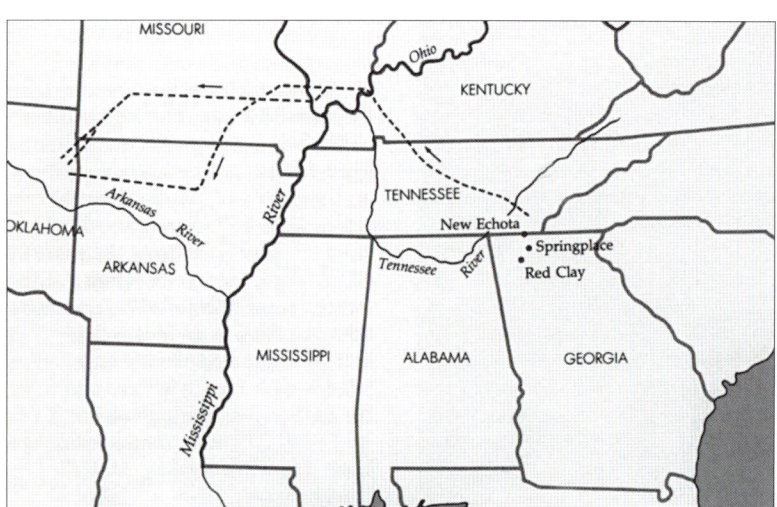

Cherokees freundliche Aufnahme gewährten. Dadurch brachten sie aber ihr ehrgeizigstes Projekt zu Fall. Sie wollten aus Oklahoma einen eigenständigen Indianerstaat machen, den sie nach dem »Erfinder« ihres Alphabets »Sequoyah« nannten. Als sie dem amerikanischen Kongress ein Gesuch unterbreiteten, das auf die Anerkennung eines roten Bundesstaates abzielte, ließ die US-Regierung den Cherokee-Antrag jahrzehntelang in einer Schublade verschwinden. Die vielen weißen »Gastsiedler« dachten nämlich nicht im Traum daran, mit der Verwaltung durch eine indianische Minderheit vorliebzunehmen. Immer mehr bleichgesichtige Banditen und Glücksritter entzogen sich dem Zugriff der US-Behörden, indem sie massenweise ins Indianerterritorium strömten, wo die rote Polizei die grassierende Kriminalität nicht mehr einzudämmen vermochte. Als sich 1907 die weiße Bevölkerung Oklahomas ihrerseits darum bewarb, in die Union aufgenommen zu werden, unterzeichnete Präsident Roosevelt die ihm vorgelegte Bittschrift auf der Stelle und erklärte das ehemalige Indianerterritorium zum weißen 46. Bundesstaat der Vereinigten Staaten. Damit war die Enteignung der Cherokees und der endgültige Untergang der Fünf Zivilisierten Nationen von oben abgesegnet. Noch heute muss der Großteil des Stammes von der Hand in den Mund leben und ein trauriges Dasein fristen. Die Weißen haben ihnen alles abgenommen – bis auf ihre Erinnerung an eine glorreiche Vergangenheit.

Ferien im Cherokee-Resort

Vor 300 Jahren erstreckten sich die Jagdgründe der Cherokees auf mehr als 350 000 Quadratkilometer und umfassten Teile der heutigen US-Bundesstaaten Kentucky, Tennessee, Alabama, Georgia, South Carolina, North Carolina, Virginia und West Virginia. Obwohl die US-Regierung sie auf dem »Pfad der Tränen« nach Oklahoma abgedrängt hatte, war den Cherokees in ihrem

Im Unabhängigkeitskrieg (1775 bis 1783) und im Bürgerkrieg (1861 bis 1865) kämpften die Cherokees auf der Verliererseite, was jeweils katastrophale Auswirkungen auf ihre Zukunft hatte. Das unselige Indianervertreibungsgesetz von 1830 bewirkte ihre zwangsweise Umsiedlung in die wasserarme Steinwüste Oklahoma, wo es ihnen nicht vergönnt war, einen eigenständigen Indianerstaat zu errichten

Stämme wurde. Als 1861 der »Bruderkrieg« zwischen Nord- und Südstaaten ausbrach, standen die vom Pech verfolgten Cherokees erneut auf der Verliererseite. Mit vielen Regimentern hatten sie Partei für die Grauröcke ergriffen. Der Cherokee Stand Watie war zum Beispiel als letzter Brigadegeneral der Konföderierten erst am 23. Juni 1865 aus dem Bürgerkrieg ausgeschieden. Weil sie gemeinsame Sache mit den Südstaaten gemacht hatten, was die siegreichen Nordstaatler als moralischen Verrat empfanden, war es schlecht um die Zukunft der Cherokees bestellt.

Auf ihrem Gebiet siedelten sich nach und nach 300 000 weiße »Gastsiedler« an, denen die 70 000 im Indianerterritorium lebenden

Der »Pfad der Tränen«, Gemälde von Robert Lindneux, 1840

damaligen Stammesterritorium ein kleiner Lebensraum von 227 Quadratkilometern verblieben, den sie heute für touristische Zwecke erschlossen haben.

Welcher USA-Urlauber weiß schon, dass er auf halber Strecke zwischen New York und Florida in einem großen Indianerreservat Ferien machen kann? »Nicht allzu viele«, sagte Dave Redman, Tourismusdirektor der Cherokees, als er den Stamm 1996 auf der Internationalen Tourismus-Börse in Berlin vertrat.

Das für Ferienreisende interessante Reservat der Cherokees befindet sich im südwestlichen Teil von North Carolina in den oftmals von Dunstschleiern überzogenen Smoky Mountains. Eingebettet in hohe Berge liegt Cherokee (10 000 Einwohner), das Verwaltungs- und Urlaubszentrum des Stammes, zu dessen Straßenbild die so genannten Häuptlinge gehören, die sich im Federschmuck der Prärie-Indianer gegen ein Trinkgeld gern mit den Touristen auf ein Erinnerungsfoto bannen lassen.

In Cherokee findet der Besucher ein reich bestücktes Stammesmuseum sowie das Indianerdorf Oconaluftee, eine lebende Freiluftausstellung mit rituellen Masken und einem Schwitzhaus, die die überraschten Touristen ins 18. Jahrhundert zurückversetzt. Im Dorf fertigen Indianerfrauen nach alten Sitten und Gebräuchen Gefäße aus besonderem Ton und Körbe aus gefärbten Binsen an, während die Männer an Pfeilspitzen und anderen Gegenständen arbeiten.

Die Geschichte ihrer gewaltsamen Umsiedlung, die die Cherokees »Pfad der Tränen« nennen, weil auf diesem Gewaltmarsch nach Oklahoma tausende von Indianern umkamen, wird seit 1950 im Freilichttheater des Stammes als Drama aufgeführt. Die Nachfahren der in die unwegsamen Berge der Great Smoky Mountains geflüchteten Cherokees sind die heutigen Schauspieler.

Das Reservat wird von dem Great Smoky Mountain National Park umschlossen, der dieses Gebiet mit seinen hohen Bergen,

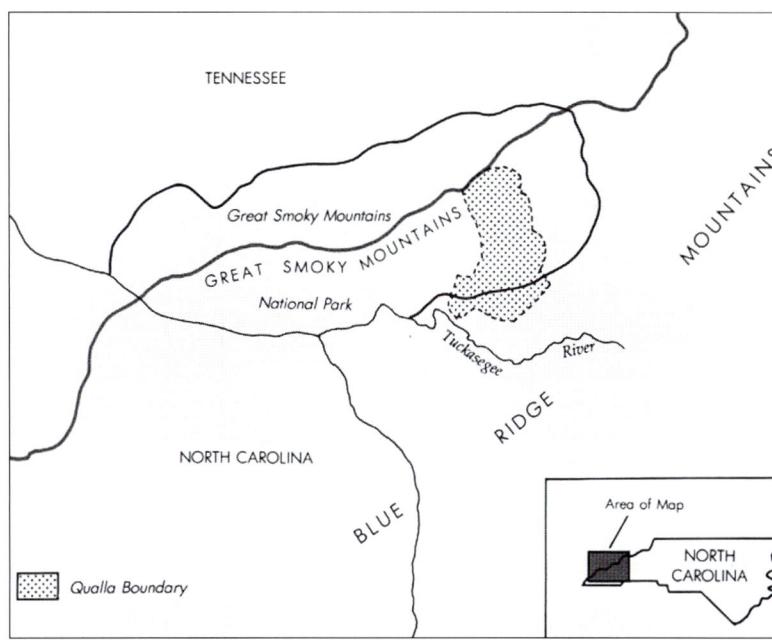

endlosen Wäldern, kristallklaren Flüssen und Wasserfällen zu einem perfekten Urlaubsgebiet macht. Wandern und Wildwasserfahrten gehören genauso zum Ferienspaß wie Hobby-Angeln. Die geschäftstüchtigen Cherokees stocken die Gewässer des Reservats jährlich mit 400 000 Forellen auf, damit die Angler reiche Beute einfahren können. Außerdem unterhalten sie 28 Campingplätze, 57 Motels und Hütten, zahlreiche Restaurants und Souvenirläden. Im Kulturzentrum kann der kulturell interessierte Besucher ausgezeichnete Handarbeiten der Cherokees erwerben.

Die erste Frau an der Spitze eines großen Indianervolkes

Als nach den Navahos zweitgrößter Indianerstamm der USA ließ die Cherokee-Nation 1985 aufhorchen, als sie Wilma Mankiller zum ersten weiblichen Häuptling in ihrer Geschichte wählte. Wie ihr eigenes Volk, das trotz aller Grausamkeiten und Demütigungen, die ihm widerfuhren, immer wieder Trost und Halt in sich selbst fand, entwickelte auch die zur Häuptlings-

Das Reservat der Cherokees

Die Cherokee Wilma Mankiller, 1945 in Tahlequah, Oklahoma, geboren, ist die erste und bislang einzige Indianerin, die als weiblicher Häuptling die Geschicke einer bedeutenden roten Nation lenkte

würde aufgestiegene Hausfrau und Mutter ungeahnte Kräfte, um das kulturelle Erbe der Cherokees zu verteidigen und zu bewahren. In ihren zehn Jahren im Amt kämpfte die Indianeraktivistin derart für die Rechte ihres Stammes, dass sie innerhalb kürzester Zeit weit über die USA hinaus zu einem leuchtenden Symbol für die An-

sprüche und das Selbstbewusstsein der roten Rasse wurde. Die in Armut aufgewachsene Wilma Mankiller, die mit ihrer Familie auf dem Lande in Adair County, Oklahoma, lebt, wurde 1995 vom damals vierzigjährigen Joe Byrd als Häuptling abgelöst, dem als Nachfolger der tatkräftigen und mutigen Frau ein schweres Erbe zufiel.

Sequoyah, der Erfinder des Cherokee-Alphabets
1760 bis 1843

Sequoyah entwickelte ab 1809 eine Silbenschrift für die Cherokee-Sprache. Gemälde von Robert Lindneux

Das Halbblut Sequoyah (See-quah-Yah), das mit seinem englischen Namen George Guess, Guist, Gist oder Guest hieß, spielte in der geistigen Geschichte der Cherokees eine überragende Rolle. Dieser ehemalige Silber- und Kunstschmied brachte es nach und nach zum Schulmeister, Professor, Journalisten und Rechtsanwalt. Von 1809 bis 1821 ersann er ein 85 Buchstaben umfassendes Alphabet, mit dem er seinem Volk eine eigene Schrift und Grammatik gab. Die Zeichen des Cherokee-Alphabets stehen nicht für einzelne Laute, sondern für ganze Silben. Seine spezielle Methode der Silbenaufzeichnung war schon nach ein paar Jahren der ganzen Cherokee-Nation vertraut, die mit großem Eifer lesen und schreiben

lernte, wie Oliver La Farge zu berichten weiß. »*Das ganze Volk wollte lesen und schreiben lernen: Greise, junge Krieger, Hausfrauen, Großmütter am Spinnrocken, Knaben und Mädchen. Bauern prägten sich die Zeichen ein, wenn sie beim Pflügen eine Pause einschalteten. Und schon nach wenigen Monaten war jeder Cherokee, der nicht zu jung oder zu alt war, imstande, das neue Alphabet zu lesen und zu schreiben. Jünglinge begaben sich auf Reisen, nur um ihrer Liebsten einen Brief schreiben zu können.*«

Bereits 1828 brachte Sequoyah die überregionale Wochenzeitung »Cherokee Phoenix« heraus, die zweisprachig in Cherokee und Englisch erschien. Eine richtige Lesewut befiel sein Volk, das zahlreiche Bücher in die neue Schrift übertrug, unter anderem die Bibel, und eine große Nationalbibliothek zusammenstellte.

Sequoyahs Name ist in zahlreichen Städtebezeichnungen der Vereinigten Staaten und im wissenschaftlichen Ausdruck für die riesigen kalifornischen Regenbäume (Sequoia sempervivens und Sequoia gigantea) verewigt. Der indianische Bundesstaat, den die Cherokees aus dem Indianerterritorium Oklahoma machen wollten und den der amerikanische Kongress nicht anerkannte, sollte ebenfalls seinen Namen tragen.

Die Choctaws, die Chikasaws und ihr »ökonomischer Kommunismus«

Die Choctaws, die am unteren Mississippi heimisch waren, und die Chikasaws, die sich am oberen Mississippi niedergelassen hatten, begründeten blühende republikanische Staatswesen. Bereits 1540, als Hernando de Soto mit ihnen Kontakt aufnahm, fiel dem Spanier ihr auf ökonomischen Prinzipien fußendes Gemeinwesen auf. Er war geradezu begeistert von ihrem »außergewöhnlichen Interesse an allen Spielarten menschlicher Zivilisation«. So verwundert es nicht, dass diese Indianer sich schon sehr früh zu den Lehren des abendländischen Christentums bekannten, waren doch dessen Auffassung von Nächstenliebe und dessen Glaubenssätze über das ewige Leben ihren eigenen Vorstellungen nicht fremd.

Eine Atmosphäre der Harmonie

Sie waren auch von den Formen britischer Administration und von der Schrift so beeindruckt, dass sie sich diese rasch aneigneten. Die Adoption europäischer Gesellschaftsformen führte bei den Choctaws und den Chikasaws zu einer richtigen Republikgründung mit geschriebener Verfassung und Gewaltenteilung in Legislative und Exekutive sowie zum Aufbau eines differenzierten Schulsystems. Weil die Indianer von ihren weißen Vorbildern nur das übernahmen, was sie als notwendige Ergänzung ihrer eigenen Zivilisation ansahen, waren sie in der Lage, sich eine auf ihr Empfinden maßgeschneiderte Gesellschaftsstruktur zuzulegen, in der sich Elemente einer administrativen Demokratie und eines ökonomischen Kommunismus bei individueller Freiheit zusammenfanden. Die Choctaws und Chikasaws waren frei vom Ehrgeiz, Reichtum zu erwerben, Land zu besitzen oder nach persönlicher Macht zu trachten. Klassenunterschiede gab es fast keine. Die beiden Nationen zeichneten sich durch ein strenges Gefühl für Stammessolidarität aus. Da auch die Administration über kein Eigentum verfügte, konnte sie nicht zur anonymen Macht und zur Bürde für den Bürger werden. Durch das Plebiszitsystem blieb dem Volk die volle Souveränität erhalten. Dank dieser Idealvoraussetzungen konnte sich allmählich eine Atmosphäre der Harmonie ausbreiten, in der Auseinandersetzungen die große Ausnahme waren. Mord und Totschlag galten als krankhafte Abweichung vom Normalen; kriminellen Gewaltakten versuchte man durch psychologische Behandlung beizukommen. Toleranz, Gastfreundschaft und Gerechtigkeitssinn nahmen einen wichtigen Platz in dieser Gesellschaftsform ein, die Freiheitsdrang und Ordnung ideal miteinander verband.

Eine verführerische Lüge

Auf die Dauer mussten die noblen Indianer gegenüber den meist raffgierigen und verlogenen Weißen den Kürzeren ziehen.

Das Gebiet der Choctaws

Pushmataha (1764 bis 1824), Häuptling der Choctaws, der Tecumseh, als dieser 1811 im Südosten Bundesgenossen im Kampf gegen die Weißen anzuwerben versuchte, eine vehemente Abfuhr erteilte. Gemälde von C. B. King, 1824

Obwohl die Choctaws und die Chikasaws sich beinahe perfekt der weißen Lebensart angeglichen hatten, erging es ihnen nicht besser als den roten Völkern, die die Weißen von Anfang an auf das Entschiedenste bekriegt hatten

Ihre Verbundenheit mit dem weißen Mann ging so weit, dass sie sich an den Feldzügen der US-Armee gegen ihre Brüder, die Creeks und die Seminolen, beteiligten, was aber die US-Regierung nicht davon abhielt, das Indianervertreibungsgesetz auch auf die Choctaws und die Chikasaws anzuwenden, als diese sich als Hindernis für ihre Besiedlungspläne erwiesen, und sie ebenso schmählich zu behandeln wie die vormals gemeinsamen indianischen Feinde. Die Choctaws und Chikasaws waren so entsetzt über das brutale Vorgehen ihrer angeblichen weißen Freunde, dass sie in ihrem seelischen Schockzustand widerstandslos Verträge unterschrieben, in denen sie sich zur Auswanderung in die westliche Prärie verpflichteten. Mit der verführerischen Lüge, dass alle Choctaws, die ihr Land freiwillig aufgeben würden, automatisch in den Genuss der amerikanischen Staatsbürgerschaft kämen, hatte man den Rothäuten die Unterzeichnung des letzten Vertrags von 1830 abgerungen. So hatte man dem Choctaw-Anführer Moshulatubbee versichert, er könne sich als »Indianer-Senator« des Staates Mississippi in den Senat wählen lassen. Das waren aber nur leere Versprechungen, an die sich weder die Verwaltung des Staates Mississippi noch die US-Regierung hielten. Nach der Übergabe ihrer letzten Landparzellen mussten sich die bestürzten Choctaws sagen lassen, dass Bürgerrechte und Wählbarkeit von Indianern in der Verfassung der Vereinigten Staaten nicht gesetzlich verankert seien.

Zwischen 1831 und 1833 erfolgte die Ausweisung der Choctaws aus ihrem angestammten Land. 560 Kilometer weit zogen sie durch trügerische Sümpfe, dichte Wälder und reißende Flüsse, unbarmherzig vorangetrieben von einer Eskorte der US-Kavallerie, ein regelrechter »Opfergang«, auf dem 18 Prozent aller Choctaws und Chikasaws durch die auf sich genommenen Zwangsentbehrungen, durch Schneestürme und Cholera, durch Erschöpfung und Schlangenbisse ihr Leben verloren.

Für die grausame Deportation dieser Indianer gaben die heuchlerischen Amerikaner als Motivation an, »es habe sich als unmöglich erwiesen, primitive, heidnische Wilde in den Prozess christlicher Zivilisation erfolgreich für sie selbst und ungefährlich für die Bürger der USA zu integrieren«. Deshalb sei es »zu aller Nutzen« besser, »Indianer fernab der amerikanischen Zivilisation die Chance zu geben, sich ihr Leben nach eigenen Vorstellungen einzurichten«.

»Was dort im Süden geschieht, ist finstere Barbarei, mehr noch, einfach verbrecherisch«, vermerkte empört ein New Yorker Bischof im Jahr 1833. »In der unfruchtbaren Prärie-wüstenei des späteren Oklahoma standen die Indianer buchstäblich nur mit dem, was sie auf dem Leibe trugen und in den Händen halten konnten, dem Ergebnis ihrer 300-jährigen Bekanntschaft mit den Weißen und ihrer vollkommenen Anpassung an sie gegenüber – und sie hofften, daß man sie hier in Ruhe lassen würde« (H.-J. Stammel).

Die Seminolen, die perfekten Guerilla-Dschungelsumpfkrieger

Die Ureinwohner Amerikas hatten sich im Laufe der Zeit bestens an alle klimatischen Unterschiede angepasst. Sie durchstreiften die grünen, welligen Grasmeere der westlichen Plains, wanderten durch die glutheiße, farbige Wüste des Südwestens und überquerten sogar die wilden, eisgepanzerten Rocky Mountains. Mussten sie sich unter dem unablässigen Druck des weißen Mannes in immer unwirtlichere Gegenden zurückziehen, machten sie aus der feindlichen Natur eine Verbündete im Kampf gegen den bleichgesichtigen Vormarsch. Die Indianer der Halbinsel Florida waren ein Paradebeispiel für diese Anpassungsfähigkeit. Die von Fieberdünsten geschwängerten Mangrovensümpfe boten ihnen Schutz und Unterkunft, den bleichgesichtigen Fremden jedoch brachten sie Tod und Vernichtung.

Der grundlose, tückische Boden, der unter den Stiefeln einsackte, als wäre er gefedert; die vielen Schlangen und Alligatoren, deren zähnebewehrte Rachen schon so manche ahnungslose Beute verschlungen hatten; das backofenheiße, feuchte Klima, das sich als natürliches Hindernis erwies; der verfilzte Urwald mit mannshohem, rasiermesserscharfem Schilfgras, das jeden Schritt zur Qual werden ließ, die Kleider zerfetzte und die Kanus durchlöcherte; Wolken von Stechmücken, die ihren giftigen Stachel in jeden Zentimeter ungeschützte Haut einschlugen – das alles waren die besten Bundesgenossen der Rothäute in ihrem perfekten Guerilla-Dschungelsumpfkrieg gegen weiße Sklavenjäger, Buschklepper und Soldaten.

Ein Mischvolk aus Weggelaufenen oder Vertriebenen

Die Seminolen, die mit den harten Lebensbedingungen in der urwüchsigen Natur Floridas verschmolzen, waren keine eigenständige Nation, sondern ein Mischvolk – wie der Name Simanoli aus der Muskhogee-Sprache besagt – aus Weggelaufenen oder Vertriebenen verschiedenster Herkunft und Sprachfamilien. Aus den heutigen Staaten Nord- und Süd-Carolina, Georgia und Alabama wanderten kleine Stammesreste zu, die vor den übermächtigen Creeks flüchteten. Auch entlaufene Negersklaven, die auf den großen Baumwoll- und Tabakpflanzungen des Südens Frondienste leisten mussten, sickerten auf geheimen Pfaden in dieses Land ewigen Sonnenscheins ein und nahmen die Gastfreundschaft der Seminolen in Anspruch. Nach dem amerikanischen Unabhängigkeitskrieg retteten sich große Gruppen der an Leib und Leben bedrohten Creeks, die sich auf die Seite der Engländer gestellt hatten, vor der Rache der US-Siedler auf die große Halbinsel, wo sie mit den bereits vorher zugezogenen Indianern und Schwarzen gemeinsam Front machten gegen spanische, englische und amerikanische Unterjocher.

Auf Geheiß amerikanischer Baumwollpflanzer und Sklavenhändler fiel General Andrew Jackson, der spätere US-Präsident,

Die Seminolen, die planmäßigen Ackerbau und Bodenbearbeitung betreiben, mussten in der ersten Hälfte des 19. Jahrhunderts nach harten Kämpfen in die Mangrovensümpfe Floridas zurückweichen

Ein so genanntes »chickee«, eine Pfahlbauhütte der Seminolen. Zeichnung von Clay MacCauley, in: Fifth Annual Report of the Bureau of American Ethnology, 1887

Seminolen von heute
(Tamiami Trail Florida)

Die Kampfstrategie, die Osceola inmitten der undurchdringlichen Sumpfwälder Floridas entwarf, beruhte auf perfektem Guerilla-Dschungelsumpfkrieg

ein grimmiger Indianerhasser und Befürworter der Sklavenwirtschaft, 1818 brandschatzend und mordend in Florida ein, zerstörte unzählige Seminolendörfer, erschlug alle Indianer und Neger, deren er habhaft werden konnte, und drängte die Spanier aus dem Land. Als die US-Regierung am 10. Juli 1821 im Vertrag von St. Augustine der spanischen Krone die Halbinsel für eine lumpige Summe Dollars abnahm, war es mit der friedlichen Geruhsamkeit der seminolischen Siedlungen endgültig vorbei. In diese Zeit fiel auch der Bau des berühmt-berüchtigten Konzentrationslagers Dry Tortugas, wo alle aufsässigen Indianer der Vereinigten Staaten eingesperrt wurden und qualvoll dahinsiechten. Die Seminolen, die sich hartnäckig an die von ihnen bestellten Indigo-, Baumwoll-, Mais- und Zuckerrohrfelder klammerten, wurden ihres besten Landes beraubt und erhielten den arroganten Befehl, innerhalb von drei Jahren ihre Heimat aufzugeben und nach Oklahoma überzusiedeln.

Daraufhin machten sich die Weißen wie ein gefräßiger Heuschreckenschwarm über das Eigentum der Seminolen her, äscherten ihre Chikees (Pfahlbauhütten) ein, knallten hemmungslos alle Andersfarbigen ab und zwangen die Indianer durch ihr rücksichtsloses Vorpreschen, sich in die tiefste Urwaldwildnis, in die unzugänglichsten Sumpfgebiete zurückzuziehen, wo ihnen eine Gnadenfrist vor dem endgültigen Untergang beschieden war.

Die ersten Guerillos in Amerika

In diesen Jahren des Leids, des Elends und der beständigen Flucht erwuchs dem tapferen Volk in der Person des kühnen und klugen Kämpfers Osceola ein Retter in der Not. Nachdem 1832 in Payne's Landing einige Seminolen-Häuptlinge, die man vorher stockbetrunken gemacht hatte, einen selbstmörderischen Friedensvertrag unterzeichnet hatten, riss Osceola im April 1835 die Initiative an sich, als Regierungsvertreter von der Seminolen-Ratsversammlung die

offizielle Bestätigung dieses Dokuments forderten. Kurzerhand rammte er sein Messer in das »sprechende Papier«, wobei er US-General Wiley Thompson ins Gesicht schleuderte: »*Ihr habt Gewehre, wir auch. Ihr habt Pulver und Blei, wir haben es auch. Eure Männer werden kämpfen und unsere Männer auch, bis der letzte Tropfen Seminolen-Blut den Staub dieser Jagdgründe getränkt hat.*«

Mit seiner auf Sumpfgelände zugeschnittenen Guerilla-Kampftechnik brachte Osceola die US-Armee zur Verzweiflung. Im sieben Jahre während Seminolen-Krieg (1835 bis 1842) standen rund 20 000 modern bewaffnete und mit Artillerie ausgerüstete Soldaten, die von sieben verschiedenen Generälen befehligt wurden, knapp 1500 Rothäuten gegenüber, die zu einem großen Teil nur auf Pfeil und Bogen, auf Blasrohr und Lanze zurückgreifen konnten. Sämtliche Oberbefehlshaber, die die besten Truppen der Vereinigten Staaten in Florida anführten, rannten sich die Köpfe blutig und wurden vom vor Wut tobenden Präsidenten Andrew Jackson nach kurzer Zeit ihres Kommandos enthoben. Der unbeugsame, unbezähmbare Widerstandswille der Indianer kostete die Armee 1500 gefallene Soldaten und den Staat mehr als 20 Millionen Dollar.

Osceolas heimtückische Gefangennahme

Durch einen gemeinen Wortbruch gelang es schließlich General Thomas Sidney Jesup, sich Osceolas zu bemächtigen, als dieser unter dem Schutz der weißen Parlamentarflagge am 21. Oktober 1837 zu Friedensverhandlungen vor Fort Peyton erschien. In Ketten wurde der unerschrockene Bandenführer wie ein gemeiner Schwerverbrecher nach Fort Moultrie in Süd-Carolina gebracht, wo er am 30. Januar 1838 an Schwermut starb.

Nach Osceolas heimtückischer Gefangennahme ging der Krieg unvermindert

weiter unter der Führung des neuen Kriegshäuptlings Coacoochee, der mit dem Schlachtruf »Rache für Osceola!« den Kampf bis zum Äußersten vorantrieb. 1837 fand beim Okechobee-See das letzte große Treffen zwischen Seminolen und US-Soldaten statt, das mit dem Rückzug der Weißen endete. Um verlustreiche Gefechte zu vermeiden, verlegte sich die »Wildkatze« Coacoochee auf einen mit rachedürstender Rücksichtslosigkeit geführten Kleinkrieg, bei dem er bleichgesichtige Einheiten in die Irre führte und im Sumpf abschlachtete.

Ein »geisterhafter Krieg ohne Kampf«

Erst als General William J. Worth, ein »hartnäckiger Quäker«, im März 1841 das Oberkommando in Florida übernahm, änderte sich das Kriegsglück. Das kam aber nicht von ungefähr: Worth »begann systematisch rund um die Sümpfe herum, alle natürlichen Verpflegungsmöglichkeiten, Unterschlupfdickichte, Holzvorräte, aus denen man Waffen fertigen konnte, zu zerstören, Wasserquellen zu vergiften und im Sumpf alle Tiere, die seinen Soldaten vor die Gewehre kamen, abzuschießen und Begegnungen mit den Seminolen tunlichst zu vermeiden. Ein halbes Jahr später trug dieser geisterhafte Krieg ohne Kampf erste Früchte. Immer

mehr halb verhungerte, halb verdurstete und kranke Seminolen (hauptsächlich Frauen, Alte und Kinder) kamen aus den Sümpfen hervor« (H.-J. Stammel).

Am 19. Mai 1842 wurde der letzte Kampf zwischen Weißen und Seminolen auf Floridas Boden ausgetragen. Erst 1858 war das letzte Widerstandsnest aufgestöbert, wonach auf der Halbinsel Ruhe einkehrte. Bis zum heutigen Tag hat das Volk der Seminolen keinen Friedensvertrag mit den Vereinigten Staaten abgeschlossen, was eine ziemlich einmalige Lage darstellt. Die meisten Stammesangehörigen wurden nach Oklahoma transportiert, wo sie im Reservat eine neue Bleibe fanden. Diejenigen, die bis zuletzt in Florida gekämpft hatten, konnten sich in ihrer Heimat ansiedeln, wo sie in den Big-Cypress-, Brighton- und Dania-Reservaten untergebracht wurden.

Das heutige Leben der Seminolen

Bis in die fünfziger Jahre dieses Jahrhunderts sonderten sich die Seminolen auf der Halbinsel von der weißen Zivilisation ab. Sie weigerten sich, Englisch zu lernen, lebten in der althergebrachten Chikee-Hütte und untersagten ihren Frauen, sich mit Fremden zu unterhalten. Erst in den letzten Jahrzehnten haben sie ihre selbstgewählte Isolation aufgegeben und mit Erfolg den Versuch unternommen, sich an ihre Umwelt anzupassen. Seitdem sie 1964 bei der US-Regierung eine Schadenersatzklage für alles ihnen willkürlich geraubte Land vorgebracht haben, ist ihr Selbstbewusstsein deutlich gestiegen. Auf die Dauer haben sie sich nicht vom weißen Mann kleinkriegen lassen.

Trotz Osceolas und Coacoochees strategischen Erfolgen wurden die Seminolen durch die ökologische Kriegsführung von General William J. Worth bezwungen, der die direkte Konfrontation mit den Indianern vermied und deren gesamte Umwelt nach und nach mit systematischer Verbissenheit vernichtete

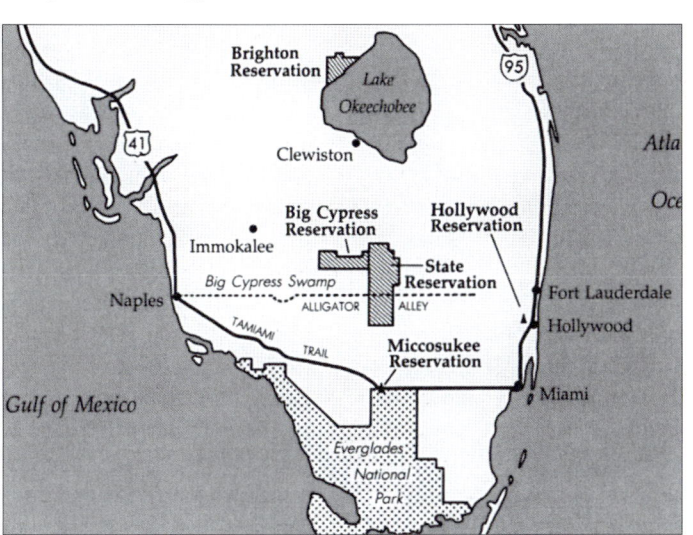

Reservate der Seminolen in Südflorida

Osceola (Aufgehende Sonne), der Freischärler, der aus dem sumpfigen Untergrund kam
1804 bis 30. 1. 1838

Osceolas unaufhaltsamer Aufstieg zum obersten Kriegshäuptling der Seminolen wurde begünstigt durch den von ihm gegründeten kämpferischen »Bund der Rotstöcke« und durch die Unfähigkeit der bisherigen Anführer, die Weißen zurückzudrängen

»Impulsiv, jähzornig, ehrgeizig, gnadenlos, energisch, schlau und ausdauernd, ungeduldig, intolerant und rachsüchtig« nennt der Indianerexperte H.-J. Stammel den Seminolen-Anführer Osceola, dessen Name in der Sprache der Creeks »Aufgehende Sonne« bedeutete. Bei seinen Feinden hieß er auch »Powell«, womit ihm nachgesagt wurde, er sei kein vollblütiger Indianer, sondern ein verächtliches Halbblut mit einem Schotten als Vater und einer Creek-Frau als Mutter. In Wirklichkeit war er der Sohn eines Häuptlings der Creeks, der 1808, als Osceola vier Jahre alt war, in einem Gefecht mit US-Truppen getötet wurde. Der 1804 am Chatteehootchee River in Georgia geborene Junge gelangte mit seiner indianischen Mutter auf geheimen Pfaden nach Florida, wo beide – wie schon viele Creeks und entlaufene Negersklaven vor ihnen – mit offenen Armen von den Seminolen in ihren Stamm aufgenommen wurden.

Als Knabe verfügte er bereits über eine sehr kraftvolle Stimme, die ihm in seiner neuen Wahlheimat auch die Bezeichnung Asseola, Asi-yaholo, As-se-se-ha-ho-lar, Asseholar oder Osceola einbrachte, was sich mit »Starke oder laute Stimme« übertragen lässt. Er wurde in der Kunst des Fährtenlesens und der Waffenhandhabung unterrichtet und lernte zudem, dem gefährlichen Alligator in den heimtückischen Sümpfen Floridas nachzustellen.

Am 10. Juli 1821 beobachtete er vor den Verschanzungen von Fort Marion bei St. Augustine, wie das blaurotweiße Sternenbanner der Vereinigten Staaten anstelle der eingeholten spanischen Flagge sich im kühlen Wind aufblähte. Als er seinem »Mico« (Häuptling) Mikenopah von der amerikanischen Besitzergreifung Floridas berichtete, umwölkte sich die Stirn des fülligen Sachems, der – wie die Vornehmsten des Stammes – auf dem Kopf den kunstvoll geflochtenen Turban mit den weißen und schwarzen Straußenfedern trug. Vor dem Ansturm der bleichgesichtigen Landsucher zog sich Mikenopah mit seinem Volk in das unzugängliche Innere der Halbinsel zurück, wo er sich im Schutze ausgedehnter Sümpfe sicher wähnte. Abgesehen von einigen Scharmützeln mit weißen Landräubern wurde der Stamm nicht allzu sehr bedrängt, sodass Osceola genug Zeit hatte, um sich auf die kommende gewaltsame Auseinandersetzung mit den Amerikanern vorzubereiten.

Die kriegerische »Bruderschaft der Rotstöcke«

Weil er felsenfest davon überzeugt war, der Krieg mit den Weißen sei unausbleiblich, gründete er den »Bund der Rotstöcke«, eine Männergesellschaft, die nur die tapfersten Krieger aufnahm und im künftigen Kampf als Speerspitze der Seminolen gedacht war. Der Name des »Rotstockbundes« ging auf eine Sitte der Creeks zurück, die vor Kriegsausbruch mit einem von Stamm zu Stamm weitergereichten rot gefärbten Stock die wehrhaften Männer auf den bevorstehenden Waffengang aufmerksam machten. Aus allen Dörfern der Halbinsel eilten die jungen Seminolen herbei, um der neuen Vereinigung beizutreten. Die »Rotstöcke« hatten die Gesichter, Leiber und Glieder grün und gelb bemalt, zierten sich auf dem Kopf mit dem Abzeichen der Tapferen, den unerlässlichen Straußenfedern, und trugen um den Hals Ketten aus

Panterzähnen. Alle Mitglieder mussten sich einer eisernen Disziplin unterwerfen, ihrem Anführer Osceola unbedingten Gehorsam leisten, jeden Kontakt mit den Weißen abbrechen und sich eine Kampfesweise zulegen, die der erdrückenden Übermacht der Weißen Rechnung trug. Als Begründer des »Rotstockbundes« schwang sich Osceola zum obersten Kriegshäuptling aller Seminolen auf, obwohl er niemals vorher weder durch Geburt noch durch Wahl die Geschicke seines Stammes geleitet hatte. Durch seine kriegerische Bruderschaft, deren Einfluss bis in die kleinste Indianerhütte reichte, stellte er das ganze Seminolen-Volk seelisch auf die für ihn unausweichliche Konfrontation mit den Bleichgesichtern ein.

Osceolas unerhörte Guerilla-Kampftechnik

Als die US-Regierung 1835 vom Seminolen-Stammesrat die völlige Unterwerfung aller Rothäute Floridas, die Preisgabe des Landes und die indianische Übersiedlung nach Oklahoma forderte, zerfetzte Osceola mit seinem Messer den ihm vorgelegten Friedensvertrag der Amerikaner und rief alle Angehörigen seines Volkes zum unerbittlichen Guerilla-Dschungelkrieg gegen die Weißen auf.

Er entwickelte eine eigene Kampfstrategie, deren Prinzipien er seinen Kriegern unermüdlich einhämmerte: *»Wo die Amerikaner stark sind, werden wir nicht sein. Wo sie schwach sind, locken wir sie in den Hinterhalt. Die Natur, das Wasser, der Sumpf, die Winde, das Feuer, das Gift der Pflanzen sind unsere Verbündeten. Wir werden ihnen zeigen, wie es ist, die Natur zum Todfeind zu haben. Wir werden sie töten, und sie werden selbst mit brechenden Augen keinen Indianer sehen, der sie tötete. Die US-Armee ist schwerfällig wie ein überfressener Bär, also müssen wir schnell wie Coyoten sein. Sie bewegt sich wenig und langsam. Also werden wir wie die Wellenkreise des Wassers sein, in das man ei-*

nen Stein wirft. Sie haben mehr Pulver als wir. Deshalb werden wir, was wir brauchen, von ihnen holen, und sie in den Sumpf ziehen, wo unsere Bogensehnen durch die Feuchtigkeit nicht gehindert werden, aber ihr Pulver nass und unbrauchbar wird. Wir werden ihren Nachschub abschneiden und vernichten, ihnen Krokodile entgegenschicken, wenn sie Indianer erwarten. Und während sie sich ihrer erwehren, töten wir sie aus dem Dschungel. Sie werden fürchten, dass jeder Busch, jeder Baumzweig, jeder trügerische Grasteppich eine Todesfalle ist. Wir werden sie behandeln, wie man gefährliche Raubtiere behandelt. Sie dürfen niemals schlafen, niemals ganz wach sein. Die Furcht muss sie langsam von innen auffressen, bis sie nur noch einen einzigen Gedanken denken können: Weg aus Florida! Tapferkeit ist eine Kriegertugend, aber in diesem Kampf ist sie für unser ganzes Volk tödlich. Wenn einem getöteten Seminolen nicht mindestens tausend getötete US-Soldaten entgegenstehen, werden wir untergehen. Wir werden sie überall unsichtbar erwarten, in den Bäumen und wie Krokodile im Wasser, nur durch Röhrchen atmend. Selbst wenn sie neben sich einen Gefährten atmen hören, dürfen sie niemals sicher sein, ob es nicht ein Seminole ist. Brüder, unsere Frauen und Kinder werden wir im Sumpf verbergen, aber sie werden für den Krieg arbeiten und ihre Augen werden überall sein. Und wenn sie selbst Bluthunde benutzen – wir wissen von den Sklavenhändler-Kämpfen, wie man sie tötet. Brüder, wir müssen alles vergessen, was unsere Vorväter als tapferen Kampf bezeichneten.«

Nachdem Osceola seine aus indianischer Warte unerhörte Kampftaktik am 6. Dezember 1835 vor der Seminolen-Ratsversammlung erörtert hatte, setzte er seine theoretischen Erklärungen in blutige Praxis um. Am 28. Dezember 1835 schloss sich die unsichtbare Indianerzange um die 112 Soldaten und den Munitionstross von Major Francis L. Dade, dessen gesamtes Bataillon bis auf zwei Überlebende von den tückischen Pfeilen und tödlichen Schlägen aus dem Hinterhalt mitten im Wahoo-Sumpf

Osceola ging mit seinen Seminolen-Kriegern in den sumpfigen Untergrund und führte den schlimmsten und für die US-Armee verlustreichsten Guerilla-krieg, den die Amerikaner je am eigenen Leib erfuhren. Trotzdem erwies er sich als ein humaner Kriegshäuptling, der seinen Kämpfern stets vor Augen hielt: »Schont Frauen und Kinder! Nicht sie sind es, gegen die wir Krieg führen und das Skalpmesser ziehen. Gegen die Männer kämpfen wir. Wir wollen also auch wie Männer handeln.«

Nur durch tückische Hinterlist gelang es der US-Armee, des großen Guerillakämpfers habhaft zu werden, der seine Krieger unablässig angefeuert hatte, so lange weiterzukämpfen, »bis der letzte Tropfen Seminolenblut den Staub dieser Jagdgründe getränkt hat«

aufgerieben wurde. Mit dem Ausruf »Waschbären tötet man am besten beim Fressen« fiel Osceola noch während dieses seltsamen, lautlosen Kampfes mit einigen ausgewählten Kriegern über General Wiley Thompson und neun seiner Offiziere her, die derweil in Fort King beim Truthahnschmaus zusammensaßen. Am 31. Dezember 1835 verwickelte der kühne Indianer General Clinchs Streitmacht von 500 Mann am Whitlacoochee River in gnadenlose Einzelkämpfe, in denen die wendigen Rothäute sich den unbeholfenen US-Soldaten als überlegen erwiesen.

Mit seinen Guerillas aus dem sumpfigen Untergrund, die überall und nirgends waren, nagelte er die US-Truppen fest, narrte sie so lange, bis er sie irgendwo in der Dschungelwildnis für immer verschwinden lassen konnte. Die einzelnen Generäle »verheizten« ihre Einheiten regelrecht im Urwald. Die Soldaten waren Osceolas Kriegsführung einfach nicht gewachsen. Ihr fielen über 1500 Offiziere, Unteroffiziere und Infanteristen zum Opfer.

Unter weißer Flagge festgenommen

Als Osceola am 21. Oktober 1837 in Fort Peyton zu Friedensgesprächen eintraf, zu denen General Thomas Jesup ihn eingeladen hatte, wurde der ahnungslose Seminole von den Blauröcken bewusstlos geschlagen und in Ketten gelegt, obwohl man ihm freien Abzug zugesichert hatte. Als es sich herausstellte, dass man den berühmten Kriegshäuptling nur durch einen gemeinen Wortbruch dingfest gemacht hatte, brach ein Sturm der Entrüstung in der amerikani-

schen Presse los. Der weiße General, der mit seiner Schandtat die Offizierehre besudelt hatte, wurde als ehrloser Geselle beschimpft, wohingegen Osceola in den Augen der Öffentlichkeit als Held angesehen wurde. Das alles brachte dem Anführer der »Rotstöcke« die Freiheit nicht wieder ein, rettete ihn aber vielleicht vor dem Galgen. Scharf bewacht, traf Osceola bald in Fort Moultrie in Süd-Carolina ein, wo er wie ein gemeingefährlicher Raubmörder schwer gekettet eingeliefert wurde. Dort versank er in Schwermut, aus der er sich nicht mehr zu befreien vermochte. Sein Lebenswille war gänzlich erlahmt: Er konnte einfach den Schock nicht verkraften, dass er, der den Weißen so hervorragend die Stirn geboten hatte, durch tückische Hinterlist in die Gewalt des Feindes geraten war, der es nicht fertig gebracht hatte, ihn auf dem Schlachtfeld ehrlich zu besiegen.

In seiner Gefangenschaft besuchte ihn der bekannte nordamerikanische Indianermaler George Catlin, der ein ausgezeichnetes Porträt von ihm und einigen seiner Leidensgenossen zeichnete.

Am 30. Januar 1838 starb Osceola. Die »Aufgehende Sonne« der Seminolen war für immer versunken. Osceolas Ruhm überdauerte aber seinen Tod. Mit militärischen Ehren wurde er beigesetzt. Auf seinem Grabstein prangen noch heute die Worte: »Osceola, Patriot und Krieger, gestorben am 30. Januar 1838«. Achtzehn Städte und Dörfer und drei Bezirke in den Vereinigten Staaten tragen noch immer den Namen dieses einzigartigen Kriegshäuptlings, der die amerikanische Armee mit dem bis dahin schlimmsten Guerillakrieg ihrer Geschichte überraschte.

Die Wüstenbewohner des heißen Südwestens

Im heißen, landschaftlich abwechslungsreichen Südwesten lebten die mit dem Boden verwurzelten Pueblo-Völker als sesshafte Farmer, die nomadischen Apachen von Jagd und Raub sowie die Navahos als halbsesshafte Feldbauern und Schafhirten

In keinem anderen Teil der Vereinigten Staaten haben sich indianische, spanische und angloamerikanische Kulturelemente so sichtbar gegenseitig durchdrungen wie im heißen Südwesten des Landes, wo die Indianer seit 1598 dem ständigen Einfluss der Spanier, Mexikaner und Amerikaner ausgesetzt waren.

Obwohl das Gebiet des Südwestens, das sich vom Südrand Utahs und Colorados über Arizona und New Mexico bis tief nach Mexiko hinein erstreckt, als sehr unfruchtbar gilt, hat sich hier paradoxerweise die einzige Zivilisation Nordamerikas entwickelt, die ausschließlich vom Pflanzenanbau lebte.

Seit drei- oder viertausend Jahren hielten sich die Menschen des Südwestens an die »Wüstentradition«. Als Nahrung dienten ihnen Samen, Wurzeln und Kaktusfrüchte sowie in Schlingen gefangenes Kleinwild. Sie wohnten in Höhlen oder Reisighütten und beherrschten das Handwerk der Korbwarenherstellung. Um 2 000 v. Chr. pflanzten sie Mais einer einfachen Sorte an. 1000 Jahre später gesellten sich Bohnen und Kürbisse dazu, wodurch sich der Hang zum Bodenanbau verstärkte. Aus Mexiko kam um 200 v. Chr. die Tongefäßherstellung.

Mit tiefen Canyons, rötlich schimmernden Sandsteinfelsen und Wüsten, in denen meterhohe Saguaro-Kakteen einen stets blauen Himmel durchstechen, wurde der Südwesten bei der Schöpfungsgeschichte reich bedacht. Ebenso vielseitig sind seine Bewohner. Hier ist die Heimat der Pueblos, Apachen und Navahos. Noch heute wachen sie darüber, dass die Philosophien und Traditionen der Ureinwohner Nordamerikas lebendig bleiben.

Die Pueblos, die indianischen »Städtebauer«

Pueblos heißen die in Arizona und New Mexico als Maisbauern und als Pueblo-Städtebewohner heimischen Indianer der uto-aztekischen Sprachfamilie, die sich von den Anasazi ableiten

Der entsetzte Warnruf »Apachu!« gellte über die mehrstöckige Wohnsiedlung. Hastig zogen kräftige Hände die Leitern hoch. Durch die Luken in den Dächern der terrassenförmigen Etagenhäuser verschwanden Frauen und Kinder hinter dicken Mauern. Auf den flachen Dächern erwarteten die Männer den Angriff des heranrückenden Feindes, dem sie mit Pfeil und Bogen, Wurfkeulen und kochendem Wasser begegneten. Schlangengleich robbten die Feinde durch das Mesquitegebüsch, um die stufenartig ineinander verschachtelten Siedlungsbauten durch einen Überraschungssturm zu erobern. Waren im ersten Schreck

nicht alle Leitern eingezogen worden, hatten die Verteidiger alle erdenkliche Mühe, die ungebetenen Eindringlinge abzuwehren. Blieben die würfelförmigen Gebäude aus luftgetrockneten Ziegeln aber eine uneinnehmbare Festung, verlegte sich der abgewiesene »Apachu« aufs Verwüsten der Maisfelder und Verunreinigen der Wasserlöcher und Quellen, bevor er so schnell und lautlos verschwand, wie er angerückt war.

Den Attacken der sich im Südwesten ausbreitenden Nomadenstämme waren die Pueblo-Indianer auf die Dauer nicht gewachsen. Mit dem Ausdruck Pueblos bezeichneten die Spanier sowohl die mit inneren und äußeren Leitern verbundenen Terrassenbauten der indianischen »Städtebauer« als auch die Bewohner dieser Mehrfamilienhäuser, die in Arizona und New Mexico vom Maisanbau lebten. Apachen und Navahos machten es sich zur Gewohnheit, regelmäßig die einzelnen Pueblos auszuplündern. Dass der Name »Apachen« sich vom Wort »Apachu« ableitete, das beim Zuni-Pueblo-Volk so viel wie »Feind« bedeutete, ist wirklich bezeichnend für die Angst und den Schrecken, die die kriegerischen Apachen den friedfertigen Maisbauern einjagten.

Auf diesem Gemälde von Oskar Berninghaus haben sich Wüstenbewohner des heißen Südwestens versammelt, um letzte Vorbereitungen zur gemeinsamen Kaninchenjagd zu treffen. »Taos Country: Ready for the Rabbit Hunt«, Öl auf Leinwand, ca. 1939; Woolaroc Museum, Bartlesville, Oklahoma

Die Ruine von White House im Canyon de Chelly. Die Stätte wurde um 1100 n. Chr. von den Anasazi erbaut und bis 1275 bewohnt, lange ehe die Navajo hier ankamen (Foto: Helga Teiwes)

Ein Volk »so alt wie die Hügel«

Ihre Wohngemeinschaften waren die »ältesten ständig bewohnten Städte« Nordamerikas, was sich im Spruch widerspiegelt, die Pueblos seien »so alt wie die Hügel«. Als die spanische Konquistadoren-Armee von Francisco de Coronado auf der Suche nach den legendären sieben »goldgefüllten« Städten von »Cibola« 1540 erstmals mit den Indianern der uto-aztekischen Sprachfamilie in Berührung kam, war die Pueblo-Kultur, auch Anasazi-Kultur (Zivilisation der Uralten) genannt, bereits im Niedergang begriffen. Ihr »goldenes Zeitalter« hatte sie wahrscheinlich zwischen 950 und 1200 n. Chr. gekannt. Die spanischen Kolonisatoren vom Schlage eines Cortéz waren für die Pueblos weitaus gefährlicher als der Druck der Apachen und Navahos, die sich mit gelegentlichen Überfällen begnügten, die sesshaften Rothäute aber nicht zu einem Leibeigenendasein herabwürdigten.

Die Ruine von Betatakin im Tsegi Canyon, westlich von Kayenta. In einem großen Felsüberhang gebaut, bezeugt die Siedlung das architektonische Können der Anasazi, die sie um 1300 bewohnten (Foto: Helga Teiwes)

Obwohl nach der mexikanischen Revolution von 1821 die ackerbauenden Pueblos vom unabhängigen Mexiko als Gleichgestellte angesehen wurden, blieb alles beim alten. Als US-General Stephen Watts Kearny 1846 mit seiner Westarmee kampflos von New Mexico Besitz ergriff und die Pueblo-Indianer 1848 durch den Vertrag von Guadalupe Hidalgo unter amerikanische Oberhoheit kamen, fing ihr Leidensweg erst richtig an. Der erste amerikanische Gouverneur von New Mexico, der ehemalige Trapper Charles Bent, erkannte die Landgarantien, die die Pueblos von den Spaniern und Mexikanern erhalten hatten, nicht an und veräußerte ihre ausgedehntesten und ertragreichsten Maisfelder an US-Siedler. Ungeachtet der indianischen Proteste fuhr Bent mit seiner Enteignungspolitik fort und reizte damit die Rothäute bis aufs Blut. Als jetzt noch mexikanische Padres die Unzufriedenheit schürten, waren die Revolte der Pueblos und die Vertreibung der »Gringos« – so nannten die Mexikaner verächtlich alle Amerikaner – beschlossene Sache. Die Häuptlinge Pablo Montoya und Tomasito riefen im Dezember 1846 zum Aufstand auf, der am 19. Januar 1847 ausbrach und alle Amerikaner, die in Reichweite der empörten Indianer waren, das Leben kostete.

Bevor der gefangen genommene Gouverneur im Beisein seiner Frau getötet und skalpiert wurde, begründete einer der Anführer das Vorgehen seiner rebellierenden Stammesangehörigen: *»Ihr habt beschlossen,*

*unsere Felder zu rauben, die schon unsere Vor-
väter mühsam bewässerten. Ihr wolltet uns
selbst die Ernte nicht mehr lassen, die wir ge-
sät und gepflegt haben. Jetzt, da ihr in unserer Gewalt seid, sagt ihr, dass man über alles
sprechen kann. Das hättet ihr vorher tun sollen. Wir glauben euch kein Wort. Ihr wollt
uns umbringen, denn ohne unsere Felder
müssen wir sterben. Wir wissen, dass ihr uns
sofort mit eurer Armee angreifen werdet, ob
wir euch das Leben schenken oder es euch nehmen. Es werden noch viele Siedler sterben, die
euren Worten glauben. Auch von uns werden
viele sterben. Aber es wäre ungerecht, euch,
die ihr die wahrhaft Erstschuldigen seid, am
Leben zu lassen.«*

Der Aufstand der Pueblos

Kaum hatten die Pueblos die US-Bürger ermordet, die sie ihres Landes berauben wollten, als der Aufstand innerhalb weniger Tage von in Eilmärschen herbeibeorderten
Soldaten blutig niedergeschlagen wurde.
Die Blauröcke stürmten das Doppelpueblo
von Taos, in das sich 650 Aufrührer zurück-
gezogen hatten. Bei ihrem Angriff kamen
150 Aufständige um, 250 erlitten schwere
Verwundungen und die restlichen 250 gaben dann auf. Ihre Anführer wurden zum
Tod durch den Strang verurteilt und kurzerhand gehängt. Aus der Sicht eines spanischen Franziskanerpaters gingen die »Gringos« in ihrer Repression der Indianerrevol-
te viel zu weit. *»Die äußerste Gefühlskälte
und nüchterne Brutalität der Amerikaner
ist etwas so Unmenschliches, dass einem das
Herz eiskalt wird. Es ist, als ob man es mit
Maschinen zu tun hätte.«*

Nach dieser ersten und letzten Konfrontation mit der amerikanischen Regierung,
an die sie ihre angestrebte Unabhängigkeit
endgültig verloren, mussten die Pueblos
noch lange Zeit um ihren angestammten
Grund und Boden kämpfen, ehe 1912, als
New Mexico als Bundesstaat in die Union
aufgenommen wurde, Washington endlich
die Rechte der Rothäute gelten ließ.

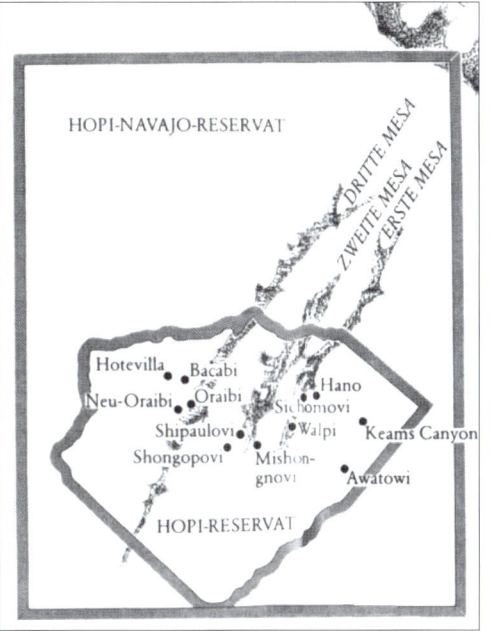

Das Reservat der Hopis,
das inmitten des Reser-
vats der Navahos auf drei
Tafelbergen – der First
Mesa, der Second Mesa
und der Third Mesa – liegt

Von der Korbflechterei zur Töpferei

Die Pueblos, die sich in östliche und in westliche Pueblo-Völker mit den Hopis und Zunis aufgliedern, brachten es zu einem un-
übertroffenen Können im Weben, Flechten
und Töpfern. Den möglichen Übergang
von der Korbflechterei zur Töpferei schildert H.-J. Stammel: *»Im Zuni-Pueblo war
es üblich, Maiskörner in großen Körben über
offenem Feuer zu rösten. Immer wieder muss
es hierbei passiert sein, daß die kostbaren
Körbe versengt wurden oder sogar Feuer
fingen und immer wieder repariert werden
mußten, bis ein solcher, in vielen Arbeits-
stunden hergestellter Korb schließlich völlig
unbrauchbar wurde. Irgendwann hat man
feuchten Ton von außen auf das Geflecht ge-
strichen, um es feuerfester zu machen. Es ergab sich, daß der Ton in der Hitze hart und
immer härter wurde, bis schließlich ein harter, gebrannter Topf entstanden war.«*

Auf diese Art und Weise erkannten die
Pueblos wahrscheinlich, dass sich aus im
Feuer getrocknetem und gebranntem Ton
ein steinhartes Material bildet, dem man
noch während der Entstehung Sand und
Lehm beimischen kann, wodurch man für

sen Zeremonien ihrer Vorfahren zutiefst geprägt. Im Gott der Spanier haben sie eher einen zusätzlichen Fürsprecher für ihre Belange als ein exklusiv zu verehrendes allmächtiges Wesen gesehen. Ihre kultischen Tänze, begleitet von rhythmisch dumpfen Trommeln, erweisen sich meistens als getanzte Gebete, so auch die Tiertänze, bei denen die Männer Tierfelle tragen sowie Tierbewegungen und Tierlaute meisterhaft nachahmen, der farbenprächtige »Regenbogentanz« und der mit vollem Federschmuck ausgeführte »Adlertanz«.

Als die deutsche Künstlerin Bibi Gündisch einen Malurlaub in Santa Fe verbrachte, wo etwa 19 Pueblos – Indianerdörfer in einfacher kubischer Lehmarchitektur – in einem Umfeld von 200 Kilometern angesiedelt sind, sah sie im Cochiti Pueblo einen ganzen Tag lang dem kultischen »Mais-Tanz« zu: »*Weit über hundert Tänzer tragen Bänder um Oberarm und Knie, in denen grüne Kiefernzweige stecken; sie tragen weiße, wollene Kilts mit gewebten Bändern, Schellen und weiße hohe Mokassins; ihre Oberkörper sind mit roter Erde eingerieben, im dunklen Haar stecken Federbüschel. Die Frauen mit schwarzen, gewebten Hemdkleidern halten Kiefernzweige in den Händen und tragen türkisfarbige Tablitas (flache,*

Zu einer außergewöhnlichen Geschicklichkeit im Töpfern hat es dieser Hopi auf einem Bild aus dem Jahre 1915 gebracht (Foto: Roland Reed)

Indianerpaar auf einem Foto aus der Zeit um 1880, das dem Volk der Laguna-Pueblos angehört: Die Pueblo-Indianer des Südwestens, die von den vorgeschichtlichen Anasazi abstammen, galten als friedfertig. Sie erhoben sich gegen die Spanier in den achtziger Jahren des 17. Jahrhunderts und vertrieben sie aus ihrem Gebiet. Die Pueblos, die sich in die Völker der Laguna, Hopis, Tewa, Zunis und Acoma aufteilen, sind noch heute für ihre Kunstfertigkeiten bekannt

den Hausbau verwendbare Ziegel erhält. Nach dieser Erkenntnis stand der Errichtung der etagenförmigen Terrassenwohnhäuser nichts mehr im Weg. Dadurch, dass die oberen Stockwerke hinter die unteren zurückgesetzt wurden, entstanden die stufenförmigen Wohnblocks, die ohne Tür und nur durch Außenleitern zugänglich waren und sich deswegen wie eine richtige Festung verteidigen ließen.

Vor der Ankunft der Spanier beschränkten sich die Pueblos auf den Anbau von Mais, Baumwolle, Melonen, Zwiebeln, Bohnen und Chili und auf das Halten von Truthähnen. Von den Spaniern übernahmen sie Weizen, Wein, Pfirsiche und Äpfel und lernten, auch Pferde, Rinder, Schafe und Ziegen zu züchten.

Die kultischen Tänze der Pueblos

Noch heute hat sich die jahrhundertealte Unterteilung der Pueblos in Clans unverändert gehalten. Obwohl sich die katholische Kirche seit dem Eintreffen der ersten Spanier darum bemühte, die alten Götter in Vergessenheit geraten zu lassen, konnten sich die traditionellen Religionen bemerkenswert gut behaupten. Derzeit wird der Lebenslauf der Pueblos immer noch von den hochbetagten Gottheiten und religiö-

Pueblo von Hano: Das Ho-
pi-Dorf von Hano wurde
vor mehreren Jahrhunder-
ten nach der Pueblo-Revol-
te gegen die Spanier er-
baut. Bei diesen etagen-
förmigen Terrassenwohn-
häusern handelt es sich
um stufenförmige, festungs-
ähnliche Wohnblocks, die
ohne Tür nur durch Außen-
leitern zugänglich waren
(Foto: Frederick Samuel
Dellenbaugh, 1884)

*hölzerne Diademe, die unter ihrem Kinn fest-
gebunden werden), die ihnen ein hoheitsvol-
les Ansehen verleihen. Unablässig rücken sie
in rhythmischen Tanzschritten voran, die sengende Sonne scheinen sie nicht zu fühlen. Zwischen ihnen laufen die Spaßmacher herum,
Koshare genannt. Ihre Körper sind mit
weißen und schwarzen Erdstreifen bemalt,
dazu ein kleiner Lendenschurz und schwarze
Vierecktücher auf Brust und Rücken, auch
einen Schildkrötenpanzer und viele Rasseln.
Ihre Gesichter, mit Streifen und Zickzack bemalt, wirken wie unheimliche Masken, auf
dem Kopf tragen sie Hörner aus leeren Mais-
hülsen. Die Koshare können durch ihre Zeichen das Wasser aus der Erde locken und es
dem Maiskeim zuführen. Durch ihr Wissen
bringen sie die verschiedenen Elemente zusammen.«*

Die Rituale der Kachina-Tänzer

Im Gegensatz zu den nomadischen Indianern ist die Pueblo-Kultur eine hoch stehende Zivilisation, die einen großen Reichtum an mythologischen Zeremonien und
Tänzen aufweist. Der seit altersher überlieferte Kachina-Kult gehört noch heute zur

Wirklichkeit und wird von uralten Tänzen
getragen, die von einer geheimnisvollen
Atmosphäre umrankt sind. Sehr beein-
druckend sind die so genannten Kachina-
Puppen, die die heiligen Tänzer in verschiedenen Größen und farbenprächtigen
Kostümen darstellen. Diese aus Holz geschnitzten kleinen Kunstwerke symbolisie-
ren darüber hinaus die Geister oder Götter,
die den Menschen das Pflanzen, Jagen, Tanzen sowie die handwerklichen Künste beibrachten. Einerseits handelt es sich dabei
um dem Menschen wohlgesinnte Wesen,
die ihn vor Krankheiten schützen und seine
Gebete zu den Gottheiten tragen, andererseits bieten sie sich als die Ordnungshüter
der Gemeinschaft dar, die Schuldige bestrafen dürfen. Bei den kultischen Festen verwandeln sich die Tänzer in ihren aufregen-
den Masken und fantasiereichen Kostümen
zu Kachinas und üben eine Mittlerfunktion
zwischen Geist und Mensch aus. Um die
Kinder und Heranwachsenden mit dem
Aussehen und der Bedeutung einzelner Ka-
china-Geister vertraut zu machen, bekommen sie puppengroße, geschnitzte Abbilder
der Kachina-Tänzer geschenkt, die sie le-
benslang begleiten. Neuerdings können die
Touristen auch weibliche Kachinas kaufen,

bei denen die Bemalung mit Erdfarben und Tempera zugunsten von schreienden Acrylfarben aufgegeben wurde.

In ihren Reservaten bieten die Pueblo-Indianer heute ihre kunstgewerblichen Arbeiten an, wie teure Korbteller mit schönen geometrischen Mustern, Töpferwaren mit dem berühmten schwarzen Dekor, Türkis-Korallen-Muschelschmuck, Marmorplastiken, Kachina-Schnitzereien und vieles mehr. Der Tourist wird auch die Erinnerung an die außergewöhnliche Landschaft um ihn herum bewahren. Aus der Hochebene ragen Berge hervor, die wie Maulwurfshügel aussehen. Überall wuchern dürre Büschelgräser, stachelige Kakteen, spitze Yuccapflanzen, silbrige Mesquitesträucher und graugrüne Beifußgewächse. Über allem spannt sich ein riesiger blauer Himmel, den man sobald nicht vergisst.

Pit David, der Kachinamaler aus Luxemburg, der sich in die Kunstform der Hopis einzufühlen vermag, ist ein gern gesehener Gast im Hopi-Reservat. Seine enge Bindung an das reiche gedankliche Erbe der Hopis hilft ihm, im Gleichgewicht mit der Außenwelt zu bleiben. So heißen einige seiner besten Arbeiten bezeichnenderweise: »Kachina Ceremony« und »Kokopelli Song« (Fotos: John Reis)

Die Apachen, die »Adler des Südwestens«

Seit Menschengedenken lebten die Apachen vornehmlich von mörderischen Raubüberfällen – eine historische Tatsache, der Karl Mays Mär vom »edlen roten Manne« nicht entspricht

Das Gebiet der Apachen

V or undenklicher Zeit, lange bevor die Spanier die »Neue Welt« erkundeten, verließ eine mächtige Abteilung aus der noch heute in Alaska ansässigen Sprachfamilie der Athapasken den hohen Norden, driftete durch Kanada und über die Prärien des nordamerikanischen Kontinents nach Süden und beschloss ihre Völkerwanderung in den unwegsamen Schluchten und tödlichen Wüsten der sonnendurchglühten Gebiete, die sich heute in die US-Staaten Arizona und New Mexico und in die mexikanischen Provinzen Sonora und Chihuahua aufgliedern. Die von der nordwestlichen Pazifikküste zugewanderten Athapasken-Banden hatten sich aber nicht freiwillig in dieser unermesslich weiten Einöde niedergelassen. Die äußerst kriegerischen Räuber und Jäger waren nämlich von den Stämmen, deren Land sie bei ihrem Durchzug verwüstet hatten, immer weiter nach Süden abgedrängt worden, bis sie auf den trockenen Hochebenen der unwirtlichen amerikanisch-mexikanischen Grenzgefilde eine neue Heimat gefunden hatten.

Richtige Raub-Guerillos

Dort fielen sie über die friedfertige Pueblo-Kultur her, von der sie den Anbau von Mais, Kürbis und Bohnen lernten. Da sie aber bis zur Ernte nicht mehr weiterziehen konnten, teilten sie ihre Kräfte zwischen Jagd und Ackerbau und gewöhnten sich an eine sesshafte Lebensweise, die ihnen zum Verhängnis werden sollte. Als Halbnomaden verpassten sie den richtigen Anschluss an das von den Spaniern übernommene Pferd, das sie zwar schon sehr früh kannten, aber nie selbst züchteten. Hoch zu Ross griffen sie die Siedlungen der Pueblo-Indianer an, machten sich jedoch nicht mehr zur Büffeljagd auf. Aus den Jägernomaden wurden also halbagrarische Siedler, die lieber vom Ertrag ihrer Felder als von der Jagdausbeute lebten.

So waren die großen, kleinen und kleinsten Gruppen der Athapasken dem Ansturm des wilden Reitervolks der Comanchen besonders wehrlos ausgeliefert, das ihnen gnadenlos zusetzte. Es blieb ihnen nichts anderes übrig, als ihr Nomadenleben wieder aufzunehmen und sich vor dem neuen unerbittlichen Feind in die Wüste zurückzuziehen, wo sie sich ein Stammesgebiet an-

der Wüste. Im Laufe der Jahre mauserten sie sich zu wahren Wüstenratten, die sogar da noch zu überleben vermochten, wo Wölfe und Klapperschlangen vor Hunger und Durst eingingen.

Der Angriff

Sie leisteten den erbittertsten Widerstand

Von Mannestugenden und Ehrbegriffen, wie sie die Reitervölker der nördlichen Prärie kannten, hielten die Apachen nicht viel. Wegen ihrer geringen Zahl konnten sie sich das Risiko einer offenen Schlacht kaum leisten. Von klein auf wurden die Apachen-Krieger darauf gedrillt, im Kampf gegen ihre Feinde und gegen die unbarmherzige Natur ihrer Heimat durchzuhalten. *»Überfall und Hinterhalt, ungesehen zuschlagen, töten und wieder blitzschnell verschwinden, das war ihr Lebensunterhalt, ihr Sport, ihre Passion. Die Apachen waren die ausdauerndsten Läufer und Marschierer, die die Menschheit jemals hervorbrachte. Über Marathonläufe hätten sie verächtlich gelacht … Schon in frühester Jugend lernten die Apachen-Knaben, mit einem Mund voll Wasser und ohne dabei einen Tropfen zu verschlucken, zwanzig bis dreißig Kilometer im Dauerlauf zurückzulegen. Sie lernten es, sich in den Boden einzugraben und durch ein Rohr zu atmen, sich vollkommen lautlos zu bewegen und jedem Tier und jedem Menschen auf Keulenschlagweite zu nähern«* (H.-J. Stammel).

eigneten, das sich von Ost nach West und von Nord nach Süd je 800 Kilometer weit ausdehnte.

Das Pueblo-Volk der Zunis bezeichnete die athapaskischen Eroberer als Apachu oder Feinde, woraus die Spanier Apachen machten. Sich selbst nannten die Apachen T'Inde (Volk) oder auch Naizhan (Unsere Rasse). Sie zerfielen in verschiedene Stämme, wie die Aravapais, Chiricahuas, Cocoteros, Gilerios, Jicarillas, Kiowa-Apachen, Lipans, Mescaleros, Mimbrenjos, Mogollons, Pinalenos und Tontos. Die bedeutendsten waren die Chiricahuas, deren Name sich von der Chiricahua-Bergkette im südöstlichen Arizona herleitete, die Jicarillas (Klein-Korb-Leute), die nach den von ihnen hergestellten Trinkgefäßen benannt wurden, die Mescaleros, die so hießen, weil sie das Fruchtfleisch der Mescalagave verzehrten und daraus das berauschende Getränk Mescal brauten, und die Mimbrenjos oder Mimbres, deren Benennung vom spanischen »Mimbre« = »Weide« herstammte.

Gegen 1850 verbreiteten ungefähr 1 000 Apachen Angst und Schrecken im amerikanisch-mexikanischen Grenzgebiet. Ihren tiefen Hass gegen die Comanchen und Spanier hatten sie mittlerweile auf die Mexikaner und Amerikaner übertragen.

Von allen Völkern der Welt erreichten ohne Zweifel die Apachen die beste Anpassung an die rauen Daseinsbedingungen in

300 Jahre lang behaupteten die Apachen ihre »Wüstenfestung« gegen Spanier, Mexikaner, Texaner und Amerikaner und zeigten sich als die Erbfeinde jedes Eindringlings in ihr angestammtes Land. Ihr ununterbrochen geführter Guerillakrieg verschlang auf die Dauer mehr Geld und kostete mehr Menschenleben als alle sonstigen Indianerkämpfe. Ihre beständigen

Die kleinen, schmalbrüstigen und kurzbeinigen Apachen vermochten sich vollkommen an die sengende Hitze und Trockenheit in den felsigen Wüstengebieten des amerikanischen Südwestens anzupassen

Alchesay, ein Chiricahua-Apache, diente im Rang eines Sergeant als Scout im Auftrag von General George Crook für die US-Kavallerie während des Winterfeldzugs von 1872/73. In der Tat gehörte er zu den Apachen, die zu den Weißen übergelaufen waren und auch dabei halfen, Geronimo aufzuspüren. Alchesay war nämlich davon überzeugt, gegenüber der Macht der Weißen sei jeglicher Widerstand sinnlos. Noch im hohen Alter brachte er es fertig, sich gut ins Reservatsdasein einzufügen

Überfälle, die von Frechheit und Wagemut zeugten, lösten sogar bei General William Tecumseh Sherman, dem Oberbefehlshaber der damaligen US-Streitkräfte, Besorgnis aus. Im Jahre 1870 schrieb er verbittert: »*Wir haben Krieg gegen Mexiko geführt, um Arizona zu bekommen, und wir sollten einen weiteren Krieg führen, um dieses Land wieder loszuwerden.*«

Nachdem die USA 1848 im Kurzkrieg gegen Mexiko die Oberhand behalten hatten, wurden New Mexico und Arizona der Union angeschlossen, womit die Amerikaner auch die in diesen beiden Staaten ansässigen Apachen und deren Übergriffe erbten. Mit Pfeilen, die auf eine Entfernung von 100 Metern noch tödlich wirkten, mit Kriegskeulen und Lanzen, die im Nahkampf eingesetzt wurden, mit Steinschleudern und Feuerwaffen setzten sich die Apachen gegen die amerikanische Reservationspolitik zur Wehr. Solange die Armee die alte Grenzererfahrung außer Acht ließ, wonach »Apachen nur von Apachen aufzuspüren« sind, spielten ihre Häuptlinge Mangas Coloradas, Cochise, Geronimo, Victorio und Nana Katz und Maus mit den Blauröcken, die sie meilenweit in die Wüste lockten, bis sie vor Erschöpfung, Hunger und Durst zusammenbrachen. Als aber die US-Kavallerie Apachen-Scouts als Späher anwarb und mithilfe deren Geländekenntnissen Jagd auf die aufsässigen Häuptlinge machte, zerschlugen die abtrünnigen Indianer den Widerstand ihres eigenen Volkes. Denn den Weißen allein wäre es nie gelungen, die Rebellen in ihren unzugänglichen Gebirgsschlupfwinkeln aufzuspüren. Dort konnten die Apachen ihre baufälligen Hütten aus Stangen und Zweigen, Gras oder Häuten, die sie »Wickiups« nannten, schnell abbrechen und mit ihrer ganzen Habe im Nu verschwinden. Auch die strapazierfähige Kleidung der Krieger, die jeden Feder- und Perlenschmuck aussparte

und sich auf hochschäftige Mokassins, lederne Lendentücher, Hemden aus billigem Kattun, Conchogürtel und turbanartige Kopftücher beschränkte, war bestens auf die nomadische Lebensart zugeschnitten.

Trotz der unschätzbaren Hilfe der Apachen-Scouts im Dienst der Armee bedurfte es des längsten und fruchtlosesten Feldzugs in der Geschichte der US-Kavallerie, um die feindlichen Apachen zur Strecke zu bringen. Erst am 4. September 1886 kapitulierte Geronimo, der letzte Häuptling der Apachen, mit 36 Stammesangehörigen, nachdem ihn jahrelang mehr als 5 000 Soldaten verfolgt hatten. Die meisten Stämme des Westens siechten bereits in Reservaten dahin, als die Apachen noch nach Art ihrer Vorfahren Raubzüge unternahmen und einer überwältigenden Übermacht trotzten.

Nach Strich und Faden betrogen

In den ersten Jahren ihres Reservatsdaseins ging es den Apachen sehr schlecht. Sie trauerten ihrer Freiheit nach und wurden von den Weißen nach Strich und Faden betrogen. Heute leben etwa 1000 Mescaleros und 1000 Jicarillas in zwei Reservaten in New Mexico, wo sie entweder Rinderzucht und Sägemühlen betreiben oder touristische Erfolge mit ihrem Land verbuchen. Mehr als 10 000 Stammesmitglieder nutzen das gute Rinderland, die ausgedehnten Waldungen, das brauchbare Farmland und die Bodenschätze, die es in den beiden Arizona-Reservaten, Fort Apache und San Carlos, gibt. Geronimos Nachfahren können neben den besten weißen Ranchern bestehen und sind nicht um Ideen verlegen. »*Zur Versorgung ihrer Alten und Arbeitsunfähigen unterhalten die Stämme eine besondere Herde, während eine weitere den Züchtern zur Verfügung steht – ein System, von dem Kommunisten lernen könnten*« (Peter Baumann).

In den letzten Jahren haben die Apachen in den Medien für Schlagzeilen gesorgt: Sie protestierten gegen den Bau eines Superteles-

kops auf ihrem heiligen Berg und lehnten die Lagerung von Atommüll auf ihrem Gebiet ab.

Von allen guten Geistern verlassen

Auf dem Gipfel des Mount Graham hausen die Geister des Berges. In der Tat ist diese Kuppe, die wie ein Monolith aus der Wüste von Arizona ragt, für die in der Umgebung lebenden Apachen ein heiliger Ort. In ihrer Sprache nennen sie die ihnen ans Herz gewachsene Erhebung »Dzil uchaa s'ian«. Und dort wohnen die Ga'an, von denen die siebzigjährige Apachenfrau Ola Cassadore Davis sagt: *»Seit ewigen Zeiten führen die Ga'an mein Volk, sie geben uns Wissen und Heilung.«* Dass dies nicht mehr lange der Fall sein wird, befürchtet die betagte Sprecherin der Apache Survival Coalition (ASC). Sie glaubt nämlich, bald werde der Mount Graham von allen guten Geistern verlassen sein.

Schuld an dieser Misere hat natürlich der weiße Mann, der den heiligen Berg durch den unüberlegten Bau eines Superspiegelteleskops der Universität von Arizona zu entweihen droht. In ihrem Zorn haben die Apachen aus dem benachbarten San-Carlos-Reservat in den US-Medien lautstark gegen die Errichtung des scharfsichtigen Fernrohrs getrommelt, die *»nur mit der Schändung einer Kirche vergleichbar sei«.*

Dass auf dem Mount Graham eine Eichhörnchenart – das Mount-Graham-Rothörnchen – lebt, die praktisch nur noch dort vorkommt und durch die Zerstörung ihres Lebensraumes vom Aussterben bedroht ist, hat sich als ein weiterer Streitpunkt erwiesen, den die roten Umweltschützer für ihre Kampagne gegen den Teleskopbau ins Feld geführt haben.

Tatsache ist, dass seit der letzten Eiszeit die umliegende Wüste die Gipfelwälder des Mount Graham vom Rest der Welt abgetrennt hat, sodass viele Tier- und Pflanzenarten, die dort vorkommen, einzigartig auf der Erde sind, wie auch die von der Ausrottung bedrohten letzten Grahamhörnchen des Planeten.

Dass auf dem 3267 Meter hohen Felsklotz aber bereits zwei kleinere Teleskope stehen, das Radioteleskop des Bonner Max-Planck-Instituts für Radioastronomie sowie das Vatikan-Teleskop (Vatt), die alle beide bislang die guten Berggeister der Apachen noch nicht verscheucht haben, muss den neutralen Beobachter nachdenklich stimmen. Die Göttinger Gesellschaft für bedrohte Völker ist der Meinung, dass im Teleskop-Streit viele Apachen eine hochwillkommene Chance gewittert haben, um sich für vergangene Demütigung und Unterdrückung zu revanchieren, indem sie diese Auseinandersetzung zum »Symbol für die Bewahrung und Wiederbelebung indianischer Identität« hochgespielt haben.

Gegen die Lagerung von Atommüll

Dass die Naturverbundenheit der Apachen aber noch lange nicht immer angezweifelt werden muss, beweist folgendes Beispiel verantwortungsbewussten Umweltschutzes: Die Weigerung eines Apachen-Stammes, in seinem Reservat im US-Bundesstaat New Mexico Atommüll aufzunehmen, hat 1995 die amerikanische Nuklearindustrie in Schwierigkeiten gebracht. In einem Refe-

Reservate der Apachen (1890)

Noch heute leisten die Apachen dem Vormarsch der weißen Zivilisation erbitterten Widerstand. So sehen sie im geplanten Bau eines Großteleskops auf ihrem heiligen Berg und in der Lagerung von Atommüll auf ihrem Gebiet eine Schändung ihres angestammten Territoriums

rendum lehnten die Mescaleros mehrheitlich den Vorschlag ab, die Brennstäbe für die nächsten 40 Jahre bei sich unterzubringen, wodurch dem Stamm etwa 250 Millionen Dollar entgangen sind. Gegen die Lagerung des Atommülles sprach sich vor allem Joseph Geronimo aus, ein Enkel des legendären Geronimo, der als letzter Apache den ungleichen Kampf mit der US-Kavallerie aufgegeben hatte.

Die Apachen waren nicht nur mit den Seminolen die ersten historischen Raub-Guerilleros Amerikas, die von mörderischen Überfällen aus dem Hinterhalt lebten, sondern beschäftigten sich erstaunlicherweise auch mit genauen Himmelsbeobachtungen – so lautet die spektakulärste Erkenntnis, die bislang über die »Adler des Südwestens« in Erfahrung gebracht wurde.

Eine Sonne mit 23 Strahlen

Dass die Apachen auch über Himmelskenntnisse verfügten, mutet erstaunlich an. Doch der bemerkenswerte Fund aus einem Mimbrenjo-Grab hat tatsächlich zur Lösung eines alten astronomischen Rätsels beigetragen

So hat der Astronom Robert Robbins von der Universität der Texas-Hauptstadt Austin vor kurzem auf einer Tagung der Amerikanischen Astronomischen Gesellschaft in Albuquerque (US-Bundesstaat New Mexico) von einem außergewöhnlichen Fund aus einem Apachen-Grab berichtet, der der modernen Wissenschaft half, ein altes astronomisches Rätsel zu lösen.

Bis in unsere Tage haben die Astronomen weltweit darüber gerätselt, ob die im Jahre 1054 von Chinesen und Japanern dokumentierte außerordentliche Sternexplosion im Sternbild Taurus (Stier) nicht auch in anderen Teilen der Welt beobachtet worden sei.

Die Explosion damals war so gewaltig, dass die Überreste des Sterns noch heute in der Form einer gigantischen Wolke aus Gas und Staub, dem 6500 Lichtjahre von der Erde entfernten Krebsnebel, zu sehen sind. Dieser Nebel mit der Bezeichnung M1 ist das bekannteste und eindrucksvollste Objekt, das mit Sicherheit auf den gewaltigen Ausbruch einer Supernova zurückgeht. Seine Gas- und Staubmassen fliegen mit einer enormen Geschwindigkeit auseinander, und manche Teile entfernen sich voneinander mit einer Schnelligkeit von 1000 Kilometern pro Sekunde.

Da die Astronomen die Größe des Nebels ebenso kannten wie das Tempo seiner Expansion, konnten sie auf den Zeitpunkt der Explosion zurückrechnen und kamen dabei auf das Jahr 1000. Tatsächlich haben chinesische und japanische Quellen für den Morgen des 4. Juli 1054 einen hellen Stern verzeichnet, der dort aufleuchtete, wo heute der Krebsnebel zu sehen ist. Nach den alten Aufzeichnungen hat der Stern so hell geleuchtet, dass er 23 Tage lang selbst tagsüber sichtbar gewesen sei.

Lange hatten die Forscher nach einem Pendant zu der fernöstlichen Dokumentation über dieses einzigartige Ereignis gesucht, ohne eindeutige Hinweise zu finden. Nichts in alten Chroniken aus Europa deutet beispielsweise auf eine solche, die Gemüter der Menschen doch erregende Erscheinung. Jetzt allerdings glauben Wissenschaftler den lange gesuchten Hinweis auf die massive Supernova-Explosion in der Bemalung eines Gefäßes entdeckt zu haben, das schon vor 60 Jahren als Grabbeigabe im Dorf Galaz, einer Siedlung des als Mimbrenjos oder Mimbres bekannten Apachen-Volkes, im Südwesten des amerikanischen Bundesstaates New Mexico gefunden wurde.

Dieses Gefäß zeigt ein sonnenähnliches Objekt mit 23 nach außen weisenden Strahlen. Der Wissenschaftler Robert Robbins erklärte amerikanischen Presseberichten zufolge, dass diese Keramikschale das einzige unter den etwa 800 von ihm gefundenen Stücken gewesen sei, bei dem die Zahl 23 eine Rolle spielte. Der Forscher wollte Zufall nicht gelten lassen, da die Mimbrenjos bei all ihren Arbeiten stets einen auffälligen Sinn für Zahlensymbolik bewiesen hätten. Robbins ist davon überzeugt, dass die 23 Strahlen ein Symbol für die 23 Tage sind, an denen die Supernova damals selbst am hellen Himmel sichtbar gewesen ist.

Die Mimbrenjos, die heute längst in anderen Apachen-Stämmen aufgegangen

sind, fertigten die meisten ihrer Gefäße als Grabbeigaben. Die Mehrzahl der Schalen wurde symbolisch »getötet«, indem man Löcher in den Gefäßboden schlug. Dann wurden die Behälter über die Gesichter der Toten gestülpt, damit sie diese ins Jenseits begleiteten.

Das fragliche Stück, obwohl schon in den dreißiger Jahren ausgegraben, war nicht weiter beachtet worden, bis die Forscher aus Texas um Robert Robbins es bei der archäologisch-astronomischen Erfassung des Mimbrenjo-Wissens in die Hand bekamen.

Obwohl viele Indianerstämme auf die Jahreszeitwechsel achteten und den Himmel beobachteten, spricht viel dafür, dass die Mimbrenjos den anderen darin weit voraus waren. »Sie sind wohl die kenntnisreichsten Astronomen im Südwesten gewesen«, erläuterte Robbins anhand hunderter von ihm aus-

gegrabener Töpfe und Schalen. Viele Ausgrabungsstücke zeigen in der Tat astronomische Symbole und Zahlen, wie beispielsweise die häufige Benutzung der Viererkonstellation als Verkörperung der vier Jahreszeiten.

Eine besondere Bedeutung sieht Robbins aber in der wiederholten Abbildung des Kaninchens, das die Mimbrenjo-Künstler nach seiner Meinung als Symbol für den Mond verwendeten. Die dunklen Gebiete des Mondes hätten aus der Sicht der Indianer der Form dieses Tieres entsprochen. Der Fund aus dem Mimbrenjo-Grab erhalte seine besondere Bedeutung dadurch, dass das sonnenähnliche Objekt mit den 23 Strahlen zusammen mit dem Kaninchensymbol auftauche, denn zu der Supernova oberhalb des Sterns Zeta Tauri hatte sich Anfang Juli 1054 noch der abnehmende Mond gesellt.

Mangas Coloradas (Red Sleeves – Rotärmel): Bis zuletzt glaubte er an das Gute im Bleichgesicht
1797 bis 18. 1. 1863

Ein Hagel von glühenden Metallsplittern ergoss sich über das Dorf der Mimbrenjo-Apachen. Die dicht zusammengedrängten Indianer, die sich zu einer Feier versammelt hatten, wurden von einem Orkan von Flammen und Eisen überrascht. Unentwegt brüllte die Kanone auf und spieh tödliche Feuerstrahlen aus. Häuptling Juan José und die meisten seiner Stammesangehörigen wurden ein Opfer des entsetzlichen Verbrechens, das der Pelzhändler James Johnson mit seinem Kumpan Gleason an ihnen beging. Die beiden Halsabschneider, die sich die Freundschaft des Mimbrenjo-Anführers erworben hatten, veranstalteten ein Fest im Apachen-Lager mit der vorgefassten Ab-

sicht, die Rothäute mit einer verborgenen Haubitze niederzumähen, ihre Skalpe zu erbeuten und dafür die beachtlichen Kopfhautprämien der mexikanischen Regierung in Empfang zu nehmen.

Rache für Juan José

Mangas Coloradas überlebte das niederträchtige Massaker von 1835, mit dem ein fünfzigjähriger Krieg der Apachen gegen die Weißen ausgelöst wurde. Als neuer Häuptling der Mimbrenjos schwor er den verhassten Mexikanern blutige Rache und verbündete sich sogar mit US-General Kearny

Der hünenhafte Mangas Coloradas, von dem es kein authentisches Bild gibt, hegte ehrliche Friedensabsichten, die von den Weißen skrupellos ausgenutzt wurden

Mangus war der Sohn von Mangas Coloradas. Er verbündete sich mit Cochise und begann einen vernichtenden Guerillakrieg gegen weiße Siedler und Armee-Patrouillen. Als er sich 1863 zu Friedensverhandlungen in die Goldgräberstadt Pinos Altos wagte, wurde er dort gefangen genommen und heimtückisch ermordet (Sammlung Rose, San Antonio, Texas)

während des mexikanisch-amerikanischen Krieges. Es gelang ihm, die Mexikaner aus der auf seinem Gebiet befindlichen Kupfermine in Santa Rita del Cobre zu vertreiben und diese zu einer richtigen Bergfestung auszubauen. Aber schon 1850, zwei Jahre nach dem Friedensschluss zwischen den Vereinigten Staaten und Mexiko, besetzten US-Truppen das Mimbrenjo-Bollwerk. Als neben dem Kupfer noch zusätzlich Gold und Silber am Gila River und in den Palo-Alto-Bergen gefunden wurden, strömten Prospektoren scharenweise ins Apachen-Territorium, was den alternden Häuptling zusehends beunruhigte.

1861 ritt Mangas Coloradas ein erstes Mal in die Goldgräberstadt Pinos Altos in New Mexico, um mit den Goldschürfern zu verhandeln. Die Weißen, die wie verrückt nach dem »gelben Eisen« buddelten, ergriffen kurzerhand den Häuptling, trennten sein ledernes Oberhemd mit einem Dolch auf und peitschten ihn mit Rindslederschlägen aus. Dann jagten sie ihn mit Steinwürfen in die Wüste hinaus, wo der entwürdigte Häuptling auf Rache sann.

Kampf am Apachen-Pass

Im Frühjahr 1862 stellte er mit seinem Schwiegersohn Cochise, dem Häuptling der Chiricahua-Apachen, eine Streitmacht von 700 Kriegern auf, deren Zahl in späteren Kämpfen nie wieder erreicht wurde. Am strategisch wichtigen Apachen-Pass fielen sie über die 126 Soldaten zählende Kavallerie-Kolonne von Captain Thomas Roberts her. Dank zweier mitgeführter Zwölf-Pfünder-Berghaubitzen konnten die Blauröcke den Angriff abwehren und den Indianern eine demütigende Niederlage bereiten. Während des Kampfes wurde Mangas so schwer in der Brust verletzt, dass Cochise das Gefecht abbrach und sich sofort um den alten Häuptling kümmerte: »Cochise war entschlossen, Mangas' Leben zu retten. Da er jedoch zu den Medizinmännern und ihren Klappern und Sprüchen kein Vertrauen hatte, legte er seinen

Schwiegervater in eine Hängematte und ritt, eskortiert von Kriegern, mehrere hundert Kilometer südwärts zu dem mexikanischen Dorf Janos. Dort lebte ein berühmter mexikanischer Wunderarzt, dem er Mangas Coloradas mit der lakonischen Aufforderung übergab: >Mach ihn gesund. Wenn er stirbt, wird diese Stadt sterben<« (Dee Brown).

Vor dem Haus des Arztes versammelte sich die eingeschüchterte Stadtbevölkerung, die lauthals für die Genesung der gefürchteten Rothaut zu beten begann. Nach der gelungenen Operation war Mangas zwar magerer und sein Gesicht runzliger geworden, aber der alte Häuptling konnte im Kampf noch immer seinen Mann stehen. Das Städtchen, das in seiner Ruhe aufgeschreckt worden war, atmete wieder auf.

Von Soldaten umgebracht

Weil er des Kämpfens überdrüssig war und noch vor seinem Tod für alle Apachen Frieden schließen wollte, wagte sich der greise Häuptling 1863 erneut in die Goldgräberstadt Pinos Altos und schlug die Warnungen seiner besorgten Krieger in den Wind. Dort, wo er bereits einmal so schrecklich erniedrigt worden war, sollte ihm dieses Mal noch Schlimmeres widerfahren. General Joseph West, der zufällig in der Stadt weilte, ließ Mangas Coloradas festnehmen, klagte ihn der Plünderung an und erteilte den Nachtwachen den heimtückischen Befehl: »Ich will ihn morgen tot vorfinden. Verstanden? Tot will ich ihn.«

Später erzählte einer der Minenarbeiter, was sich in der Nacht wirklich zugetragen hatte: »Um neun Uhr bemerkte ich, dass die Soldaten mit Mangas etwas vorhatten. Ich entdeckte, dass sie ihre Bajonette im Feuer erhitzten und ihm damit die Füße und Beine versengten. Mangas richtete sich auf seinem linken Ellbogen auf und protestierte zornig, er sei kein Kind, mit dem man herumspielen könne.« Daraufhin – so derselbe Zeuge – krachten ein paar Schüsse, und der Häupt-

ling sackte in sich zusammen. Damit hatten die Posten jedoch ihre grausige Mordtat noch nicht beendet: Der Greis wurde noch skalpiert und enthauptet, ehe die kopflose Leiche in einem Graben verscharrt wurde.

Trotz der schlechten Erfahrungen, die er mit den Weißen gemacht hatte, glaubte Mangas Coloradas bis zuletzt an das Gute im Weißen. Gegen den Willen seines Un-

terführers Delgadito hatte er sich eine bildhübsche Mexikanerin zur Frau genommen. Geistig wie körperlich war er eine hünenhafte Gestalt, ein in jeder Hinsicht überragender Häuptling, der nicht – wie die Weißen, um sich reinzuwaschen, später behaupteten – bei einem Fluchtversuch erschossen wurde, sondern einem gemeinen Meuchelmord zum Opfer gefallen war.

Cochise, der Blutsbruder eines Weißen
† *8.6.1874*

»Cochise ist ein gut aussehender, gertenschlanker Indianer, 1,80 Meter groß, mit mächtiger Brust und Adlernase. Eine freundliche, ja sogar etwas melancholische Miene mildert die Entschlossenheit seines Gesichtsausdrucks. Weder seine Sprache noch sein Handeln ließen etwas von jener Großspurigkeit erkennen, die ein Merkmal seiner Rasse ist«, beschrieb Captain John Gregory Bourke den Chiricahua-Apachen-Häuptling, den er als listig im Krieg und scharfsinnig bei Verhandlungen kennen gelernt hatte.

Von seinem Vater, dem Herrn über die Gegend der Dragoon und Chiricahua Mountains im südöstlichen Arizona, hatte Cochise die Häuptlingswürde der Chiricahuas geerbt. Als Führer von einer seltenen Gelassenheit und Geistesgegenwart hatte er zunächst freundschaftliche Beziehungen mit den Amerikanern geknüpft, in denen er Waffenbrüder im Kampf gegen die verhassten Mexikaner sah. Er änderte jedoch nach und nach seine Einstellung, als nach dem Vertrag von Guadalupe Hidalgo, der 1848 den mexikanisch-amerikanischen Krieg zugunsten der Vereinigten Staaten beendete, Edelmetallprospektoren ins Chiricahua-Gebiet strömten und Anspruch aufs Land der Apachen erhoben.

Als Cochise den Südwesten in Atem hielt

Kurz nachdem er um des Friedens willen die Errichtung einer Poststation bei den Quellen des strategisch wichtigen Apachen-Passes geduldet hatte, wurde Cochise dort 1861 wegen der angeblichen Entführung eines weißen Jungen von einem militärischen Heißsporn, dem jungen Leutnant George N. Bascom, festgenommen. Er entriss einem Soldaten das Messer, schlitzte die Zeltwand auf, hechtete ins Freie und konnte fliehen, obwohl ein Blaurock ihn angeschossen hatte. Von diesem unseligen Tag an war es um Cochises Geduld geschehen: Er befahl seinen Kriegern, ihre Gebirgsfestung zu verlassen und die Amerikaner für ihren heimtückischen Anschlag auf sein Leben büßen zu lassen.

Am 14. Juli 1862 stellte er Captain Thomas Roberts und dessen 126 Soldaten eine Falle im engen Apachen-Pass. Mit 700 Kriegern, der größten Kampfeinheit, die ein Apachenhäuptling jemals befehligte, lag er gemeinsam mit Mangas Coloradas und Geronimo hinter Brustwehren aus Stein, die mit Schießscharten versehen waren, im Hinterhalt. Die Kavallerie-Kolonne wäre den

Cochise oder A-da-tli-chi, Häuptling der Chiricahua-Apachen: »Als ich jung war und dieses Land durchstreifte, sah ich nur Apachen, keine anderen Menschen. Viele Jahre später zog ich wieder durch das Land und sah, dass andere Menschen gekommen waren, um es in Besitz zu nehmen. Warum?« (Sammlung Rose, San Antonio, Texas)

Felswänden des Engpasses nicht mehr lebend entronnen, hätte sie nicht über zwei Zwölf-Pfünder-Haubitzen verfügt, die auf Frachtwagen montiert waren. Die eilig abgefeuerten Kartätschen zerbarsten vor und hinter dem indianischen Schutzwall. Der Angriff der Indianer wurde von den moderneren Waffen der Soldaten zerschlagen.

Nach seiner Niederlage am Apachen-Pass hütete sich Cochise vor derartigen Massenunternehmen. Er splitterte seine Krieger in kleine Scharen auf, die fortan einen richtigen Guerillakrieg gegen Soldaten, Schürfer und Siedler führten. Der niederträchtige Mord an seinem Schwiegervater Mangas Coloradas versetzte ihn in helle Wut. Nach dessen Tod überfielen Cochises Krieger noch zehn Jahre lang Frachtkarawanen, Postkutschen, Bergwerke und kleine Siedlungen. Obwohl er seine Männer zu immer größeren Beutezügen anspornte und der Erfolg ihm nicht versagt blieb, sah er bald ein, dass er auf die Dauer der weißen Invasion nicht gewachsen war: *»Wir töten zehn, und hundert treten an ihre Stelle.«* Es war ihm nicht entgangen, dass nach und nach die weiße Bevölkerung das Zehnfache der indianischen ausmachte.

Die Freundschaft zwischen Cochise und Thomas Jeffords

Als 1871 der rotbärtige US-Postinspektor Thomas Jeffords Cochise in seinem Lager aufsuchte und ihn darum bat, die Postkutschen in Frieden durch sein Gebiet ziehen zu lassen, sollte dieses erste Gespräch der Auftakt für eine außergewöhnliche und dauerhafte Freundschaft sein. *»Ich erkannte in Cochise einen Mann von einer großen natürlichen Befähigung«*, urteilte Jeffords später, der 1872 General Oliver Otis Howard als Friedensunterhändler von Präsident Grant bei Cochise einführte. Nach nur elf Tagen Verhandlung kam es zu einem Friedensschluss, der Cochise vollauf befriedigte: Den Chiricahuas wurde ihr herkömmliches Jagd-

gebiet als Reservat zugesprochen, wo sie nach der Art ihrer Vorfahren leben durften. Auf Cochises Betreiben wurde Jeffords zum weißen Verwalter ernannt. *»Der weiße Mann und der Indianer sollen vom gleichen Wasser trinken, vom gleichen Brot essen und in Frieden leben«*, wünschte Cochise bei der Vertragsunterzeichnung.

Im Frühjahr 1874, zu einem Zeitpunkt, wo sein Volk ihn bitternötig gebraucht hätte, erkrankte Cochise im Alter von 51 Jahren und wurde zusehends schwächer. Er hatte nicht einmal mehr die Kraft, um gegen die geplante Verlegung seines Reservats zu protestieren. Als er sein Ende herannahen fühlte, bat er Jeffords an sein Todeslager und es entspann sich ein ergreifender Dialog zwischen den beiden Freunden: *»Glaubst du, dass du mich lebendig wieder sehen wirst, Bruder?«*, erkundigte sich Cochise. *»Nein, das glaube ich nicht«*, erwiderte Jeffords, der dem Häuptling keine falschen Hoffnungen machte. *»Ich glaube, ich werde morgen um zehn Uhr vormittag sterben. Glaubst du, wir werden uns wieder sehen?«*, fuhr Cochise fort. Jeffords blieb einen Augenblick stumm, ehe er entgegnete: *»Ich weiß es nicht. Was glaubst du?«* Cochise zögerte einen Moment, dann ergriff er wieder das Wort: *»Ich bin mir nicht ganz klar darüber. Aber ich glaube, gute Freunde werden sich wieder sehen – irgendwo dort oben.«*

Am 8. Juni 1874 verschied Cochise friedlich zu der von ihm vorausgesagten Stunde. Seine Krieger versahen ihn mit den Farben der Trauer, banden ihn auf sein Lieblingspferd und ritten zu einem geheimen Ort in den Bergen, wo sie den toten Häuptling in einer Felsspalte zurückließen. Mit seinem scharfen Verstand hatte Cochise sein Volk vor viel Unheil bewahrt und ihm einen guten Friedensvertrag ausgehandelt, dessen Vereinbarungen jedoch von den Bleichgesichtern zu einem Zeitpunkt rückgängig gemacht wurden, als der Chiricahua-Anführer schon todkrank darniederlag und seinem heiß geliebten Stamm nicht mehr helfen konnte.

Cochise, der Häuptling der Chiricahua-Apachen, führte einen zehnjährigen, zum Teil erfolgreichen Guerillakrieg, durch den er die Weißen an den Verhandlungstisch zwang

Victorio: vom Friedenssucher zum Rebell
† 14.10.1881

Victorio, ehemaliger Unterhäuptling des Mimbrenjo-Apachen-Anführers Mangas Coloradas, leitete nach dessen schändlicher Ermordung die Geschicke seines Stammes. Wie sein Vorgänger war er ein großer Befürworter des Friedens, der schon 1865 einem weißen Unterhändler seine Bereitschaft zur Verständigung mit der amerikanischen Regierung bekundete: *»Ich und meine Leute wollen Frieden. Wir sind des Krieges müde. Wir sind arm und haben für uns und unsere Familien kaum etwas zu essen oder anzuziehen. Wir möchten Frieden machen, einen dauerhaften Frieden . . . Ich habe meine Hände und meinen Mund mit kaltem, frischem Wasser gewaschen, und was ich sage, ist wahr.«*

Überall und nirgends

Erst nach der Zwangsumsiedlung seines Volkes in die höllische Einöde des San-Carlos-Reservats an den beiden Ufern des Gila River im östlichen Arizona, einem kiesbedeckten Landstrich, wo sich die Vegetation in Kakteen, Mesquitegestrüpp und hässlichem Pappelgehölz erschöpfte, wurde aus dem groß- und gutgewachsenen Friedenssucher ein bis zur Tollkühnheit tapferer Rebell. 1878 setzte er sich zum ersten Mal mit etwa 80 Kriegern aus der kargen Wüstenei ab. Nach einem schrecklichen Winter, den sie in den Mimbres Mountains verbracht hatten, kehrten die Ausreißer im Frühjahr 1879 zurück ins Reservat und schlossen sich wieder ihren Familien an. Als im Sommer desselben Jahres Justizbeamte San Carlos nach Victorio durchkämmten, den sie infolge einer alten Anklage wegen Pferderaubs und Totschlags verhaften wollten, stießen sie ins Leere. Denn »Old Vic«, wie die Soldaten Victorio mit einer gewissen Hochachtung nannten, hatte von seiner bevorstehenden Festnahme Wind bekommen und sich schleunigst mit seinen Anhängern aus dem Staub gemacht. Diesmal schwor er sich, dem Reservat für immer den Rücken zu kehren und sich nicht mehr der Willkür der Weißen auszusetzen.

Auf mexikanischem Hoheitsgebiet richtete er sich für einen langen Guerillakrieg gegen die Vereinigten Staaten ein. Ende 1879 hatte er 200 Mimbrenjo-, Mescalero- und Chiricahua-Krieger um sich geschart, mit denen er gleichzeitig überall und nirgends auf- und untertauchte und plündernd und mordend New Mexico und Arizona verunsicherte.

Weder Kälte noch Hitze konnten seinem unbändigen Hass, der sich im Laufe der Zeit in ihm aufgestaut hatte, Abbruch tun. Nachdem er sein Standlager, das sich zuerst hoch oben im wild zerklüfteten, unzugänglichen Candelaria-Gebirge in der mexikanischen Provinz Chihuahua befunden hatte, nach einem günstigeren Versteck in der Gebirgskette Tres Castillos zwischen Chihuahua und El Paso verlegt hatte, wo er sich sicherer wähnte, ereilte ihn das Schicksal. Als am 14. Oktober 1880 mexikanische Einheiten des Häuptlings Schlupfwinkel aufspürten und umstellten, wurden die Apachen, die mit dem Mut der Verzweiflung fochten, von der Übermacht des Feindes bezwungen. 78 Indianer, darunter Victorio, überlebten dieses letzte blutige Ringen nicht mehr.

Victorio (1825 bis 14.10.1880) entwickelte sich vom Befürworter des Friedens zum Kriegstreiber. Von ihm sagte General George Crook: »Wenn er ein Weißer wäre, würde er als einer der größten Feldherren, die die Menschheit je gekannt hat, in die Geschichte eingehen.« (Sammlung Rose, San Antonio, Texas)

Nana: mit 70 zum Guerilla-Anführer berufen
1800 bis 19.5.1896

Der greise Mimbrenjo-Kriegshäuptling Nana, der alle Kniffe des Guerillakriegs kannte, ritt noch mit 70 trotz seiner gesundheitlichen Schwächen »wie ein Teufel« und ergab sich erst am 28. März 1886 General George Crook

Nach Victorios Ableben in der Schlacht in den Tres-Castillos-Bergen (14. Oktober 1880) rückte Nana, ein 70 Jahre alter Mimbrenjo-Häuptling, zum ranghöchsten Anführer der reservatsfeindlichen Apachen auf, die, von Mexiko aus, Angst und Schrecken in den amerikanischen Grenzgebieten verbreiteten und jeden Verkehr dort lahm legten.

Von Juli 1881 bis April 1882 wehrte er die ihn verfolgenden US-Kavalleristen in nicht weniger als acht Gefechten erfolgreich ab, ließ die Soldaten so lange in die Wüste eindringen, bis sie vor Erschöpfung, Hunger und Durst kampfunfähig wurden. Er

Nana (1800 bis 19.5.1896), der noch im hohen Alter als aufgrund von Rheuma verkrüppelter und lahmender Greis einen gefährlichen Rachefeldzug gegen die Weißen unternahm

kämpfte gegen Schürfer und Siedler, raubte hunderte von Pferden und tat sich gütlich an den zusammengerafften Versorgungsgütern, bis er in der mexikanischen Gebirgswildnis untertauchte und sich dort mit der Guerillabande Geronimos vereinigte.

Gekrümmt von der Gicht und halb blind

In seinem langen Leben hatte er ununterbrochen gegen Spanisch und Englisch sprechende Bleichgesichter gefochten. Trotz seines fortgeschrittenen Alters konnte er noch besser reiten und schießen als so mancher Krieger, der ein halbes Jahrhundert jünger war. Obwohl er auf seinen Raubzügen unsägliche Schmerzen erdulden musste, die ihm sein Gichtleiden bescherte, überwand er alle Beschwerden dank seines eisernen Willens und seines unbändigen Hasses gegen Mexikaner und Nordamerikaner.

Der mit Narben übersäte, runzelige kleine Apachen-Chief war noch im Greisenalter von einem grenzenlosen Tatendrang erfüllt, den er im langweiligen Reservatsleben nicht zu befriedigen vermochte. An den Fingern einer Hand lassen sich die Indianerführer aufzählen, die – wie Nana – noch an ihrem Lebensabend eine Guerillaarmee aufstellten und zahlreiche Überfälle verübten.

Geronimo (Gokhlayeh – Der Gähnende), der letzte Widerstandskämpfer der Apachen
1829 bis 17. 2. 1909

»Geronimo war ein Mann von mittelgroßer Statur, etwa 1,70 Meter groß, mit einem mächtigen Brustkorb, wilden Gesichtszügen unter buschigen Augenbrauen, hervorstehenden Backenknochen und einer Habichtsnase. Später bewirkte eine Kriegsverletzung, dass sein rechter Mundwinkel etwas herabhing, was den Eindruck eines dauernden Grinsens erweckte«, schildert Benjamin Capps diesen Vollblutkrieger, für den List und Geschicklichkeit mehr galten als bloßer Wagemut.

Weil er als Kind ausgiebig gähnte, nannte ihn sein Vater Gokhlayeh (»Einer, der gähnt«), was die Mexikaner, denen das Apachen-Wort Schwierigkeiten bereitete, zu Geronimo (»Heeh-rooh-nee-moh«) umbildeten. Schon seit frühester Jugend wurde er zu Widerstandsfähigkeit und Schläue erzogen. Damit er als erwachsener Krieger mühelos 100 Kilometer am Tag marschieren könne, wurde er bereits als kleiner Junge zum perfekten Langstreckenläufer ausgebildet.

Vom friedlichen Mann zum rasenden Racheengel

Die Ermordung seiner Mutter, seiner Frau und seiner Kinder durch zwei mexikanische Schwadronen des Militärgouverneurs von Sonora, General José Maria Carrasco, war ein entsetzlicher Schlag für Geronimo. Beim Anblick der verstümmelten Leichen wurde sein Herz schwarz vor Schmerz und Raserei. Zum Zeichen der Trauer verbrannte er steinernen Angesichts die ganze Habe seiner Frau und die Spielsachen seiner Kinder. Aus dem vormals zärtlichen Ehemann und nachsichtigen Vater wurde ein rach- und streitsüchtiger Draufgänger, der sich dem

mächtigsten Stamm der Apachen, den Chiricahuas, anschloss und sich Häuptling Cochise unterstellte.

Als erste Vergeltungsmaßnahme griffen die empörten Indianer die von der Landwirtschaft lebende Stadt Arizpe in Sonora an. In der Schlacht um die Niederlassung tötete der verwegen kämpfende Geronimo in seiner blinden Wut eine große Zahl feindlicher Soldaten. *»Mexikaner sind es nicht wert, gezählt zu werden, Mexikaner beseitigen wir mit Steinen«*, erklärte er später verächtlich. In den folgenden Jahren nahm er an allen Kriegszügen Cochises teil und kehrte oft mit Beute und Ruhm beladen ins Chiricahua-Lager zurück. Nach Cochises allzu frühem Tod, als dessen ältester Sohn Taza die Häuptlingswürde übernahm, mauserte sich Geronimo zum tatsächlichen Anführer des Stammes, der Cochises Nachfolger an Einfluss übertraf.

Als das ursprüngliche Reservat der Chiricahuas im Juni 1876 aufgelöst wurde und die Apachen nach San Carlos im Südwesten umgesiedelt werden sollten, als die amerikanische Regierung also damit begann, Cochises Lebenswerk zu zerstören, floh Geronimo mit seinen Anhängern eilig über die mexikanische Grenze.

Geronimos Husarenstücke

In den nun folgenden zehn Jahren zwischen seiner ersten Flucht und der endgültigen Kapitulation erwies sich Geronimo als ein Krieger voller Widersprüche, der sich bald dem Gegner stellte und kämpfte, bald auswich und sich aus dem Staub machte.

Als er das erste Mal unter strenger Bewachung ins San-Carlos-Reservat eingewiesen

Geronimo (1829 bis 17. 2. 1909): Als seine Mutter und seine Frau mit ihren drei Kindern 1858 von mexikanischen Truppen kaltblütig ermordet wurden, schwor Geronimo allen Weißen blutige Rache. Dieser schwere Schicksalsschlag löste seinen fast dreißigjährigen Guerillakrieg gegen Mexikaner und Amerikaner aus und erklärt seine kompromisslose Natur, in der die US-Regierung eine schreckliche Bedrohung sah

Dieses Gruppenfoto ist auf Bitte Geronimos während der Friedensgespräche entstanden, die im März 1886 im Cañon de los Embudos stattfanden. Von links nach rechts: Perico, Geronimo, Naiche und Tsisnah (Foto: Camillus Sidnay Fly)

Geronimo, der berühmt-berüchtigte Chiricahua-Widerstandskämpfer, ergab sich im September 1886 zum fünften und letzten Mal. Im März 1904, fünf Jahre vor seinem Tod, entstand dieses Foto während seines Besuchs in Washington D.C. anlässlich seiner Teilnahme an den Einführungsfeierlichkeiten zur Wiederwahl des Präsidenten Theodore Roosevelt

wurde, graute ihm vor diesem erbärmlichen Ersatz für seine heimatlichen Berge, den ein Offizier als kahle Wüstenei beschrieb: »Dürre, vertrocknete, fast blattlose Baumwollsträucher säumten die Flüsse. Regen war so selten, dass er einem, wenn er einmal fiel, fast wie ein Naturwunder erschien. Fast ständig fegten trockene, heiße, Staub aufwirbelnde Winde über die Ebene und entblößten sie jeglicher Vegetation. Im Sommer empfand man eine Temperatur von über vierzig Grad im Schatten als kühl. Zu allen anderen Jahreszeiten schwärmten Millionen von Fliegen, Mücken und unbekannten Käfern umher ...«.

Kein Wunder, dass Geronimo es nicht lange in diesem knochentrockenen Landstrich aushielt. Als die amerikanische Regierung ein Abkommen mit Mexiko traf, das den Truppen beider Staaten bei der Jagd auf aufsässige Apachen das Überschreiten der Grenze des Nachbarlandes erlaubte, wurde Geronimos Bewegungsfreiheit beschnitten. Er war es nämlich gewohnt, sobald ihm der Boden unter den Füßen in einem Staat zu heiß wurde, den Nachbarn mit seiner Gegenwart zu beglücken. Seine frechen und wagemütigen Raubzüge konnte er nicht mehr so ungehindert ausführen.

Als General George Crooks Indianerspäher den Widerstandskämpfer in der Sierra Madre aufspürten, willigte Geronimo in ein Treffen mit dem »Soldatenhäuptling« ein. Sie begegneten sich am 27. März 1886 im mexikanischen Cañon de los Embudos – im »Cañon der Gauner« –, wo der General Geronimo und dessen 42 Krieger in guter

Kampfmoral vorfand: »Obwohl des ständigen Gehetztseins müde«, erklärte Crook später, »waren sie in ausgezeichneter körperlicher Verfassung, bewaffnet bis an die Zähne und wild wie Tiger. Da sie genau wissen, was für mitleidlose Bestien sie selbst sein können, misstrauen sie jedermann. Wir fanden sie in ihrem Lager, das freilich so gelegen war, dass nicht einmal tausend Mann es hätten umstellen können. Sie konnten sich beim Herannahen irgendeines Feindes verstreuen und durch zahllose Schluchten und Canyons entkommen.«

In letzter Sekunde ging die erzielte Übereinkunft in die Brüche und Geronimo suchte erneut mit 20 Kriegern und 18 Frauen und Kindern das Weite. General Nelson Miles, der Crook ablöste, stellte eine Streitmacht von 5 000 Soldaten auf die Beine, um Geronimos lächerlich kleiner Guerillabande beizukommen. Auf Bergspitzen errichteten seine Kavalleristen von Südarizona bis nach Nordsonora 30 Spiegeltelegrafen, die sich über weite Entfernungen die letzten Meldungen über des Apachen Verbleib zublinkten. Auf die Zusicherung, er und seine Mitstreiter könnten in Florida mit den von ihnen getrennten Familien zusammenleben, ergab sich Geronimo am 3. September 1886 und wurde das Opfer eines allerletzten Wortbruches. Nach seiner Verbannung nach Florida, wo er zunächst zwei Jahre im Gefängnis ohne den mindesten Kontakt mit den Seinen verbrachte, wurde er 1894 nach Fort Sill ins Indianerterritorium von Oklahoma überführt.

Geronimo in der Welt der Weißen

Aus dem einst stolzen Krieger war ein gefügiger alter Mann geworden, der sich als Ausstellungsstück bei Präsident Roosevelts Parade zum Amtsbeginn (1901) und bei der Weltausstellung in St. Louis (1904) missbrauchen ließ. Weil er es ablehnte, sich einfach vom verhassten weißen Mann ernähren zu lassen, versuchte er sich durch den Verkauf von selbst gefertigten Pfeilen und Bögen, von Autogrammen und Fotos durchzubringen.

Sein Herzenswunsch ging leider nicht mehr in Erfüllung. *»Ich möchte in meine alte Heimat zurück, bevor ich sterbe«*, verriet er 1908 einem Journalisten. Aber schon ein Jahr später verschied er an einer Lungenentzündung, ohne seine geliebten Berge wieder gesehen zu haben. 23 Jahre lang dauerte sein Exil in Florida und Oklahoma.

In die Geschichte ging er als letzter Widerstandskämpfer der Apachen ein, der der amerikanischen Reservatspolitik länger die Stirn bot als jeder andere Indianer. Nur dank seines feurigen und unbeugsamen Willens konnte er sich so lange zur Wehr setzen. Der Mord an seiner Familie hatte in ihm eine zwiespältige Persönlichkeit heranwachsen lassen, hatte ihn zum Gefangenen seines eigenen Ichs gemacht. Er vermochte es nicht mehr, über seinen eigenen Schatten zu springen und seine Rachegelüste einzudämmen, und blieb zeitlebens ein Mann voll fanatischer Wildheit. Sogar noch als Greis flößte er mit seinen glühenden Augen, die so schwarz wie Kohle waren, den ihn besuchenden Weißen Angst und Unbehagen ein.

Sogar am Ende seines Lebens war es Geronimo nicht mehr vergönnt, seine Heimat wiederzusehen

Die Navahos, die »Apachen des bepflanzten Landes«

Schon 1000 Jahre bevor Kolumbus 1492 an der Küste von San Salvador an Land ging, sollen die Navahos oder Navajos, ein Zweig der südlichen athapaskischen Sprachfamilie, aus der Mitte Kanadas bis ins heutige Nordostarizona und nordwestliche New Mexico gewandert sein. Mit den indianischen Völkern, die sie während ihres langen Zugs nach Süden antrafen, verfuhren sie genauso kriegerisch wie ihre Vettern, die von Raub und Jagd lebenden Apachen.

Vornehmlich fielen die Navahos über die friedlichen Pueblo-Stämme her, unter deren Einfluss sie sich zu Pflanzern und Hirten entwickelten und eine halbsesshafte Lebensweise annahmen. Bald bauten sie Mais und Gemüse an. Durch den Kontakt mit den Spaniern lernten sie Pferde, Schafe und Ziegen kennen, deren Zucht sie vorantrieben. Auch eigneten sie sich eine große Fertigkeit im Weben von Teppichen und Decken an, die sich durch einen unnachahmlichen, seidenweichen Schimmer auszeichneten.

Die Navahos wohnten im Hogan

Im Gegensatz zu ihren Apachen-Verwandten, die sich nie allzu lange an einem Ort häuslich einrichteten, lebten die Navahos in festen, aus Steinen, Lehm und Strohgeflecht erbauten, kuppeldachähnlichen Rundhütten, den so genannten Hogans, die sie bis heute beibehalten haben. *»Die Hütte wirkt wie ein überdimensionaler Bienenkorb. Aus Stämmen und Erde als Rundbau gefügt, fensterlos, mit einem großen Ausgang nach Osten, beherbergt der eine einzige Innenraum Familien bis zu zehn oder mehr Köpfen, oft mehrere Generationen. In Waldnähe werden die Wände mehr aus Holz errichtet, in den übrigen Gebieten mehr aus Erde. Im Zentrum des Bodens aus festgetretener Erde ist die Feuerstelle. Der Rauch schlägt sich durch eine Öffnung im Dach direkt darüber. Heute benutzen die Familien zumeist einen gekauften oder selbst gebauten Ofen und Abzüge aus Ölkannen oder ähnlichem Behelf. – Benachbart zum Hogan steht im Hoch-*

Unter dem Einfluss der Pueblo-Kultur gaben die Navahos ihr Nomadenleben auf, wodurch sich ihre Lebensweise grundlegend änderte: Sie lernten den Anbau von Pflanzen und übernahmen die Schafzucht

Der Navaho-Häuptling
Manuelito (1820 bis 1893)
ergab sich als Letzter am
1. September 1866
(Foto: Charles M. Bell, 1874;
National Anthropological
Archives, Smithsonian
Institution, Neg. No. 2390)

**An der Unterjochung der
Navahos war die US-Ar-
mee maßgeblich beteiligt,
die unter dem Kommando
von Kit Carson stand und
die tapfere Nation im
Canyon de Chelly besiegte**

*sommer oft noch eine Art Winddach aus
Buschwerk, Brettern und anderem Material,
unter dem sich an heißen Tagen und Näch-
ten das Familienleben abspielt. Scherzhaft
heißt dieses Ausweichquartier ›Squaw-coo-
ler‹. – In den Hogans bestehen die Betten aus
Schaffellen und Decken zu ebener Erde. Licht
spendet das Feuer, und gelegentlich findet sich
eine Petroleumlampe«* (Peter Baumann).

Sich selbst bedachten die Navahos mit der
Bezeichnung Volk. In der Apachen-Sprache
lautete dieses Wort Dine, Inde oder T'Inde.
Leitete sich der Begriff Apachen aus dem
Wortschatz der Zuni-Pueblo-Indianer ab,
wo Apachu Feind hieß, so waren es die Spanier, die dem Brudervolk der Apachen den
Namen Apaches de Navajo gaben, die Apachen des bepflanzten Landes, was sie später
zu Navajos oder Navahos vereinfachten.

Von Kit Carson bezwungen

1846 machten die Navahos erstmals die Bekanntschaft amerikanischer Soldaten, die
unter Colonel Alexander W. Doniphan bis
in ihr angestammtes Gebiet vorstießen. Ihr
erster Vertrag mit der Regierung der Vereinigten Staaten kam im Winter 1848 bei Bear
Springs zustande, wo eine Reihe Navaho-
Häuptlinge die Verpflichtung einging, die
weißen Siedler in Frieden zu lassen. Als aber
Kriegsbanden, deren Anführer dieses Abkommen nicht unterzeichnet hatten, amerikanische Pioniere überfielen, wurde der
friedliche Herdenbesitzer Manuelito von
US-Kavalleristen für die Übergriffe zur Re-
chenschaft gezogen, obwohl er trotz seines
Einflusses im Stamm nichts damit zu tun
hatte.

Die Navahos setzten sich gegen die
stückweise vorangetriebene Besitznahme
ihres Landes energisch zur Wehr. Trotzdem
mussten sie schon Anfang 1864 ihren
Kampf einstellen. Der ehemalige Waldläufer Colonel Christopher (Kit) Carson zerstörte mit 800 Soldaten und 200 Ute-
Spähern die Maisfelder, Pfirsichplantagen
und Lebensmittelvorräte der Navahos und

fing deren Schaf- und Pferdeherden ein, um
die zu tausenden in der Wüste versteckten
Rothäute auszuhungern und gefügig zu
machen. Im Canyon de Chelly, wohin sich
die Hauptstreitmacht der Navahos zurück-
gezogen hatte, bezwang er die wackere Nation durch seine Kanonen. Der sich bedin-
gungslos ergebende Stamm wurde daraufhin im Ödlandreservat Bosque Redondo am
Pecos-Fluss zusammengepfercht, wo nach
ein paar Jahren ein Viertel der Indianerbe-
völkerung an Pest, Blattern, Cholera, Lungenentzündung und Unterernährung gestorben war.

Nachdem sich der gerechte Verwalter A.
B. Norton in Washington über die unmög-
lichen Verhältnisse in dieser höllischen Wüstenei bitter beklagt hatte – »*... Wie kann ein
vernünftiger Mensch einen Platz als Reservat für achttausend Indianer auswählen, wo
die Erde unfruchtbar und trocken ist, wo sieb-
zehn Kilometer entfernte Mesquitewurzeln
das einzige Holz sind, das den Indianern zur
Verfügung steht?«* –, lenkte General Sherman, der Oberbefehlshaber der US-Armee,
ein und erklärte: »*Meine Kinder, ich werde
Euch in Eure Heimat zurückschicken.*«

Im Jahre 1868 durften die Navahos sich
wieder in ihrem eigenen Land niederlassen,
wo sie sich auf über 60 000 Quadratkilometern felsiger Halbwüste derart an ihre
raue Heimstätte angepasst haben, dass sie es
zwischen 1875 und 1900 durch ein sensa-
tionelles Anwachsen ihrer Bevölkerung von
60 000 auf 100 000 Stammesmitglieder
zum zahlenmäßig größten Indianervolk der
Vereinigten Staaten gebracht haben.

Im Zweiten Weltkrieg dienten 3 000 junge Navahos unter dem Sternenbanner und
erwiesen den Vereinigten Staaten im Kampf
gegen Japan unschätzbare Dienste als Fun-
ker. An der komplizierten Navaho-Sprache,
in der wichtige militärische Mitteilungen
ausgestrahlt wurden, scheiterten sogar die
besten japanischen Code-Knacker. Heute
noch erinnern sich die Sowjets an den ein-
fallsreichen Einsatz der Navaho-Soldaten
und haben sogar auf ihren Militärakademi-
en einen Sprachkurs in Navaho eingeführt,

um im Falle einer zukünftigen Konfrontation mit den USA gegen Navaho-Funksprüche gewappnet zu sein.

Das größte Indianerreservat der USA

Zu Beginn des dritten Jahrtausends sind die Navahos mit mehr als 200 000 Stammesangehörigen nach wie vor das größte Indianervolk der USA und – rein theoretisch – eines der reichsten. Und trotzdem leben sie in großer Armut. Unter ihrem 65 000 Quadratkilometer großen Reservat in den amerikanischen Bundesstaaten Arizona, New Mexico und Utah liegen riesige Mengen begehrter Bodenschätze wie Kohle, Öl, Erdgas und Uran. Diese aber sind nur teilweise erschlossen, und die großen Konzerne, die sich die Schürfrechte sicherten, schöpfen den Rahm ab. So liegt das durchschnittliche Jahreseinkommen der Navahos mit ca. 7 000 DM jährlich um die Hälfte unter der Armutsgrenze der USA. Hinzu kommt, dass 40 Prozent von ihnen arbeitslos sind und dass viele unter Alkoholismus- und Drogenproblemen leiden. Selbst nach jahrhundertelanger Erfahrung mit dem Feuerwasser des weißen Mannes ist der Körper der Indianer noch immer nicht auf den Abbau von Alkohol eingestellt, wodurch dem unter Männern wie Frauen stark verbreiteten Abhängigkeit nur sehr schwer beizukommen ist.

Außerdem lässt die Bildung der Navahos – was für die USA nichts Besonderes darstellt – viel zu wünschen übrig. Nur ein Drittel der rund 3 000 Schulabgänger im Jahr (so viele haben immerhin einen Grundschulabschluss, wohingegen die Zahl der Schulaussteiger nicht erfassbar ist) lernen einen Beruf oder gehen auf weiterbildende Schulen oder Universitäten. Die jungen Navahos brauchen eine besondere Vorbereitung für das Studium außerhalb des Reservats und viele können der Versuchung nicht widerstehen, nach dem ersten Kulturschock gleich aufzugeben.

Nur clevere Navahos haben den weißen Amerikanern Geschäftssinn abgeschaut und

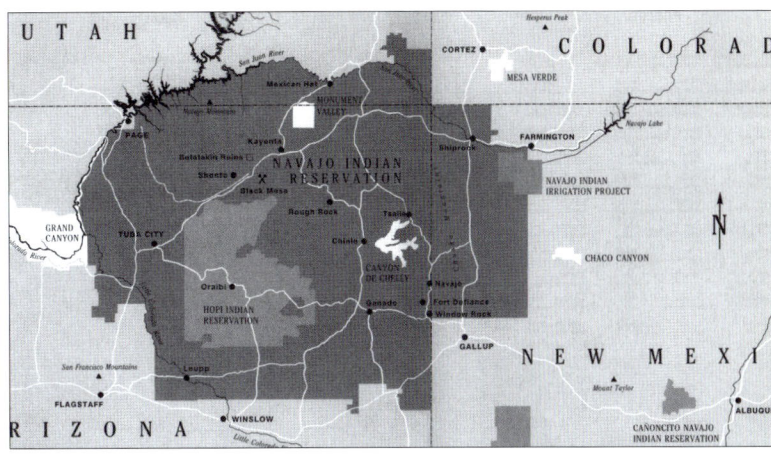

Läden oder Stände an den Straßen zu den Naturparks wie dem Grand Canyon aufgebaut, wo sie von Stammesangehörigen handgefertigte Waren wie Schmuck und Teppiche an Touristen verkaufen. So verdienen Navahos mit Eigeninitiative ihr Brot mit Landwirtschaft, Viehzucht, Handarbeit, Teppichknüpfen, Schmuckherstellung und Touristenläden.

Die Navahos, die sich ursprünglich »Dine« (Volk) nannten, bezeichnen sich heute stolz als Navaho-Nation. Ihre Hauptstadt heißt Window Rock und ist ein 3 000-Einwohner-Nest, das seinen Namen von einem roten Felsenfenster, einem riesigen, von Wind und Regen ausgewaschenen Loch im roten Sandsteinfels, ableitet, dem im religiösen Denken der Navahos erhebliche Bedeutung zukommt. In der Nähe dieses außergewöhnlichen Felsenfensters liegen sämtliche Gebäude der indianischen Selbstverwaltung, von wo aus der jeweils für vier Jahre gewählte »Stammesrat« die Geschicke des Reservats leitet. In der Hauptstadt der Navahos findet auch jedes Jahr am ersten Wochenende im September das größte Indianer-Powwow der USA statt, die »Navaho Nation Fair«.

Window Rock erweist sich als das Tor zu einer anderen Welt, einem von roten Felsen, tiefen Canyons, zerklüfteten Bergen, Wacholderwäldern und weiter Landschaft geprägten Universum, das bei der Schöpfungsgeschichte reich bedacht wurde und

Das Reservat der Navahos

Auch wenn das Navaho-Volk heute das größte Indianerreservat der Vereinigten Staaten sein Eigen nennt, führt es dort kein sorgenfreies Dasein. Arbeitslosigkeit, Alkohol und Rauschgift heißen die neuen Geiseln

Allein mit der Vergangenheit: Navahos vor der Casa Blanca, die um 1100 n. Chr. erbaut wurde. Sie wird der alten Anasazi-Kultur zugeschrieben und liegt im Canyon de Chelly, Arizona, wo Kit Carson 1864 die Navaho-Nation bezwang (Foto: Roland Reed)

heute Touristen aus aller Welt in seinen Bann zieht.

Stein gewordene Kunstwerke der Natur

Seitdem John Ford 1939 inmitten der roten Monolithen des Monument Valley den Western-Klassiker »Stage Coach« mit John Wayne in der Hauptrolle drehte, erfreuen sich die steil aufragenden Tafelberge und die von Wind und Wetter geformten Säulen einer ungemeinen Beliebtheit bei Ferienreisenden, die durch die wechselnden Ausblicke auf klobige Felsklötze und zierliche Zinnen, auf rote Sanddünen und wuchtige Wände immer wieder zum Anhalten verführt werden.

Hier, wo Wasser und Wind, die Bildhauer der Natur, grandiose und bizarre Denkmäler in einer Millionen Jahre währenden Vergangenheit geformt haben, indem sie sich durch weiche Gesteinsschichten gefressen und Bögen oder Höhlen hinterlassen haben, kann man stundenlang an Stein gewordenen Kunstwerken der natürlichen Schöpferkraft vorbeifahren, wie es sie sonst nirgendwo gibt. Hunderte von Metern ragen steinerne Monumente der Vorzeit in den blauen Himmel, in den verschiedensten Formen und mit entsprechenden Namen, wie zum Beispiel die »Drei Schwestern«, das »Elefantenhorn« und »John Fords Aussichtspunkt«, die zu den bekanntesten gehören. Langsam kriechen die Sonnenstrahlen über die sinnlich gewölbten Bergkuppen und tauchen den glatten Sandstein in tiefgoldenes Licht.

Das Herz des Navaho-Landes

Zum Reservat der Navahos gehört heute auch der 42 Kilometer lange Canyon de Chelly (gesprochen »schey«), dessen Felsenlabyrinth sich als die letzte Zuflucht der Indianer im Kampf gegen die Weißen erwies. Dringt man tiefer in den Canyon ein, in das Herz ihres Landes – wie die Navahos sagen –, weichen die senkrechten Felsbarrieren nach und nach zurück, öffnet sich die Schlucht weit, als wollte sie ihre Besucher mit offenen Armen empfangen. Auf dem Grund des Canyons erhebt sich eine schlanke Gestalt 250 Meter hoch in den Himmel, der »Spider Rock«, das Wahrzeichen der reich verzweigten Schlucht und zugleich der Sitz der »Spinnenfrau«, die der Sage nach hier in der Talsohle den Navaho-Frauen das Weben beibrachte. Fährt man wieder zum Canyonrand hoch, wo dottergelbe Kakteenblüten aus dem Gestrüpp hervorleuchten, wird der Blick hinab auf den »Spinnenfels« in das tief unten liegende Schluchtensystem noch beeindruckender. Dann wird eine Seite im Innern des Betrachters angesprochen, die überwältigtes Staunen, ja fast Ehrfurcht, anklingen lässt.

Die Kathedrale der Navahos

Im Nordosten des großen Navaho-Reservats, in der Nähe der Stadt Shiprock an der Grenze von Arizona und New Mexico, ragt ein geriffelter Basaltkegel mit imponierender Wucht aus der Wustenebene des San Juan Basin. Dieses steinerne Wunderwerk mit Spitzbögen, Säulen und Türmen, das mehr als 500 Meter hoch ist – 20 Stockwerke höher als das Empire State Building in New York, nennen die Indianer »Tse Bit a i«, den »geflügelten Fels«, den man nicht besteigen, sondern nur respektvoll aus der Entfernung betrachten darf. In der Umgangssprache heißt dieser imposante Steinbrocken »Ship Rock«: Er ist die Kathedrale der Navahos, die von Sonnenaufgang bis Sonnenuntergang je nach Witterung, Licht-

einfall, Wolkenbild und Perspektive ein un-
erschöpfliches Schauspiel sich wandelnder
Farben und Formen bietet.

Die Lichtspiele des Felsens – bei abneh-
mendem Sonneneinfall zum Beispiel kleidet
er sich erst in ein gelbes, dann in ein orange-
farbenes Gewand und schließlich in Kardinals-
purpur – gemahnen an die vielfältigen Farben
des Regenbogens, der sich bunt schillernd
über die den Indianern heilige Erde spannt,
wenn über den goldenen Maiskolben zur
Entezeit Sommergewitter niederprasseln.

So ist es weiter nicht verwunderlich, dass
die Navahos mit der Bezeichnung »Rain-
bowland« ihre immer wieder von Dürrepe-
rioden heimgesuchte Heimat kennzeich-
nen, auf deren trockenen, unwirtschaftli-
chen Böden sie Bohnen, Kürbisse und
Tabak anbauen, vor allem aber ihre heilige
Pflanze, den Mais, der als schwarzer, roter
und blauer Mais gut gedeiht. Die »Regen-
bogenfrau«, die im Siegel des Navajo-
Stammes abgebildet ist, gilt als das Symbol
der Hilfe, die sie ihrem Volk gewährt. Um
diese Hilfe flehen die Indianer, die auch heute noch Alltag und Religion als eine un-
trennbare Einheit ansehen.

Der Weg in eine bessere Zukunft

Obwohl der Stamm versucht, mit der Zivilisation Schritt zu halten und die von Wind
und Wetter gegerbten Felsmassive und Tafelberge, die steil absinkenden Canyons und
dicht bewaldeten Höhen auf dem Navaho-
Land als touristische Attraktion ersten Ranges auszuwerten, verzichtet er dafür nicht
auf seine überlieferten Sitten und Gebräuche, die heute noch tief verwurzelt sind. Er
vollführt einen regelrechten Balanceakt zwischen der Bindung an die Tradition und der
Suche nach einem Platz in der modernen
amerikanischen Gesellschaft. So kommt
dem Häuptling der Navahos als einem
Stammeschef der Neuzeit die Aufgabe zu,
seinen Leuten bessere Lebenschancen zu
geben und die dafür benötigte Sozialstruk-
tur zu schaffen. Als Zah die Häuptlings-

würde im November 1990 von Peter Mac-
Donald übernahm, wollte er vor allem den
Zusammenhalt der Nation mit der Förde-
rung der Traditionen stärken. Dabei sagte
er, die gelte es wieder mehr zu pflegen und
zu schätzen und die Jugend müsste mit ein-
bezogen werden. *»Zu unseren Festen brauchen wir keine Autos«*, meinte er, *»wir kommen zu Pferde.«* Aber auch für solche Treffen brauchen die Navahos Gemeinde-
zentren, die zum größten Teil erst noch gebaut werden müssen.

Wie in der Vergangenheit bilden die un-
versehrten Sippen den »Mörtel« der Na-
vaho-Gesellschaft, leben die Navahos im
Matriarchat, was mit sich bringt, dass den
Frauen alle materiellen Dinge gehören, sie
alles erben und die Kinder in den Clan der
Mutter geboren werden. Wie in alten Zeiten ist die Frau im Familienleben tonange-
bend; kümmern sich beide Elternteile um
die Erziehung der Kinder; behandeln speziell ausgebildete Medizinmänner die Kranken und Geistesgestörten. Die Stammes-
verbundenheit offenbart sich in der Tatsache, dass Indianer, die sich Wohlstand
erwirtschaftet haben, einen Teil ihres Reich-
tums Minderbemittelten zukommen lassen
– gemäß dem Navaho-Sprichwort: *»Ein
Mann, der mehr besitzt, als er braucht, gleicht
dem Besitzer eines Wasserlochs in der Wüste,
der niemanden trinken lassen will.«*

**Die Navaho-Nation ver-
sucht heute den goldenen
Mittelweg zu finden zwi-
schen der Bindung an die
Tradition und der Einglie-
derung in die moderne
amerikanische Gesell-
schaft**

Navaho-Jäger und ihre
Squaws, die sich in den
achtziger Jahren des
19. Jahrhunderts stolz
vor einem Bärenfell im
Reservat ablichten ließen

Die Pferdekrieger der Prärien

Mit dem Erwerb des Pferdes begann eine richtige Kulturrevolution bei den Prärie-Indianern, die auf den großen Ebenen Nordamerikas den Lebensstil der nomadisierenden Bisonjäger und Reiterkrieger entwickelten

Die trockenen Hochprärien, die sich über eine Entfernung von 3000 Kilometern von Alberta bis Texas erstrecken, im Westen durch die Rocky Mountains und im Osten durch die Woodlands begrenzt, waren der Lebensraum der indianischen Büffeljäger, die seit Jahrhunderten unter höchster Anstrengung dem Bison zu Fuß nachstellten. Ihre ganz auf Mobilität eingerichtete Materialkultur erhielt durch das Pferd eine einmalige Entwicklungschance. Im windgepeitschten Grasmeer der großen Ebenen Nordamerikas konnten sich die Indianer nunmehr dank des Mustangs mühelos über weite Strecken fortbewegen. Sie mauserten sich durch die neue Errungenschaft zu einer Büffel jagenden Überflussgesellschaft, der das Pferd ein Gefühl ungebundener und überlegener Freiheit vermittelte.

Die Comanchen, die besten Reiter der Prärie

Bevor die Weißen in die Neue Welt gelangten, standen die Comanchen auf der primitiven Kulturstufe von steinzeitlichen Sammlern und Jägern, deren Lebensweise mit der Verbreitung des Pferdes gänzlich umgestaltet wurde. Jetzt war es möglich, den Bison im großen Stil zu jagen

Im 16. Jahrhundert, als die Europäer gerade mit der Erschließung des amerikanischen Kontinents begannen, lebten oberhalb der Quellen des Arkansas, in den östlichen Rocky Mountains im heutigen Wyoming, steinzeitliche Jäger und Sammler, *»die nie einen Baum gefällt, nie ein Haus gebaut, nie Ackerbau betrieben hatten«* (T. R. Fehrenbach). Diese primitiven Indianer der uto-aztekischen Shoshonen-Sprachfamilie nannten sich selbst Nemene, was so viel wie Volk bedeutet. Bei den Cheyennes hießen sie Shishinohto-kit-ahn-ay-oh (Schlangenvolk), bei den Sioux Pahdoo-kah oder Padouca und bei den Utes Koh-mahts (Feinde; jene, die immer gegen uns sind), was die Spanier zu Comanchen umprägten.

Mit ihrer kleinen, dunklen und gedrungenen Gestalt hatten sie sich bis hin zum Körperbau den schwierigen Umweltbedingungen der Wyominger Bergwelt angepasst. Die Männer und Frauen, deren Durchschnittsgröße bei 1,60 Meter und 1,50 Meter lag, ernährten sich recht und schlecht von Kaninchen, Kriechtieren und kleinen Nagern und wussten auch im riesigen Pflanzenangebot Genießbares vom Schädlichen zu sondern. Allen erdenklichen Krankheiten schutzlos preisgegeben, hielten sie sich mit knapper Not am Leben und erreichten selten das Höchstalter von 40 Jahren.

Ein großer Wandel setzte in ihrem Leben ein, als sie auf den zähen, wendigen und an die Wüste gewöhnten Mustang der Spanier stießen. Durch die Entdeckung des Pferdes nahmen die Nemene an Zahl und Gefährlichkeit zu, wuchsen Macht und Mut des kleinen Volkes, das sich in zwei eigenständige Kulturgruppen aufsplitterte: die Shoshonen, die im Norden blieben, und die Comanchen, die nach Südwesten vordrangen.

Die Pferdekultur der Comanchen

Bereits vor 1700 war es ihnen gelungen, sich Pferde zuzulegen, mit denen sie südöstlich auf den Hochebenen von Colorado und Kansas ritten. Zunächst setzten sie in kleinen Trupps den Bisons nach und schlossen sich erst nach und nach zu größeren Verbänden zusammen. Die Pferde erleichterten ihnen die Büffeljagd und vergrößerten ihre Beweglichkeit im Krieg. Im Laufe der Jahre mauserten sie sich zu den besten Reitern der gesamten Prärie, lernten die tollkühnsten Kunststücke und eigneten sich sagenhafte Pferdebestände an. Ein einfacher Krieger nannte oft bis zu 250 Pferde sein Eigen, während ein Häuptling es auf über 1000 bringen konnte.

Laut T. R. Fehrenbach übernahmen die Comanchen *»die Pferdekultur fast unverändert von den Spaniern: Zügel, Sättel, Lan-* *zen, das Aufsitzen von rechts, wie die Spanier es von den Mauren gelernt hatten. Für das Kriegszaumzeug fertigten sie Zügel aus Pferdeleder oder -haar, die halb über das Maul gezogen wurden. Der Sattel bestand aus einem Polster mit kurzen Steigbügelriemen und wog etwa drei Pfund … Infolge des leichten Geschirrs und des geringen Gewichts von Reiter und Pferd rannten die Mustangs den europäischen Kavalleriepferden davon, insbesondere auf kurzen Strecken. Die einzige Neuerung, die die Comanchen einführten, war die Schlinge um den Hals des Pferdes, die es dem Reiter ermöglichte, sich zum Schutz vor Pfeilen und Kugeln seitwärts neben das Tier zu hängen.«*

Wie über die Pawnees und Utes im Osten und Westen, fielen die kriegerischen Comanchen auch über die Apachen her und raubten deren Pferde, sobald sie südlich des Arkansas mit diesem Stamm in Berührung

Pferdekrieger der Prärien auf der Pirsch. »The Ambusch«, Gemälde von Charles Russell, Öl auf Leinwand; Montana Historical Society, Helena, MT, USA

Das Pferd vergrößerte auch den kriegerischen Aktionsradius der Comanchen, sodass diese tollkühne Raubzüge in weit entfernte Landstriche unternehmen konnten

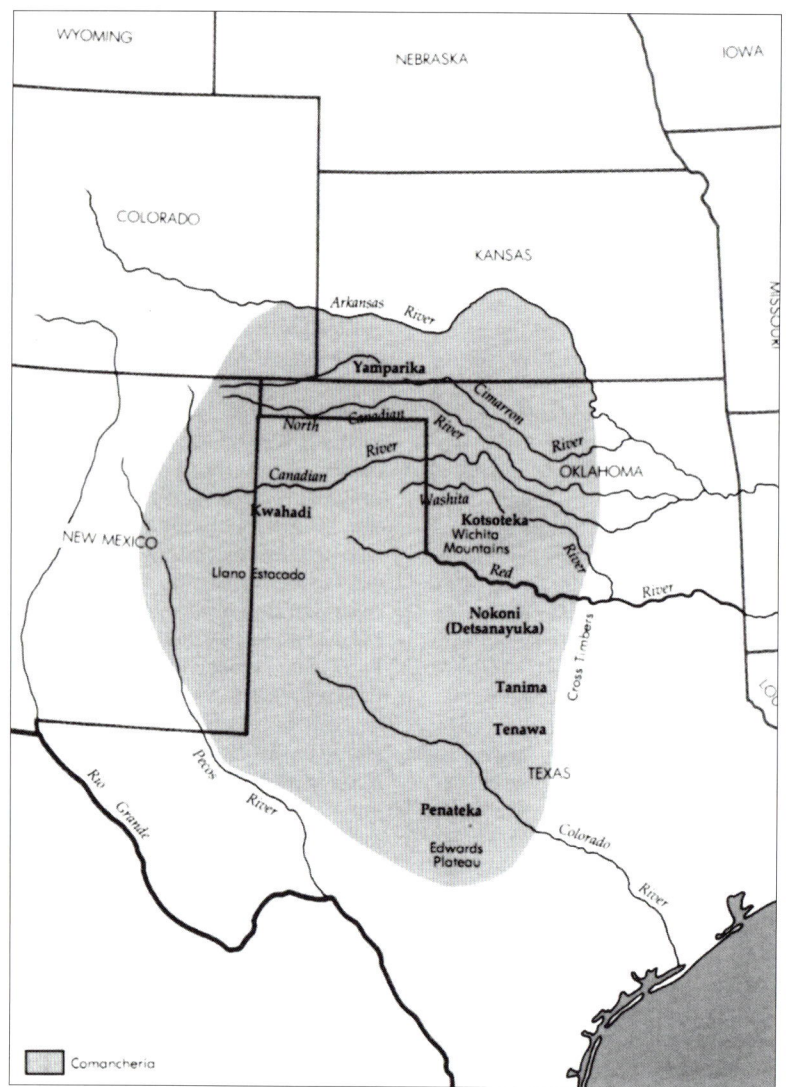

Die Herren der Prärie

Ein überschwängliches Gefühl von Macht, Stolz und Überlegenheit packte die kleinen, krummbeinigen und ein wenig fülligen Krieger im Sattel ihrer zu äußerster Zuverlässigkeit erzogenen Reittiere, die auf den leichtesten Schenkeldruck reagierten und ihre Herren im Krieg und bei der Jagd nie im Stich ließen. Als Kriegsputz verwandten sie nicht den bei den anderen Präriestämmen üblichen Federschmuck, sondern setzten sich Schlachthauben aus Bisonskalpen auf, aus denen die gefährlichen Hörner des Büffelbullen grausig und eindrucksvoll hervorragten. Ihre aus festester Bisonhaut selbst hergestellten Schilde boten wirksamen Schutz gegen Lanzen, Pfeile und sogar gegen in Entfernungen von über 50 Metern abgefeuerte Kugeln. Schwarze Streifen, die über Gesicht und Stirn verliefen, machten ihre Kriegsbemalung aus und verliehen ihnen ein Furcht erregendes Aussehen.

Tapferkeit wurde bei ihnen groß geschrieben; trotzdem vermieden sie den offenen Kampf, weil sie sich keine unnötigen Kriegstoten leisten konnten. In ihrem praktischen Kriegsdenken waren sie zur Einsicht gekommen, es sei besser, gefahrlos zu töten, als unnütz das eigene Leben zu riskieren. Sie kämpften nicht zu Fuß, sondern nur vom Pferderücken aus, wobei sie beachtliche Reitertaktiken entwickelten. Beim Angriff sprengten sie als lockere, im Zickzack galoppierende Gruppe heran und umkreisten ihre Gegner, die den treffsicheren und gefährlichen Bogenschützen zum Opfer fielen. Wurden sie selbst angegriffen, splitterten sie sich blitzschnell auf und stellten sich dem Feind als Einzelkämpfer. Dabei verpufften die Attacken der engen Kavallerieformationen spanischer Lanzenreiter oder amerikanischer Dragoner in der weiten Prärie.

Die Comanchen waren richtig kriegsbesessen, nicht etwa weil sie Hunger litten und bei roten wie weißen Nachbarn lebensnotwendige Güter stehlen mussten. Sie führten ununterbrochen Krieg, weil kühne Raub-

Das Gebiet der Comanchen

Mit dem Mustang wuchsen Mut und Macht, setzte der große Wandel im Leben der Comanchen ein

kamen. Um 1725 hatten sie den Apachen, die gegenüber den wespenartigen Überfällen der Comanchen wehrlos waren, derart zugesetzt, dass sie das halbbäuerliche Volk in unwirtliche Gebiete abdrängen und von dessen Land Besitz ergreifen konnten.

Die »Apachería«, wie die Spanier die Hochebenen im Osten der südlichen Rocky Mountains getauft hatten, wandelte sich zur »Comanchería«, zu den Jagdgründen der Comanchen. Diese erstreckten sich von der spanischen Grenze bis zum Arkansas und maßen von Nord nach Süd etwa 1000 und von Ost nach West über 600 Kilometer.

züge ihrem Männerideal entsprachen. Dank des Büffelreichtums der südlichen Bisongründe, die sie vollkommen unter Kontrolle hatten, schwelgten sie in vorher nie erlebtem Wohlstand. In ihren Tipis, die sie eigentlich nur im Winter aufstellten, gab es immer Fleisch im Überfluss.

Seit dem 18. Jahrhundert verunsicherten fünf Hauptbanden der Comanchen ein riesiges Gebiet von etwa 620 000 Quadratkilometern. Sie operierten meistens in Texas, aber auch in den angrenzenden Regionen, den späteren Staaten Kansas, Colorado, New Mexico und Oklahoma. Ohne Pause vermochten ihre Krieger 100 Meilen weit zu reiten. Die bedeutendsten Gruppen hießen Penateka (Honigesser), Nokoni (Jene, die zurückschlagen), Kotsoteka (Büffelesser), Yamparika (Kümmelwurzelesser) und Kwahari (Antilopen) oder Kwahadi (Sonnenschatten auf dem Rücken – weil sie aus Bisonhäuten Sonnenschirme machten). Jede dieser blutrünstigen Banden konnte mindestens 500 Krieger stellen, deren Stoßtrupps mordend und plündernd bis tief nach Mexiko eindrangen, wie Hornissen ausschwärmten und sogar für die nachfolgenden Horden Landkarten in den Sand zeichneten.

Die Comanchen-Barriere

Brutal zerschmetterten die Comanchen die Herrschaftsansprüche der Spanier über Nordamerika. Auch dem Vordringen der Franzosen in südwestlicher Richtung standen sie im Wege. Um fast sechs Jahrzehnte verzögerten sie die Erschließung des Kontinents durch die Angloamerikaner. Da, wo nach Menschenfleisch riechender Qualm aus verkohlten Gebäuden gegen Himmel stieg, wo Geier über zerstörten Missionen und über verwüsteten Forts und Dörfern kreisten, wo zehntausende Stück Vieh abgetrieben und Frauen und Kinder verschleppt wurden, befand sich ein unsichtbarer Schlagbaum, an dem sich die Weißen den Kopf blutig schlugen. Diese Schranke

nennt T. R. Fehrenbach die Comanchen-Barriere. *»Sie war auf keiner Karte eingezeichnet und ließ sich nicht einmal annähernd bestimmen. Die Comanchen-Barriere – das waren Rauchwölkchen am Horizont; das waren Reiter, die plötzlich auf den Hügelrücken auftauchten; das waren Schüsse und Schreie bei Sonnenuntergang, das war Schrecken unter dem Sommermond. Die Comanchen-Barriere war der Tod, der allen Weißen drohte, die sich in dieses unermeßliche Land vorwagten.«*

Als die US-Kavallerie nach langem Zögern endlich begriff, dass die Comanchen während der herbstlichen Jagdsaison in ihrem eigenen Hinterland am leichtesten verwundbar waren, neigte sich die Glanzzeit der indianischen Herren der südlichen Büffelweiden einem schnellen Ende entgegen. Dem Druck der amerikanischen Truppen widerstand Quanah Parker, der letzte große Anführer der Kwahadi und erste Oberhäuptling aller Comanchen, am besten und am längsten. Als die Blauröcke sein Lager im Palo Duro Canyon, einer versteckten Schlucht, aufspürten, sämtliche Tipis und Vorräte verbrannten und über 1000 Pferde gnadenlos erschossen (27. September 1874), waren Quanah und die Comanchen so vernichtend getroffen worden, als hätte man sie zusammen mit ihren Mustangs getötet. Obwohl sie sich immer tiefer ins Llano Estacado, eine öde Wüstengegend, zurückzogen, konnten sie sich nicht mehr lange behaupten. Die Unmenge vermodernder Büffelknochen auf den Plains verrieten den Indianern, dass weiße Jäger die Bisonprärien in ein riesiges Schlachthaus verwandelt hatten. Im Juni 1875 gab Quanah seinen ungleichen Kampf auf und zog das Reservat einem quälenden, langsamen Hungertod vor.

Noch heute ehren die Comanchen ihren großen Anführer Quanah Parker als geliebte Vaterfigur zum Sommeranfang während ihres alljährlichen zeremoniellen Powwows im Coliseum der texanischen Stadt Fort Worth, wo nicht nur Mitglieder des Stammes, sondern auch Einheimische und Tou-

Die neu gewonnene Bewegungsfreiheit gab den Comanchen im Sattel ein überschwängliches Gefühl von Macht, Stolz und Überlegenheit. Sie waren zu einer mächtigen Barriere geworden, die lange Zeit dem Vordringen der Europäer auf den Plains im Wege stand

Ein Comanchen-Kind in
einem wunderschön
verzierten Wiegenbrett
(Foto: Joseph L. Bates)

**Die Comanchen sind heute
auf der Suche nach ihrer
verlorenen ethnischen
Identität, die sie in der
Tradition der Powwows
wieder zu finden hoffen**

risten zusammenströmen. Powwows heißen die traditionellen Tanztreffen der nordamerikanischen Indianer. Das Wort Powwow stammt ursprünglich aus der Sprache der Algonkins und bedeutet so viel wie »er träumt«. Später wurde es die Bezeichnung für Stammestreffen, Ratsrunden und öffentliche Kundgebungen. Und noch später kamen das Gebet, die Musik, der Tanz und die Feier hinzu. Das Wort Powwow wird übrigens als Substantiv wie auch als Verb verwendet.

Die Powwows der Vergangenheit fanden meist im Frühling statt, um den Beginn neuen Lebens in der Natur zu zelebrieren. Mit den rituellen Tänzen verehrten die Indianer den Großen Geist, der Ursprung und Quelle jeder Kraft war und alle Geschöpfe und Gegenstände, lebende wie tote, »beseelte«. Der Kreis war das geometrische Symbol der Powwows. In der Tat saßen die Musiker in einem inneren Kreis, darum herum bewegten sich die Tänzer und um diese scharte sich der Rest des Stammes.

Neben den Comanchen haben sich noch viele andere Stämme bis heute die Tradition dieser Feiern bewahrt. Ihre Auftritte vor einem allgemeinen Publikum sind daher die Gelegenheit für Amerikaner, die alten indianischen Rituale hautnah zu erleben.

Das Quanah Parker Comanche Powwow in Fort Worth wird heute wie viele andere vergleichbare Veranstaltungen in Form von Tanzwettbewerben abgehalten. Dabei haben die verschiedenen Altersgruppen, Kinder und Erwachsene, Männer und Frauen, ihre eigenen Auftritte. Es werden Tanz und Kostüm bewertet, und den Gewinnern winken Geldpreise. Die Tanzvorführungen, die sich über viele Stunden hinziehen, bieten oft ein atemberaubendes Bild. Die bunten Kos-

tüme sind mit großer Sorgfalt handgearbeitet. Man sieht Federn aller Art und Perlen, Lederkleidung, Kopfschmuck und Mokassins, Schilde und Lanzen. Manche Teilnehmer tragen Gesichtsbemalung und symbolische Zeichen auf der nackten Haut.

Doch nicht nur die spektakulären, schnellen Tanzwettbewerbe mit den Auftritten einzelner Tanzensembles sind eindrucksvoll, sondern auch die Ceremonial Dances. Bei diesen Gruppentänzen sind alle anwesenden Indianer zur Teilnahme aufgerufen. In der Mitte der Halle sitzen ein Dutzend älterer Indianer im Kreis auf der festgestampften Erde. Sie schlagen mit Holzstöcken auf mächtige Trommeln ein. Zum dumpfen Dröhnen dieser Instrumente gesellt sich der kehlige, klagende Gesang der Männer. Durch große Glasfenster in der Decke fallen Bündel von Sonnenlicht in die Halle. Sie erleuchten gespenstisch die schrill-bunten Kostüme der indianischen Tänzer, die um die Musikgruppe herumwirbeln. Die Mehrzahl der Teilnehmer bewegt sich hingegen langsam im Kreis um die Mitte herum, sich wiegend und mit den Füßen rhythmisch auf den Boden stampfend. Die Gesänge sind übrigens die alten, überlieferten Lieder der Comanchen: Weisen über Krieg, Jagd, Ernte, Freude und Trauer.

Auch bei den heutigen Comanchen können sich die einheimischen Amerikaner und Touristen, wenn sie Glück haben, sogar unter die bunten Tänzer mischen, was allein vom Chief des Powwows abhängt, dem es freisteht, die Gäste zum Mitmachen einzuladen.

Die meisten Comanchen, die in Fort Worth alljährlich die rituellen Tänze am Leben halten, kommen aus dem Hauptreservat des Stammes, das sich im Südwesten des Bundesstaates Oklahoma befindet, wo sie hauptsächlich von den Erträgen der Landwirtschaft leben. Die etwa 10 000 Nachkommen des einzigen echten indianischen Reitervolkes sind heute bestrebt, ihre ethnische Identität, derer sie weitgehend beraubt wurden, wiederzuerlangen.

Quanah Parker: vom Kriegshäuptling zum Politiker und Finanzfachmann *1847 bis 22.2.1911*

»*Ein hochgewachsener, mächtig gebauter Häuptling auf einem pechschwarzen Ponyrennpferd führte die Bande an. Mit seinen Absätzen, die nervös die Flanken des Tieres bearbeiteten, und mit seinem angelegten sechsschüssigen Revolver wirkte er wie die Verkörperung eines wilden, brutalen Fanatismus. Sein Gesicht hatte er mit schwarzer Kriegsfarbe beschmiert, was seinen Zügen ein satanisches Aussehen gab. Ein großer, grausamer Mund verstärkte noch diesen wilden Eindruck. Glöckchen klingelten, als er so dahergestürmt kam, gefolgt von den führenden Kriegern, die darauf brannten, ihn bei diesem Rennen zu überholen.*«

Der Häuptlingssohn mit den blauen Augen

Diese Beschreibung eines Teufels zu Pferd von Captain Robert Carter der US-Kavallerie galt dem berühmt-berüchtigten Comanchen-Häuptling Quanah, der ein Halbblut war. Die Bleichgesichter nannten ihn Quanah Parker nach seiner weißen Mutter Cynthia Ann Parker. Sein Vater Peta Nocona, ein junger Kriegshäuptling der Nokoni-Comanchen, hatte Cynthia Ann 1836, als sie erst neun Jahre alt war, verschleppt. Das blauäugige blonde Mädchen gewöhnte sich schnell an die indianische Lebensweise und wurde, noch nicht zwanzigjährig, die Frau ihres Entführers. Um 1847 gebar die weiße Indianerin Quanah oder Sweet Odor (Süßer Duft) einen Sohn, der es mit wenig mehr als 20 Jahren zum Kriegshäuptling bringen und sich später zum größten Comanchen-Anführer aller Zeiten mausern sollte.

Der Häuptlingssohn mit den blauen Augen unterschied sich nicht von den anderen Comanchen-Jungen. Wie diese wurde er auf dem Rücken der Pferde groß und stark. Knapp fünfzehnjährig, nahm er zum ersten Mal an einem Raubzug teil. Er wuchs zu einer Zeit zum Mann heran, als die Angloamerikaner erkannten, dass nur mit Überraschungsangriffen auf Comanchen-Lager den kriegslüsternen Rothäuten beizukommen war. Als am 17. Dezember 1860 der Texas-Ranger Captain Lawrence Sullivan Ross mit 60 Mann Peta Noconas Dorf im Getöse und Dunst eines heulenden Nordsturmes angriff, fiel Quanahs Vater. Quanah selbst konnte dem Gemetzel entkommen, seine Mutter aber geriet in Gefangenschaft. Gegen ihren Willen musste sie fortan im Hause ihres alten Onkels Isaac Parker wie eine Gefangene ein kümmerliches Dasein fristen. Als 1864 ihre kleine Tochter Prairie Flower (Prärieblume), die mit ihr den Überfall überlebt hatte, erkrankte und starb, wurde ihr der letzte Rückhalt genommen. Wie eine Squaw trauerte sie um ihre kleine Tochter und hungerte sich zu Tode. Obwohl Quanah mit allen ihm zur Verfügung stehenden Mitteln versuchte, etwas über den Aufenthaltsort seiner Mutter in Erfahrung zu bringen, war es ihm nicht mehr vergönnt, sie und seine kleine Schwester in die Arme zu schließen.

Quanah Parker (1847 bis 22.2.1911), der erste Oberhäuptling aller Comanchen, war der Sohn des Kriegshäuptlings Peta Nocona und der weißen Gefangenen Cynthia Ann Parker. Obwohl er jahrzehntelang das Vordringen der Weißen aufhielt, musste er 1874 aufstecken. Den Comanchen riet er, sich der weißen Lebensweise anzupassen (Arizona Historical Society)

Isatai, auf diesem Familien-
foto im Vordergrund, ließ
als Medizinmann der
Comanchen aufhorchen,
als er behauptete, eine
Vision habe ihm das
Wissen vermittelt, wie
man kugelsichere Körper-
farbe herstellen könne

dem Hinterhalt an und raubten bei jeder
günstigen Gelegenheit die Pferde der Kavalleristen.

Obwohl der Kommandeur des 4. Kavallerie-Regiments, Colonel Ranald Slidell
Mackenzie, auch 1872 und 1873 die
Kwahadi nicht zur Ruhe kommen ließ und
fortwährend durch ihre Jagdgründe patrouil-
lierte, war die gerissenste Bande der Comanchen noch lange nicht eingeschüchtert.

Von Entsetzen gepackt

Als im Frühjahr 1874 indianische Späher anstatt der erhofften Büffelherden nur große
Mengen verwesender Bisonkadaver und ge-
bleichter Knochen entdeckten, wurden die
Kwahadi von Entsetzen gepackt, denn mit
der Ausrottung der Bisons begann auch ihre eigene Bedrohung und Vernichtung. Im
Hungerfrühling des Jahres 1874 betätigte
sich der junge Medizinmann Isatai (Coyote
Droppings – Kojotendreck) als Heilsbringer
der Comanchen, der seinem Stamm ein goldenes Zeitalter versprach und zum unerbittlichen Kampf gegen die Weißen aufrief.
Dank seiner großen Zauberkräfte, so prahlte er, könne er Tote wieder erwecken und
ganze Wagenladungen Munition aus seinem
Bauch herausrülpsen. Quanah ließ Isatai sich
in die Rolle des Propheten hineinsteigern,
weil der überschwängliche Glaube der Comanchen an dessen Medizin sie zuversicht-
lich stimmte und ihren Kampfesmut stärkte.

Die über 700 Kämpfer zählende Truppe
pirschte sich am 27. Juni 1874 kurz vor Sonnenaufgang an den ehemaligen Handels-
posten Bents bei Adobe Walls heran, wo sie
über die verhassten Bisonschlächter herfallen wollte. 28 weiße Jäger und eine weiße
Frau vermochten aber mit ihren treffsicheren und weit reichenden Sharps-Büffelge-
wehren den Ansturm der Comanchen und
der mit ihnen verbündeten Kiowas zu brechen. Quanah selbst musste hinter einen
halbverwesten Büffelkadaver in Deckung
kriechen, als sein Pferd durch einen Ein-
schuss aus den neuen Präzisionsbüchsen un-

Des Kriegshäuptlings gerissene Taktik

Nach dem Tod seines Vaters und dem Verlust seiner Mutter hielt ihn nichts mehr bei
den Nokoni, und er schloss sich den mächtigen Kwahadi an, die im entlegenen und
gefährlichen Llano Estacado, einem unwirtlichen Wüstengebiet, lebten und von
dort aus ihre ausgedehnten Beutezüge nach
Texas und Mexiko unternahmen. Er verdiente sich seine Lorbeeren als Kriegshäuptling, indem er die US-Kavallerie, die
1871 den Comanchen auf ihrem angestammten Boden begegnen wollte, glän-
zend in Schach hielt. Weil seine nach allen
Richtungen ausschwärmenden Krieger sich
nie als gebündeltes Ziel anboten, erwies sich
jedes massierte Gewehrfeuer als wirkungs-
los. Quanahs Kämpfer umschlichen ständig
den Heerzug, griffen dann und wann aus

ter ihm zu Boden stürzte. Als einer der geübten weißen Scharfschützen einen Indianer aus einer Entfernung von mehr als einem Kilometer aus dem Sattel schoss, verflog der Glaube an Isatais magische Kräfte und die erzürnten Rothäute mussten unverrichteter Dinge wieder abziehen.

Vom Hunger bezwungen

Auf diese peinliche und schockartige Niederlage folgte aber noch am 27. September desselben Jahres viel größeres Unheil. Colonel Mackenzie setzte sich erneut in Marsch und hatte eine wahre Glückssträhne. Im Palo Duro Canyon, einer tiefen, schwer zugänglichen Schlucht, ortete er Quanahs Lager. Obwohl sich die meisten Indianer dem Zugriff der Kavallerie entziehen konnten, waren sie trotzdem vernichtend getroffen. Sämtliche Pferde, Zelte und Vorräte der Comanchen fielen in die Hände der Angreifer. Quanahs Hoffnungen auf einen sorglosen Winter waren jäh zerschlagen. Als Mackenzie den Befehl gab, die über 1000 Tiere zählende Pferdeherde zu erschießen, war es um die Rothäute geschehen. Ohne Mustangs hatten sie keine Überlebenschance mehr. Am 2. Juni 1875 kapitulierte Quanah mit den letzten streitbaren Comanchen, die vom Hunger geplagt ins Reservat einzogen.

Verantwortungsbewusst und weltoffen

In seinem »zweiten Leben« als friedlicher Reservatsindianer gab Quanah sich als tatkräftiger, einfallsreicher und verantwortungsbewusster Führer seines Volkes. Er begann eine viel versprechende Karriere als Politiker und Finanzmann. Viehzüchter, die ihre Rinderherden durchs Land der Indianer trieben, entrichteten ihm einen Wegzoll von einem Dollar pro Tier. Auch verpachtete er Weideland an die texanischen Viehbarone und eröffnete seinem Stamm damit eine neue Einnahmequel-

le. 1886 wurde er Richter im Reservat, 1902 Deputy Sheriff von Lawton, einer Stadt in der Nähe von Fort Sill, und 1908 Vorsitzender des lokalen Schuldistrikts. Seine vielen öffentlichen Ämter machten ihn zum Sprecher aller Comanchen, deren Interessen er unentwegt verteidigte. Er besuchte die Familie seiner verstorbenen Mutter in Texas und reiste auch mehrmals nach Washington, wo er als Gast der verschiedenen Präsidenten im Weißen Haus empfangen wurde.

Quanah blieb dem Glauben der Kwahadi treu, auch wenn er den Mitgliedern seines Stammes erklärte: »*Der Weg, den Jesus ging, ist ein guter Weg.*« In seiner Weltoffenheit hatte er nichts dagegen einzuwenden, dass eines seiner 25 Kinder, sein Sohn White Parker, die Laufbahn eines Methodistenpfarrers einschlug.

In seinem langen Leben hatte er insgesamt acht Frauen. Als er einmal mit fünf gleichzeitig verheiratet war, befahl ihm ein weißer Beamter, nur eine Frau zurückzubehalten und die anderen wegzuschicken. Quanah war um keine Antwort verlegen. Gewitzt erwiderte er: »*Das sagen Sie ihnen.*«

Als eine auf halbem Wege zwischen dem Red und dem Pease River neu gegründete Stadt mit seinem Namen bedacht wurde, rief er den versammelten Siedlern in einer Dankesrede zu: »*Möge der Große Geist auf eure Stadt stets herablächeln. Möge der Regen stets zur richtigen Zeit fallen. Möge der Boden ertragreich für euch sein. Mögen Friede und Zufriedenheit unter euch und euren Kindern weilen.*«

Als wohlhabendster Indianer Amerikas starb er am 22. Februar 1911 an den Folgen einer Lungenentzündung. Bezeichnend ist, dass er noch kurz vor seinem Ableben am alten Brauchtum seines Stammes festhielt und den Medizinmann an sein Todeslager rief. Wenn er auch als Oberhäuptling der Comanchen manchen zweckmäßigen Kompromiss mit den Weißen eingegangen war, so war er doch nie den Bleichgesichtern hörig gewesen. Obwohl das Blut beider Rassen in seinen Adern floss, verschied er als Indianer und nicht als Weißer.

Aufgrund seiner kriegerischen Fähigkeiten brachte Quanah Parker es zum Kriegshäuptling seines Volkes, der seine Kämpfer zu erfolgreichen Raubzügen und Überfällen gegen die weißen Siedler und Büffeljäger animierte

Als Quanah Parker sich 1875 nach dem Debakel im Palo Duro Canyon ergab, fand er sich in seinem »zweiten Leben« als Reservatsindianer so gut zurecht, dass er als wohlhabendster roter Mann Amerikas 1911 das Zeitliche segnete

Die Kiowas, die gefährlichsten Indianer der südwestlichen Plains

D er kleine Stamm der Kiowas kam wahrscheinlich aus dem Quellgebiet des Missouri und dem Oberlauf des Yellowstone River. Im 17. Jahrhundert tauschte er seine festen Siedlungen und seine bäuerliche Lebensweise gegen die Bisonjagd und die Pferdezucht. Unter dem starken Druck der Sioux mussten die Kiowas gegen 1780 die Black Hills räumen und auf den Spuren der Comanchen gegen Süden reiten. Um diese Zeit erschienen sie zum ersten Mal zwischen dem North Platte und dem Arkansas. Weil sie so wanderungsfreudig und kriegerisch waren, überlebten sie alle Angriffe ihrer gefährlichen Nachbarn. In der Tat zogen sie zu schnell weiter, um aufgerieben zu werden. Am Arkansas kam es zu ersten Reibereien mit den blutrünstigen Comanchen, die ungefähr zehnmal so zahlreich waren. Auf Bestreben der Comancheros, jener Mexikanermischlinge, die mit den Indianern einen einträglichen Waffen- und Viehhandel betrieben, wurde eine dauerhafte Waffenruhe zwischen beiden Völkern vereinbart, die sich schnell zu einem festen Bündnis erhärtete.

Der berittene Kiowa hat zweifach zugeschlagen: Den Ute-Krieger hat er vom Pferd geworfen und dessen Pony mitgenommen. Dass der Ute-Indianer nicht tot ist, ergibt sich aus der Tatsache, dass kein Blut aus seinem Mund fließt

Das Musterbeispiel einer Reiternation

Laut T. R. Fehrenbach waren es die Comanchen, die »die Kiowas in die Freuden der Raubzüge nach Mexiko einweihten«: »Die Kiowas unternahmen bald von allen Plainsvölkern die ausgedehntesten Raubzüg ... und drangen tiefer in das Land ein als jemals die Comanchen. Kiowas ritten bis nach Durango und darüber hinaus, wo sie gewöhnlich mit Comanchen verwechselt wurden. Eine Gruppe von Kriegern unternahm einen fast unglaublichen Zug bis an die Grenzen Guatemalas und Yucatans, von wo sie mit Geschichten über seltsame Tiere in Bäumen, über Vögel mit bunt schimmerndem Gefieder, über Affen und Papageien zurückkehrten. Die Kiowas entwickelten sich in kurzer Zeit zu den gefährlichsten Indianern der südwestlichen Plains. Pro Kopf gerechnet, töteten sie mehr Angloamerikaner an der Grenze zwischen Kansas und Texas als die Comanchen.«*

George Catlin, der bekannte Indianermaler, beschrieb die sich durch ihre Reitkünste und ihren Kampfgeist auszeichnenden Kiowas: »Sie sehen edler aus als die Comanchen oder Pawnees. Sie sind groß, schlank, aufrecht und tragen das Haar lang, manchmal bis auf den Boden. Sie haben ein geradezu klassisch-römisches Profil.«

Obwohl diese Reiternation sich äußerlich kaum von den Comanchen unterschied, deren Kleidung, Waffen, Unterkünfte, Jagd- und Kriegsstil sie einfach übernommen hatte, gab es trotzdem tiefe Gegensätzlichkeiten. Die Comanchen lebten gemäß dem Sprichwort »Der Tapferere stirbt jung«, womit sie eine geringschätzige Einstellung zum hohen Alter bekundeten, wohingegen die Kiowas den Alten und Betagten Ehrenplätze am Feuer zuwiesen. Im Gegensatz zu den Comanchen, die sehr oft geraubte Frauen in ihre Tipis führten, heirateten die Kiowas ausschließlich Stammesangehörige. War für sie der Sonnentanz ein feierliches Ereignis, dem alle zwölf Kreise des Stammes jedes Jahr beiwohnten, so

zeigten die Comanchen kein Interesse für diese Praktiken der Selbstmarterung, wie sie die nördlichen Stämme kannten. Nicht einmal im Traum wäre es ihnen eingefallen, sich mit Riemen durch das Fleisch an den Brustmuskeln aufzuhängen oder bis zur völligen Erschöpfung zu tanzen.

Die Kiowas (Erste oder Erstes Volk), das Musterbeispiel einer nomadischen, räuberischen Kultur, verfügten seltsamerweise über eine unter den berittenen Indianern einmalige begriffliche Vielfalt in ihrer uto-aztekischen Sprache. Neben dieser Besonderheit gab es noch eine zweite: Zu ihrem Stamm zählten sie eine merkwürdige Gruppe, die in allem außer der Sprache zu den Kiowas passte. Weil dieser besondere Ableger Apache sprach, nannten die Angloamerikaner dessen Angehörige Kiowa-Apachen.

Dohasan, der Einiger

Wenn das junge Gras spross und die lauen Sommermonde nahten, wurden die Männer vom Kriegsfieber erfasst und halfen den Comanchen, weite Teile Nordamerikas in Schutt und Asche zu legen. Um den Kiowas eine Lektion zu erteilen, unternahm Oberst Kit Carson mit über 300 Soldaten einen ausgedehnten Winterfeldzug gegen die aufsässige Nation und überfiel bei Nacht und Nebel am 24. November 1864 ein Camp von Kiowa-Apachen bei Adobe Walls am Canadian River. Zum Glück der Indianer befand sich Dohasan (Little Mountain – Kleiner Berg), der Oberhäuptling aller Kiowas, besuchsweise im Lager. Mit großer Tapferkeit brachte er den Angriff der Weißen ins Stocken. Aus weiter flussabwärts gelegenen Comanchen- und Kiowa-Zelten eilten über 1000 Krieger dem bedrängten Häuptling zu Hilfe und umzingelten Carsons Heersäule. Nur durch die Kartätschen ihrer zwei Zwölf-Pfünder-Berghaubitzen konnten die Blauröcke sich die Indianer vom Leibe halten. Hätte Kit Carson sein Kommando nicht ganz vorsichtig heil aus der Klemme herausmanövriert, hätte ihn wahrscheinlich das Schicksal Custers am Little Big Horn ereilt.

Als der weise Sachem Dohasan, der den Stamm geschickt zusammengehalten hatte, 1866 das Zeitliche segnete, zerfiel die Einheit der Reiternation, die sich in mehrere Gruppen aufsplitterte. Lone Wolf (Einsamer Wolf), ein unversöhnlicher Feind der Amerikaner und gelegentlich auch Regenmacher seines Stammes, Kicking Bird (auch: Striking Eagle – Schlagender Adler), der friedfertigste und unkriegerischste aller Kiowa-Chiefs, Big Tree (Mächtiger Baum), der Anführer zahlreicher Überfälle in Texas, Satank (Sitting Bear – Sitzender Bär), ein großer Kriegshäuptling mit legendärem Mut, und Satanta (White Bear – Weißer Bär), ein tollkühner Kämpfer und sprachgewandter Redner, beanspruchten Dohasans Nachfolge und schwächten durch ihre Uneinigkeit die Schlagkraft des Stammes.

Der Untergang der Kiowas

Auch wenn die meisten Kiowa-Anführer 1867 den Friedensvertrag von Medicine Lodge Creek unterzeichneten und sich verpflichteten, in ein ihnen zugewiesenes Reservat zu ziehen, waren damit die Spannungen in den Indianerdörfern noch lange nicht beseitigt. Die Friedenspartei begann nach und nach ihren Einfluss einzubüßen, und die rebellischen Fürsprecher des Krieges setzten ihren Standpunkt durch. Weil die Kriegshäuptlinge es aber zu bunt trieben und gelegentlich ins Reservat ritten, um sich dort in aller Öffentlichkeit ihrer Überfälle zu brüsten, wurden sie kurzerhand verhaftet, unter Mordanklage gestellt und ins Staatsgefängnis von Huntsville im östlichen Texas eingeliefert. Nach dem misslungenen Comanchen-Angriff auf die Büffeljäger bei Adobe Walls (27. Juni 1874), an dem auch die Kiowas mitgewirkt hatten, ging es schnell mit ihnen bergab. Es kam die Zeit der heftigen Scharmützel und der Flucht vor den blauröckigen Häschern von General Miles. 1875 gaben die Kiowas endgültig auf.

Christopher »Kit« Carson (Henry H. Gross)

Die Kiowas erwiesen sich um die Mitte des 19. Jahrhunderts als typische Vertreter der Büffeljäger-Kultur, die von Bisonjagd, Pferdefang und Pferdehandel lebten

Oben: Lone Wolf, ein unversöhnlicher Gegner der Amerikaner

Unten: Dohasan, der Oberhäuptling aller Kiowas, wurde 1834 von George Catlin in einer Pose gelassener Selbstsicherheit gemalt, als er sich in einem Comanchen-Dorf aufhielt. Er leitete die Geschicke seines Volkes als oberster Anführer von 1833 bis zu seinem Ableben im Jahr 1866

Das freie Reitervolk, das für die grausamsten Foltermethoden auf den gesamten Plains berüchtigt war, musste sich mit dem Reservatsdasein abfinden und seinen stolzen Rücken vor dem weißen Mann beugen.

Das typische Reservatsdasein eines Kiowa von heute

Wie verläuft denn das Leben eines heutigen Kiowa im Reservat, das sich im Südwesten des US-Bundesstaates Oklahoma befindet, wo auch die Nachfahren der selbstbewussten Comanchen ansässig wurden?

Unser typischer indianischer Amerikaner heißt Philip Bread und arbeitet für die Regierung von Oklahoma. Er ist verheiratet, Vater zweier Töchter und wohnt in einem Einfamilienhaus, das amerikanischer nicht aussehen könnte. Außerhalb seines Hauses wird man nur einen einzigen Hinweis darauf finden, dass Philip Bread mehr als ein »typisch amerikanischer« Familienvater ist: Als Namensschild ist an seiner Haustür eine Comicfigur aus Holz angebracht, ein kleiner indianischer Häuptling.

Dass Philip Bread zum Stamm der Kiowas gehört, zeigt sein Autoschild an. Auch hat er einen indianischen Namen: »Kaul-le«, was übersetzt soviel wie »Schnaubender Elch« heißt. Im Gegensatz zu vielen anderen Indianern in den USA sieht man Philip seine Abstammung an der Hautfarbe und den langen, schwarzen Haaren noch an.

Der Vierzigjährige ist beim Handelsministerium von Oklahoma als »Vermittler«

zwischen der Regierung und den 36 Indianerstämmen des Bundesstaates tätig. Ziel sei es, die wirtschaftliche Entwicklung der Stämme voranzutreiben und die Beziehungen zu ihnen als Geschäftspartner auszubauen, erläutert Philip. »Andererseits«, schmunzelt er, »versuche ich gleichzeitig auch, die Regierung zu erziehen.« Es sei unverständlich, welche Vorstellungen von Indianern es in der amerikanischen Gesellschaft zuweilen noch gebe: »Viele glauben wirklich, wir leben immer noch in kleinen Indianerzelten, kochen im Freien, trinken den ganzen Tag über nur Alkohol und zahlen keine Steuern.«

Solche Gedankengänge, die er noch nicht einmal als Vorurteile bezeichnen wolle, entstünden durch Indianerfilme und Bücher von Weißen. Bread selbst hat Kevin Costner bei den Dreharbeiten zum oscarprämierten Western »Dances with Wolves« beraten und auch Texte für den Streifen übersetzt. Es sei zwar »ein guter Film« geworden, urteilt er, »aber doch wieder ein Film mit einem weißen Helden – aus weißer Sicht eben«.

In Oklahoma, dem US-Bundesstaat mit den meisten indianischen Einwohnern, wo heute rund 280 000 Nachkommen der Ureinwohner leben, haben 56 Prozent der Bevölkerung indianische Vorfahren. Vollblutindianer dagegen werden zur Seltenheit. Genau deshalb sei es enorm wichtig für ihn, seine beiden kleinen Töchter nach indianischer Tradition zu erziehen, sagt »Kaul-le«. Er habe den beiden indianische Namen gegeben: »Wakeah«, die Schöne, und »Peshayn«, kleine Schwester. Er bringe ihnen die Sprache der Kiowas bei und werde mit ihnen und seiner Frau Jhanet indianische Tänze einstudieren, »denn der Rhythmus der Musik ist der Herzschlag der Erde«.

Seine beiden Töchter lässt er in einem Haus aufwachsen, in dem zwischen Fernseher und CDs zahllose Bilder von Vorfahren, ein Büffelschädel, traditionelle Gewänder, Handtrommeln und der Rauch von brennendem süßem Gras, »das alles Böse vertreibt«, sie immer daran erinnern sollen, wer sie sind und woher sie kommen.

Satanta (White Bear – Weißer Bär), der »Redner von den Plains« *1807 bis 11.10.1878*

»Er ist ein gut aussehender Indianer, energiegeladen und ein wacher, heller Kopf. Ich speiste mit ihm dreimal täglich in seiner Hütte. Er betreibt allerlei Aufwand für seine Gäste und breitet sogar einen Teppich aus«, so schilderte ein Arzt, der die Prärie-Stämme gegen Pocken impfen sollte, den tollkühnen Kriegshäuptling der Kiowas, Satanta (White Bear), der ein heiterer und geselliger Mann war.

Der Teppich, von dem der Arzt sprach, war bestimmt rot, denn Satanta hatte einen Rotfimmel. Bei wichtigen Anlässen, bei Friedensverhandlungen oder im Kampf glänzte sein ganzer Körper in flammend roter Farbe. Er hatte sogar sein Tipi rot angestrichen, an dessen Stangen rote Bänder im Winde flatterten. Mit seiner Vorliebe für Rot, der Farbe des Blutes, bekundete er vielleicht seine kriegerische Gesinnung. Wenn er sich auch darum bemühte, mit den weißen Eindringlingen gut auszukommen, war er aber genauso darauf erpicht, sich mit den Bleichgesichtern im Kampf zu messen. Mit der einen Hand führte er Friedensverhandlungen, aus denen er für seinen Stamm die bestmöglichen Bedingungen herausholen wollte, mit der anderen erteilte er seinen Kriegern den Befehl, unverdrossen mit ihren Raubzügen weiterzumachen: *»Ich halte mich an den Weg des Weißen Mannes, der durch das Gewehr bestimmt wird. Die Maisration dagegen schmeckt mir nicht, sie tut meinen Zähnen weh. Der gute Indianer, der dem Weißen vertraut, bekommt nichts. Nur der unabhängige Indianer wird belohnt!«*

Bei den Friedensgesprächen von Medicine-Lodge-Creek im südlichen Kansas beeindruckte er 1867 die weißen Friedenskommissare durch seine Redegewandtheit, die ihm den Spitznamen »Redner von den Plains« einbrachte. Er verblüffte auch die bleichgesichtigen Unterhändler durch die fünf Sprachen – vier Indianersprachen und Spanisch –, die er fließend beherrschte. Henry M. Stanley, der als Journalist über die Medicine-Lodge-Verhandlungen für den »Missouri Democrat« berichtete, bevor er Dr. David Livingstone in Afrika aufspürte, drückte sich sehr lobend über Satanta aus: *»Vom Arkansas bis zum Rio Grande hat er sich durch seinen unbekümmerten Wagemut einen großen Namen gemacht. Sein Name ist in aller Munde, und die jungen Mädchen seines Stammes rühmen ihn als den größten Häuptling und Krieger unter den lebenden Rothäuten.«* Satanta nahm auch die Gelegenheit wahr, vor den Friedenskommissaren energisch gegen die zügellose Bisonschlächterei in den Jagdgründen der Kiowas zu protestieren: *»Ist der Weiße Mann zum Kind geworden, dass er so hemmungslos tötet, aber nicht, um zu essen? Wenn die Roten Männer Wild erlegen, so tun sie das, um leben zu können und nicht hungern zu müssen.«* Trotz vieler Vorbehalte unterzeichnete Satanta schließlich den ihm vorgelegten Vertrag, dessen Bedingungen von den Weißen nicht eingehalten wurden, worauf der Kiowa-Kriegshäuptling aufsässig reagierte und das ihm eingeräumte Reservat verließ. Im Mai 1871 organisierte

Von hünenhafter Gestalt und dreistem Wagemut blieb Satanta zeitlebens ein erbitterter Gegner der Weißen, auch wenn er mit großem Geschick Verhandlungen mit dem verhassten Feind führte

1869 traf Satanta mit Lieutenant Colonel George A. Custer zusammen. »Custer's Demand«, Gemälde von Charles Schreyvogel, Öl auf Leinwand, 1903; The Thomas Gilcrease Museum of American History and Art, Tulsa, Oklahoma

Satanta (1807 bis 11.10.1878), Häuptling der Kiowas, dessen Redegewandtheit ihm den Spitznamen »Orator der Plains« einbrachte

er eine große Kriegsexpedition mit Satank (Sitting Bear) und Big Tree (Großer Baum). Am 17. Mai legte er sich mit über 100 Kriegern am Butterfield Trail zwischen den Forts Richardson und Belknap auf die Lauer. Weil der Medizinmann Namanti (Sky Walker – Himmelsgeher) in einer Vision zwei Gruppen Weißer den Weg entlangkommen gesehen hatte, von denen die erste auf keinen Fall belästigt werden durfte und die zweite überfallen werden sollte, verpasste Satanta den einmaligen Fang von General William Tecumseh Sherman, dem damaligen Oberbefehlshabers der US-Armee. Durch reines Glück konnte Shermans Kolonne unbehelligt die gefährliche Stelle passieren, wo die lauernden Indianer etwas später über einen Vorratszug von zehn Wagen herfielen, die Fuhrleute abschlachteten und Gewehre, Zeltausrüstungen und 41 Maultier erbeuteten.

Aufsässig und frech

Als Satanta mit dem Überfall im Reservat prahlte und sich den Ruhm für diesen Plünderzug zusprach – *»Wenn irgendein anderer Indianer die Ehre für sich beansprucht, diese Unternehmung geleitet zu haben, so ist er ein Lügner. Ich habe sie selbst geleitet«* –, erfuhr General Sherman von der Frechheit dieser Rothaut und ließ Satanta und die anderen Rädelsführer verhaften und wegen Mordes vor Gericht stellen.

Vor einem Schwurgericht aus Cowboys mit Revolvern am Gürtel hielt Satanta eine offene Rede: *»Ich bin ein bedeutender Häuptling in meinem Volk, und ich habe großen Einfluss unter den Kriegern meines Stammes; sie kennen meine Stimme und werden auf mein Wort hören. Wenn Sie mich zu meinem Volk zurückkehren lassen, werde ich alle Krieger aus Texas zurückrufen. Ich werde die Blutflecken fortwaschen und aus meinem Land ein weißes Land machen, und es soll Friede herrschen. Wenn Sie mich jedoch töten, wird das wie ein zündender Funke in der Prärie sein. Es wird ein gewaltiges Feuer ausbrechen!«*

Trotz dieser Drohung wurde er mit Big Tree zum Tod durch den Strang verurteilt. Als aber die Todesstrafe in lebenslängliche Haft mit Zwangsarbeit umgewandelt wurde, lieferte man ihn ins Staatsgefängnis von Huntsville im östlichen Texas ein. Im Herbst 1873 wurde er bedingt freigelassen.

Wegen Rebellion gegen die weiße Staatsgewalt kam er erneut nach Huntsville, wo er im Gefängniskrankenhaus mit schweren Depressionen im Oktober 1878 seinem Leben ein Ende bereitete, indem er sich kopfüber von einem Balkon im zweiten Stock hinabstürzte.

»Die Weißen sind wie Kojoten. Es ist ohne Bedeutung, wie viele man tötet, es werden doch immer mehr.« (Satank)

Satank (Sitting Bear – Sitzender Bär), das Oberhaupt der »Gesellschaft der Zehn Tapfersten« *1815 bis 6.6.1871*

Dieser außergewöhnliche Kriegshäuptling mit sagenhaftem Mut war das Oberhaupt der »Gesellschaft der Zehn Tapfersten«, der Kriegerelite des Kiowa-Stammes. 1840 hatte er sein staatsmännisches Können unter Beweis gestellt, als er bei den Friedensver-

handlungen zwischen Comanchen, Kiowas, Kiowa-Apachen, Cheyennes und Arapahos eine bedeutende Rolle spielte. Dieser »Great Peace« beinhaltete einen Waffenstillstand zwischen den südlichen und nördlichen Prärie-Indianern, die sich gegenseitig den Rücken deckten, um ihre alten Feinde noch härter verfolgen zu können, ohne sich aber unnütz untereinander aufzureiben.

Umsichtig und verwegen

Mit Satanta (White Bear) unterschrieb er 1867 den Medicine-Lodge-Vertrag. Als 1870 sein Sohn getötet wurde, konnte er nur noch dessen Gebeine ausfindig machen, die er seitdem in einem Sack mit sich herumtrug. 1871 beteiligte er sich am Plünderungszug, den Satanta auf die Beine gestellt hatte. Auch er wurde verhaftet und unter Mordanklage gestellt.

In Ketten auf einen offenen, von US-Kavallerie eskortierten Frachtwagen gelegt, um nach Texas überführt zu werden, stimm-

te er den Todesgesang der »Gesellschaft der Zehn Tapfersten« an. Der alte Kämpfer steckte dabei den Kopf unter seine Decke und nagte sich solange das Fleisch von den Händen, bis er die Handschellen abschütteln konnte. Als er einen seiner Bewacher mit einem Messer, das er versteckt hatte, erstochen und vom Wagen geworfen hatte, starb er im Kugelhagel.

Satank (1815 bis 6.6.1871), Häuptling und Medizinmann der Kiowas: Seine Stellung als Oberhaupt der »Gesellschaft der Zehn Tapfersten«, der Kriegerelite des Kiowa-Stammes, ist auf diesem Foto von William Soule am Lederriemen sichtbar, den er über der Schulter trägt: Das Ende dieses Lederriemens war in der Schlacht am Boden befestigt, womit Satank sein Gelöbnis, niemals im Kampf zurückzuweichen, in Erinnerung rief

Die Sioux, die Herren der nördlichen Bisonweiden

Das Furcht erregende Bild von indianischen Reiterscharen, die mit durchdringendem Kriegsgeheul, einer Flutwelle gleich, gegen US-Truppen oder Siedlertrecks anstürmen, ist jedem Westernfreund geläufig. Er denkt sofort an die kriegerischen Sioux, die geschicktesten Reiter der Welt und die gefürchtetsten Gegner der amerikanischen Armee. Geprägt von kämpferischem Ehrgeiz, beherrschten sie mehr als ein Jahrhundert lang die nördlichen Grassteppen, den uralten Weideplatz von Millionen Bisons, und wurden zum Schrecken der Prärie.

Ihren indianischen Nachbarn wie auch den Weißen brachten sie das Grausen bei. Sie hatten viele Feinde und konnten nur auf die Cheyennes und Arapahos als Verbündete zählen. Dreimal gelang ihnen das Husarenstück, eine größere Einheit der Kavallerie der Vereinigten Staaten bis auf den letzten Mann aufzureiben. So bereiteten sie in entfesselter Wucht den bestürzten Blauröcken die drei größten Niederlagen der US-Militärgeschichte.

Die Sioux waren aber nicht immer die stolzen und unbesiegbaren Kämpfer gewesen, die furchtlos den weißen Eindringlin-

Unter allen Indianerstämmen Nordamerikas sind es vor allem die Sioux, die uns als die unnachgiebigsten Kämpfer gegen das Vordringen der Weißen begegnen

Auf diesen Sioux-Tipis bei Fort Yates sind Coups oder Bravourstücke aufgezeichnet, die den Besitzern der Zelte, One Bull (Tipi links) und Old Bull (Tipi rechts), auf dem Schlachtfeld am Little Big Horn 1876 gelangen. Das vorliegende Foto stammt aus dem Jahr 1890 (Foto: Frank B. Fiske)

Im 18. Jahrhundert erreichten die Sioux in verschiedenen Wellen die Prärien am Missouri, wo sich die östlichen Ableger festsetzten und Bodenbau betrieben, während die Teton-Sioux den Missouri überquerten und in den Great Plains die neue Kultur der Reiterkrieger und nomadisierenden Bisonjäger schufen

gen die Stirn boten. Zu Beginn des 17. Jahrhunderts vertrieb eine mit Schusswaffen ausgerüstete Chippewa-Übermacht in Land- und Kanu-Schlachten die Sioux aus ihrer Heimat, den Waldgebieten in der Nähe des Oberen Sees, und drängte sie in die Wälder des westlichen Wisconsin und nach Minnesota, ins Land des himmelblauen Wassers.

Die Sioux selbst nannten sich Dakotas, was so viel wie Freunde oder Verbündete bedeutet. In den Augen ihrer Erbfeinde, der Chippewas, denen sie unterlagen, waren sie Kleine Schlangen, was im Algonkin-Wort Nadoweissiw zum Ausdruck kommt. Die französischen Pelzhändler, die den expansionsgierigen Chippewas die ersten Büchsen verkauften und ihnen damit die psychologische Wirkung von Knall und Feuerblitz verschafften, stolperten über dieses unaussprechbare Indianerwort und machten daraus Nadouessioux, im Grenzerjargon kurz Sioux.

Ein Geschenk des Himmels

Die Dakotas waren damals ein kleiner, unbedeutender Stamm, dessen Männer die riesigen Wälder und grünen Weiden als freie Jäger durchstreiften. Ihre Frauen ernteten den im oft feuchten und sumpfigen Boden üppig wachsenden wilden Reis. Eines Tages sahen sie zum ersten Mal einen Bison. Das zottige Geschöpf, dessen mächtiger Kopf tief gegen den Boden hing, beeindruckte sie sehr. Bislang hatten sie immer nur Kleinwild erlegt und waren noch nicht auf das größte Landsäugetier Amerikas gestoßen. Diese erste Begegnung sollte sich als schicksalhaft erweisen. Zum Erstaunen der Sioux mundete das große Tier nicht nur köstlich, sondern versorgte sie auch mit allen lebenswichtigen Dingen. So eignete sich die Bi-

sonhaut zur Herstellung von Kleidern und zum Bespannen der Tipis. Aus Knochen und Horn fertigten sie Werkzeuge und Waffen an. Seitdem betrachteten sie den Bison als Geschenk des Himmels und ein Teil der Sioux beschloss, den unendlichen Bisonherden durch die welligen Grasmeere zu folgen. Solange sie ohne Reittier waren, mussten sie die kraftstrotzenden Kolosse zu Fuß jagen, indem sie, unter Wolfspelzen versteckt, an sie heranschlichen.

Auf dem Weg nach Westen überquerten die Sioux den Missouri und erbeuteten dort erstmalig Pferde. Beritten konnten sie dem Großwild so wirkungsvoll nachsetzen, dass sie Fleisch und Felle im Überfluss hatten. Durch einen glücklichen Umstand erwarben sie etwa zur selben Zeit von amerikanischen Händlern Waffen und Munition. Da den Indianern des Westens die Waffen fehlten, denen des Ostens die Pferde, die Sioux aber über beides verfügten, stiegen sie innerhalb von 50 Jahren zu den unangefochtenen Herren der nördlichen Bisonweiden auf.

Bis zum letzten Blutstropfen

Die Nation der Sioux spaltete sich während dieser Entwicklung zwischen 1750 und 1800 in die östlichen und westlichen Dakotas auf. Die Sioux des Ostens – Mdewakantons, Wahpetons, Wahpehutes, Sissetons, Yanktons und Yanktonais – lebten in Minnesota und behielten dort die Ackerbaukultur ihrer Vorfahren neben dem Gebrauch des Pferdes bei. Die Teton-Sioux des Westens – das Volk der sieben Ratsfeuer: Blackfoot-Sioux, Brulés, Hunkpapas, Miniconjous, Oglallas, Sans Arcs und Two Kettles – waren jenseits des Mississippi in den großen Prärien heimisch, wo sie sich der Bisonjagd widmeten und der Ackerbautradition der vergangenen Jahrhunderte entledigten. Diese grundverschiedene Lebensart erklärt zum Teil, warum sich die Wald-Dakotas mit den Landerwerbungen des weißen Mannes ziemlich schnell abfanden und oft zum Christentum übertraten,

wohingegen die Prärie-Dakotas jeden Landzipfel ihrer angestammten Jagdgründe bis zum letzten Blutstropfen verteidigten und der Religion ihrer Väter treu blieben.

Als Captain Meriwether Lewis und Captain William Clark 1804 während ihrer Forschungsexpedition quer durch den Nordwesten am mittleren Lauf des Missouri eintrafen, fanden sie dort etwa 1000 Sioux-Krieger vor, die die gesamte Region westlich des Flusses fest in der Hand hatten. Durch grausam geführte Kriege gegen schwächere Indianerstämme wurden die Sioux zu einer Quelle des Schreckens und der Bedrohung für ihre Nachbarn. Ihre Kriegs- und Jagdgruppen durchstreiften bald weite Gebiete in Dakota, Montana und Wyoming. Gegen 1850 erreichten die Sioux den Höhepunkt ihrer Macht. 15 000 Krieger beherrschten die weite Prärie und verteidigten unerschrocken ihr Land gegen den weißen Zugriff. Die einstigen Waldindianer hatten sich zum bedeutendsten und gefürchtetsten Reitervolk der High Plains entwickelt. *»Aus den ehemaligen Kanufahrern, die in heilloser Furcht davongerannt waren, waren furchtlose, stolze und kampfbesessene Reiter geworden, die großartigste leichte Kavallerie der Welt«* (Washington Irving).

Die Doppelzüngigkeit der Weißen

Allen Nomaden der Grassteppen war der Sioux-Grundsatz heilig: *»Kein einzelner besitzt die Erde, über die der Bison zieht.«* Landbesitz war den Prärieindianern völlig unbekannt und unverständlich, ein Umstand, den Red Cloud in folgende Worte kleidete:*»Wie kann ich die Luft, in der ich stehe, den Boden, über den ich reite, die Blätter eines Baumes, die im Winde rascheln, wie kann ich einen Teil des Windes, einen Teil der Wolken, einen Teil der Erde als etwas erklären, das nur mir allein gehört?«* Weil die Sioux keinen Sinn für persönliches Eigentum hatten, außer Pferd, Waffen und Zelt, verstanden sie die Habgier der Weißen nicht, die sich ihr Land aneignen wollten.

Für die bleichgesichtigen Siedler hingegen, die sich an den Grenzen des Sioux-Gebiets aufstauten, war der eigene Grund und Boden das Maß aller Dinge.

Anstatt sich in blutigen Kämpfen mit den Sioux verwickeln zu lassen, zog die Regierung der Vereinigten Staaten es zunächst vor, durch Friedensverhandlungen mit den Indianern Vereinbarungen über Gebietsansprüche und -abtretungen zu erzielen. Doppelzüngige Regierungsbeamte setzten sich mit den Rothäuten ans Ratsfeuer und rauchten mit ihnen die Friedenspfeife. Hatten die weißen Unterhändler die Sorgen ihrer indianischen Gesprächspartner beschwichtigt und deren Misstrauen zerstreut, schlossen sie mit ihnen »ewige Verträge«, die sie brachen, noch ehe die Tinte trocken war.

Sie versprachen den Sioux, Entschädigungen für überlassene Gebiete zu zahlen und die vertraglich festgesetzten Grenzen des Indianerlandes zu respektieren. Doch der rote Mann wurde von Anfang an nach Strich und Faden belogen und betrogen. Die in Aussicht gestellten Jahresgelder und Waren blieben gewöhnlich aus, weiße Siedler strömten ins Indianerterritorium, die Sioux setzten sich mit grimmiger Entschlossenheit zur Wehr, die Armee war zum Eingreifen gezwungen, die Rothäute wurden weiter nach Westen abgedrängt und mussten wohl oder übel einen neuen Friedensvertrag unterzeichnen, der ihre Jagdgründe noch weiter einengte. Selbst dem

Der Aufstieg der westlichen Sioux zu den Herrschern des Wilden Westens wurde dadurch begünstigt, dass sie ungefähr gleichzeitig aus Mexiko und von kanadischen Waldläufern das Gewehr übernahmen. Gerade wegen ihrer Pferde und ihrer Feuerwaffen vermochten sie sich gegen die Bosheit der Weißen zur Wehr zu setzen

Sioux-Sonnentänzer bereiteten sich auf die Zeremonie vor, indem sie ihre Körper bemalten

beschränktesten Sioux-Häuptling musste einmal der Geduldsfaden reißen. 1851 sollte beispielsweise der Vertrag von Laramie zwischen der amerikanischen Regierung und den wichtigsten Prärienationen den Frieden zwischen Missouri und Felsengebirge besiegeln. Da die Weißen aber mit »gespaltener Zunge« sprachen und nicht gewillt waren, die getroffenen Vereinbarungen einzuhalten, war der indianische Daumendruck auf dem »sprechenden Papier« keinen Heller wert.

»Solange Gras wächst und Wasser fließt«

Noch im Jahre 1868 hatte Washington den Sioux-Stämmen »für ewige Zeiten, solange Gras wächst und Wasser fließt«, alles Land innerhalb des großen Missouribogens zugesprochen. Doch Großbanken und Handelssyndikate, Bahn- und Schifffahrtsgesellschaften, Siedler, Spekulanten und Goldschürfer zog es unwiderstehlich nach Westen. Der Wirtschaftsexpansion, die die Erschließung des Indianergebiets mit sich gebracht hätte, standen allein die Sioux im Wege. Folglich mussten sie ausgerottet werden.

Somit ist die Geschichte der Sioux nichts anderes als eine durchlaufende Folge nie gehaltener Versprechen und zerfetzter Verträge, eine nicht abreißende Kette blutiger Schlachten und schrecklicher Massaker, ein wahrer Gräuelteppich von Heimtücke, Gier, Betrug, Räuberei, Unmenschlichkeit und Völkermord. Skrupellose Regierungsvertreter und habgierige Händler begaunerten die Sioux in schamloser Weise und nährten so den Hass der Indianer. Natürlich soll man dafür nicht die weiße Rasse in Bausch und Bogen verdammen. Man darf aber genauso wenig die Sioux-Aufstände, die viele Siedler und Soldaten das Leben kostete, als ein Werk roter mordender und brandschatzender Teufel ansehen.

Nach einer Reihe aufgelöster Friedensverträge brach 1862, ein Jahr nach dem Beginn des Sezessionskrieges, die erste große allgemeine Sioux-Revolte bei Neu-Ulm in Minnesota aus. Nachdem die Krieger von Little Crow in wildem Blutrausch mehr als 1000 Weiße niedergemetzelt hatten, schlug die Miliz des Staates den Aufruhr nicht weniger blutig nieder. 38 Rädelsführer wurden am Tag nach Weihnachten öffentlich gehängt. Durch die Flucht über den Missouri entzogen sich viele Sioux des Ostens dem harten Zugriff Washingtons. Bei ihren Vettern, den Teton-Sioux, fanden sie bereitwillige Aufnahme.

Als die Armee mit Kanonen bestückte Forts quer durch das Gebiet der Prärie-Sioux baute, schlug die Stunde des totalen Krieges, des gnadenlosen Endkampfes. Die Häuptlinge Spotted Tail, American Horse, Red Cloud, Crazy Horse, Rain-in-the-Face, Gall und Sitting Bull – um nur die bedeutendsten zu nennen – wollten ihr freies Leben in der Prärie nicht aufgeben, um dann als bettelarme Ackerbauern auf unfruchtbarem Land und als traurige Almosenempfänger der Regierung schmählich zugrunde zu gehen. Der feigen Unterwerfung zogen sie den ruhmreichen Untergang vor.

Die Sioux waren aufgebracht über die Errichtung von befestigten Stellungen im Herzen ihrer Heimat, über die Eisenbahnstrecken, die die Bisonweiden zerschnitten, über die vielen Siedlertrecks, die westwärts drängten, über die Goldsucher, die durch ihre Schürferei den heiligen Boden der Black Hills entweihten. Sie übten Vergeltung, indem sie Karawanen auf der Überlandroute überfielen, der US-Kavallerie zahlreiche Schlappen beibrachten und die Stationen der Postkutschenlinien zerstörten.

Red Cloud und Crazy Horse schnitten die Verbindungswege der Armee ab und kreisten die Forts ein, sodass sich diese eher als Mausefallen denn als nützliche militärische Anlagen erwiesen. In der Tat gelang es den beiden Sioux-Strategen, die Räumung der Forts und den Abzug der Truppen aus dem Indianergebiet zu erzwingen. Red Cloud stand nicht nur seinen Mann in der Kriegsführung, sondern zeigte sich auch als

Worum es tatsächlich ging, war das Land der Sioux, das der weiße Mann ganz für sich beanspruchte. Die siegreiche Schlacht am Little Big Horn (1876) versinnbildlicht den letzten größeren Versuch der restlichen überlebenden nomadischen Prärie-Indianer, ihr Gebiet zu verteidigen

großer Friedensdiplomat. Er begab sich nach Washington, ergriff das Wort in öffentlichen Versammlungen, trat vor Journalisten auf und zog die Presse des amerikanischen Ostens auf die Seite der Sioux. Obwohl die öffentliche Meinung Partei für ihn ergriff, wurden alle seine Bemühungen durch Goldfunde in den Black Hills zunichte gemacht.

Von Little Big Horn bis Wounded Knee

Am Little Big Horn in Montana konnte zwar eine gewaltige Indianerstreitmacht unter Sitting Bull und Crazy Horse 1876 der US-Armee eine der größten Niederlagen ihrer Geschichte zufügen und einen erbitterten Widersacher, Lieutenant Colonel George A. Custer, mitsamt seinen 225 Soldaten des 7. Kavallerie-Regiments bis auf den letzten Mann niedermachen; es war aber nur ein symbolischer Sieg ohne Dauer. Die Sioux hatten wohl eine Schlacht gewonnen, verloren aber den Krieg. Hunger und Kälte überwältigten sie, nicht die Waffen ihrer weißen Feinde. Die zwei Meister des roten Kriegshandwerks, Crazy Horse und Sitting Bull, erlitten einen schmählichen Tod. Crazy Horse wurde von einem Soldaten erstochen (1877), Sitting Bull von einem indianischen Reservatspolizisten erschossen (1890).

Als 1890 der gewaltlose Paiute-Seher Wovoka den Geistertanzglauben verbreitete, wurden die Sioux-Reservate von großer Unruhe erfasst. Im Herbst desselben Jahres verging sich die amerikanische Armee aufs Schrecklichste an einer Sioux-Gruppe, die aus dem Reservat ausgebrochen war. 150 Männer, 250 Frauen und eine unbekannte Zahl von Kindern wurden durch eine betrunkene Abteilung des 7. Kavallerie-Regiments, Custers ehemaligem Kommando, einfach abgeschlachtet. Eine Batterie von Schnellfeuer-Hotchkiss-Kanonen mähte die wehrlosen Indianer um. Eines der ersten Opfer war ihr Anführer Big Foot (Großer Fuß). »*Im klirrenden Frost des 29. Dezember*

1890 erstarrten die Toten zu grotesken Gestalten des Grauens – so wie sie zu Boden gestürzt waren«, beschreibt Peter Baumann dieses tödliche Nachspiel, mit dem auch der Widerstand der Sioux zusammenbrach.

So hatte die amerikanische Armee das »Sioux-Problem« auf ihre Art und Weise gelöst: mit einem unnützen Blutbad, das als Wounded-Knee-Massaker in die Geschichte einging.

Der Wallfahrtsort der Sioux

Im Laufe der Jahre wurde Wounded Knee zu einem regelrechten Wallfahrtsort, wo die US-Regierung über dem Massengrab der dort ermordeten Sioux eine Kapelle errichten ließ, die Sacred Heart Church benannt wurde, weil die Eltern des Kriegshäuptlings Crazy Horse dessen Herz an einer nur ihnen bekannten Stelle in der näheren Umgebung begraben hatten.

Am 27. Februar 1973, mehr als 80 Jahre nach dem unseligen Massaker am Wounded Knee, kam es dort zu einem blutigen Indianeraufstand, als 300 militante, mit Schnellfeuergewehren ausgerüstete Sioux des Oglalla-Stammes in die kleine Ortschaft einfielen, sich einiger weißer Geiseln bemächtigten, sich hinter einem um die Kapelle gebauten Verteidigungsring ver-

Oben: Indianische Darstellung der Custer-Schlacht

Unten: George Armstrong Custer (1839 bis 1876) – Held oder Mörder? Die moderne Geschichtsschreibung sieht in ihm eher den Mörder, der am Washita River das Winterlager des friedfertigen Cheyenne-Häuptlings Black Kettle überfiel und durch seine Unbesonnenheit und seinen Ehrgeiz das Leben seiner Soldaten aufs Spiel setzte, als er am Little Big Horn eine Hurra-Attacke gegen die vereinigten Sioux, Cheyennes und Arapahos reiten wollte

Der Sioux Kicking Bear war ein Apostel des Geistertanzkultes, der die ursprünglich gewaltlose Doktrin mit kriegerischen Elementen durchsetzte

Die Sioux hatten anfangs durchaus noch geglaubt, sich vertraglich mit den Weißen arrangieren zu können. Als die USA aber die Besetzung der Black Hills durch Siedler und Goldgräber duldeten, brachen sie 1876 den acht Jahre zuvor mit den Indianern in Fort Laramie geschlossenen Vertrag, der den Sioux die »Schwarzen Berge« für immer reservierte

malige Führer der amerikanischen Indianerbewegung (»American Indian Movement«, abgekürzt AIM).

Das Heiligtum der Sioux

Es war derselbe Russell Means, der indianische Bürgerrechtskämpfer aus dem Stamm der Oglalla, der die den Sioux vor mehr als einem Jahrhundert gewaltsam und gesetzwidrig weggenommenen Black Hills oder »Schwarzen Hügel« in South Dakota *unsere Kirche, unseren Friedhof, unser Universum, unser Heiligtum, die Geburtsstätte unseres Volkes«* nannte. Für den Raub dieses Heiligtums wurden den Sioux 1979 auf unwiderruflichen Beschluss des Obersten Gerichtshofes der USA 137,5 Millionen Dollar an Entschädigungen zugesprochen.

Was da laut oberstrichterlicher Anordnung wieder gutgemacht werden sollte, ist ein Unrecht, das 1877 an den Ureinwohnern Amerikas begangen wurde, in diesem Fall an den Sioux, sich aber keineswegs nur auf dieses Volk beschränkte.

Die Sioux lebten einst in den ihnen heiligen, klimatisch angenehmen und landschaftlich schönen Black Hills. Dorthin waren sie, denen riesige Jagdgründe gehörten, von der US-Kavallerie »eingewiesen« worden, nachdem das Gewehr über den Tomahawk gesiegt hatte, nachdem die tapferen Sioux in langjährigen Kämpfen stark dezimiert worden waren. Besiegten bleibt schließlich nichts anderes übrig: Die Indianer fanden sich mit ihrer auf 2,8 Millionen Hektar verkleinerten »Zwangsheimat« in den Black Hills ab. Aber der ihnen versprochene Friede hielt nicht lange an. Nachdem in diesen Black Hills, wo nach Sioux-Ansicht Manitu, der Schöpfer und »Große Geist« wohnte, Gold entdeckt worden war, siedelten sich immer mehr Weiße – vorwiegend Abenteurer und nicht selten Kriminelle – im Indianerland an. Die Sioux setzten sich wieder zur Wehr, wie während der berühmten Schlacht am Little Big Horn 1876, kämpften um ihre Black Hills, die ihnen ein Ge-

schanzten und auf einem Katalog von berechtigten Forderungen zur Beseitigung ihrer sozialen Notlage beharrten. Obwohl sich Indianer aus allen Teilen des Landes mit den in Wounded Knee von US-Sicherheitskräften Belagerten solidarisierten, endete die unter Führung des Oglalla Russell Means begonnene Rebellion in einem Fiasko – ohne greifbare Resultate.

Wounded Knee, inmitten des Pine-Ridge-Reservats im US-Bundesstaat South Dakota gelegen, stand auch im Brennpunkt der amerikanischen Öffentlichkeit, als sich dort am 29. Dezember 1990 hunderte von Indianern bei Temperaturen von minus 30 Grad Celsius einfanden, um des entsetzlichen Blutbads zu gedenken, das die US-Kavallerie genau 100 Jahre zuvor an dieser Stätte unter wehrlosen Sioux angerichtet hatte. Unter den Reitern, die den 350 Kilometer langen Weg von der Standing Rock Reservation bis nach Wounded Knee zurückgelegt hatten – auf demselben Weg waren ein Jahrhundert zuvor mehr als 300 Sioux unter der Führung des Häuptlings Big Foot den weißen Kugeln zum Opfer gefallen –, befand sich auch Russell Means, der ehe-

setz »vermacht« hatte, und unterlagen erneut: Die radikal vorgehende US-Kavallerie scherte sich keinen Deut um Recht und Gesetz, sondern gab das Indianerland den weißen Glücksrittern.

Der Kongress in Washington machte sich kurze Zeit später nicht minder schuldig. Nach dem Motto »Was schert mich mein Geschwätz von gestern« änderte das US-Parlament bestehende Zusagen, Verträge und Gesetze und verfügte die zwangsweise Aussiedlung der Sioux. Das 1979 ergangene Wiedergutmachungsurteil bestätigte in seiner Begründung beschönigend, welche verwerflichen Mittel damals angewandt wurden: *»Den Sioux wurde jeder Zweifel genommen: würden sie sich weigern, die Black Hills zu räumen, so wurde ihnen gedeutet, erhielten sie keine Lebensmittel mehr. Da die Armee sie zuvor völlig entwaffnet und ihnen auch ihre Pferde genommen hatte, blieb den Sioux nur die Wahl, ihr Land preiszugeben oder zu verhungern. Es war deshalb keine Überraschung, dass die Häuptlinge beschlossen, ihr Land herzugeben.«*

Und die Sioux wurden in das neue, Pine Ridge genannte Reservat getrieben. Diese mondartige, staubige, heiße Region, wo nicht einmal Gras gedeihen kann, heißt nicht umsonst »bad lands« – das miese Land.

Wiedergutmachung auf amerikanische Art

Ab 1920 begannen die Sioux, die moralisch inzwischen »ihr Vietnam«, ihr Trauma überwunden hatten, die amerikanischen Gerichte anzurufen. Das Kriegsbeil schwangen von da an ihre Anwälte, einige davon selbst Indianer. Aber es dauerte bis 1979, bevor Recht gesprochen wurde; und ob mit den 137,5 Millionen Dollar das in der Vergangenheit begangene schwere Unrecht wieder gutzumachen ist, muss bezweifelt werden. Denn die Millionen Dollar können

kein Land ersetzen. Interessant am Urteil zugunsten der Sioux war die Tatsache, dass ihnen für die seit 1877 vergangenen Jahre auch Zinsen zugesprochen wurden: Die ihnen seinerzeit widerrechtlich abgenommenen Black Hills wurden nur mit einem damaligen Wert von 17,5 Millionen Dollar veranschlagt. Der Rest der Summe setzte sich aus Zinsen zusammen, die theoretisch bis dahin aufgelaufen waren.

Die 60 000 Nachkommen der einst so kriegerischen Sioux, die heute zum größten Teil im Pine-Ridge-Reservat zusammengepfercht sind, erweisen sich als die Nutznießer dieser Wiedergutmachung auf amerikanische Art. Sie gehören acht verschiedenen Unterstämmen auf ebenso vielen Reservaten an und sind bettelarm. Aus ihren immergrünen Black Hills vertrieben, vegetieren sie mehr oder weniger in unwirtlichen, staubig-heißen Prärieregionen dahin und leben überwiegend von der Sozialhilfe.

Wenn auch wenige Amerikaner heute Mitschuld für die Vergehen früherer Generationen empfinden, so äußern sie trotzdem ein großes Verantwortungsgefühl den Entrechteten gegenüber. Das drückt sich auch in den bisher erlassenen Urteilen aus, die die Geschichte der USA zugunsten des roten Mannes revidieren.

Dem Rachefeldzug der US-Kavallerie gegen die aufsässigen Sioux ließ der Kongress 1877 den Landraub folgen – entgegen allen früheren Zusicherungen und Verträgen wurden die »Schwarzen Berge« von den USA beansprucht und die Sioux in unwirtschaftliche Reservate abgedrängt. 102 Jahre später erfolgte die höchstrichterlich verkündete späte Entschädigung der Indianer

Big Foot, der Anführer einer Sioux-Gruppe, die 1890 aus dem Reservat ausgebrochen war und von einer betrunkenen Abteilung des 7. Kavallerie-Regiments, Custers ehemaligem Kommando, abgeschlachtet wurde: Big Foot liegt tot im Schnee, im klirrenden Frost des 29. Dezember 1890 zu einer Gestalt des Grauens erstarrt. Dieses unnütze Blutbad ging als Wounded-Knee-Massaker in die Geschichte ein

Little Crow (Kleinkrähe): gegen die Habgier und Niedertracht der Weißen *1820 bis 3. 7. 1863*

Nachdem die Waldland-Sioux den größten Teil ihres Landes an die Weißen abgetreten hatten, waren sie auf die Geldsumme und die Lebensmittel angewiesen, die Washington ihnen als Entgelt zugesagt hatte, die jedoch infolge des amerikanischen Bürgerkriegs ausblieben

»Vom 17. auf den 18. August des Jahres 1862 war die Prärie voll unheimlichen Lebens. Ein klarer Mond stand am nächtlichen Himmel, und ein lauer Südwind trieb riesige Wolkenschiffe nordwärts. Schwer bewaffnete Krieger ritten in lang gezogenen Ketten über die im bleichen Nachtlicht aufschimmernden Hügel. Federn wippten im Haar, Lanzen und Tomahawks, von nervigen Fäusten gehalten, blitzten auf. Lautlos bewegten sich die Scharen, von allen Richtungen kommend, dem Geistersee entgegen, wohin sie Häuptling Kleinkrähe gerufen hatte«, schreibt Ernie Hearting in seiner für die Jugend nach historischen Quellen aufgezeichneten Lebensgeschichte des Mdewakanton-Sioux-Sachems Little Crow.

Im zuckenden Licht der riesigen Feuer, die am vereinbarten Treffpunkt hell auflöderten, fanden sich immer neue Indianerscharen ein. Geisterhaft entwichen sie der nächtlichen Finsternis und gesellten sich an der Stätte der Beratung zu den bereits angekommenen Häuptlingen und Kriegern. Als die Heermacht aller östlichen Sioux-Stämme aus Minnesota vollständig an den Ufern des Minni-wakan vereinigt war, ließ Little Crow (Kleinkrähe, in der Sioux-Sprache »Tshe-ton Wa-Ka-wa Ma-ni« – »Der Habicht, der im Gehen jagt«) die schicksalsschweren Verhandlungen über künftigen Krieg oder Frieden mit den Weißen beginnen.

Schamloser Betrug

Dass die von ihm am Geistersee zum Meinungsaustausch zusammengerufenen Waldland-Sioux in steigende Erregung gerieten, als die einzelnen Sprecher die Erniedrigungen durch die Weißen, die gebrochenen Verträge, die nicht gehaltenen Versprechen, die verlorenen Jagdgründe, die Habgier und Niedertracht der Bleichgesichter in Erinnerung riefen, nahm Little Crow nicht wunder. Er selbst hatte seinen Daumendruck auf die zwei »sprechenden Papiere« gesetzt, die sein Volk um sein Land und die dafür versprochenen Geldsummen prellten. Bereitwillig waren die Seinen in ein Reservat des südwestlichen Minnesota gezogen, waren dort zu friedlichen Maisbauern geworden, hatten den christlichen Glauben und die weiße Lebensweise angenommen und hielten Frieden mit den größtenteils deutschsprachigen und skandinavischen Siedlern. Dass die für »ewige Zeiten« abgeschlossenen Verträge nichts anderes waren als schamloser Betrug, als Landerwerbungen zu Billigstpreisen, hatte er zu spät erkannt. Er wusste um das Ausbleiben der jährlichen Entgelte, die Washington ihm

Little Crow in Washington D.C., 1858

als Ausgleich für Landaufgaben zugesichert hatte; um die stets verdorbenen Lebensmittel, die korrupte Händler zu Wucherpreisen lieferten; um den in den Gedärmen wühlenden Hunger und um die im Herzen aufgestaute Wut; um die unbeschreibliche Skrupellosigkeit der Regierungsvertreter, die den darbenden Indianern verächtlich zuriefen: »*Wenn ihr hungrig seid, dann fresst Gras.*«

Little Crow war sich aber auch der Macht der Weißen bewusst. Er war im Osten gewesen und hatte dort die »Heuschreckenschwärme« der Amerikaner gesehen und ihre großen donnernden Kanonen gehört. Als er sich trotz der Demütigungen durch die bleichgesichtige Zivilisation gegen den Krieg aussprach, wurde er niedergeschrien und sogar der Feigheit bezichtigt. »*Krieger, ihr seid kleine Kinder – ihr seid Narren*«, lautete seine Antwort (nach dem Bericht seines Sohnes). »*Ihr werdet sterben wie die Kaninchen, wenn die hungrigen Wölfe sie im Januar jagen. Little Crow ist kein Feigling; er wird euch führen und mit euch sterben.*«

Der Minnesota-Aufstand

Obwohl zahlreiche Häuptlinge nicht gesonnen waren, das Kriegsbeil gegen die Weißen auszugraben, und aus der gemeinsamen Front ausscherten, gebot die Kriegspartei noch immer über 1000 kampflustige Männer. Am 18. August 1862 fegten sie wie ein Wirbelwind über alle Weißen, die in Reichweite waren. Über 1000 Farmer wurden ein Opfer der Welle des Blutdurstes, die über das Land hinwegschwappte. Überfälle und Schlächtereien am laufenden Band ließen diesen Schreckenstag in Grauen versinken. Trotz anfänglicher Kampferfolge holten sich die roten Angreifer blutige Köpfe beim Sturm von Fort Ridgeley und beim Angriff auf die Stadt Neu-Ulm. General Henry Hastings Sibley, Oberkommandierender aller Truppen in Minnesota, schlug mit Feuer und Schwert den Aufstand nieder, den die Weißen durch ihre Habgier und

Verlogenheit selbst ausgelöst hatten. Damit war Little Crows hochfliegender Plan, Minnesota für das rote Volk wiederzugewinnen, für immer begraben. Er selbst, der Anführer der Aufständischen, war zu einem vogelfreien Flüchtling und gehetzten Wolf geworden, dessen Spur die blau uniformierten Häscher über Nacht verloren. Er stand vor der Alternative, sich zu ergeben oder zu seinen Vettern, den Prärie-Sioux, zu fliehen.

Von einem Kriegsgericht wurden 303 Indianer im Schnellverfahren zum Tode verurteilt. Präsident Abraham Lincoln jedoch erkannte nur 38 dieser Todesurteile an. Ein Augenzeuge brüstete sich damit, »Amerikas größter Massenexekution« zugesehen zu haben.

Im Augenblick der Hinrichtungen war derjenige, den die Weißen am liebsten auf den höchsten Galgen geknüpft hätten, weit vom Schuss. Little Crow überwinterte am Devil's Lake und zog im Frühjahr 1863 nordwärts nach Kanada, wo er den Entschluss fasste, sich den Prärie-Sioux anzuschließen. Dazu brauchte er aber Pferde, die er den Weißen in Minnesota als Entschädigung für sein Land rauben wollte. Bei einem Kugelwechsel am Abend des 3. Juli 1863 in der Nähe der Siedlung Hutchinson wurde er in die Seite getroffen und erlag kurz darauf seiner Verletzung. Der Farmer, der anfangs nicht wusste, dass er den berühmtberüchtigten Oberhäuptling der rebellischen Waldland-Sioux erschossen hatte, konservierte den Skalp und Schädel des Sachems, legte Little Crows Kopf in einen Glaskasten, den er gegen Geld öffentlich zur Schau stellte, und erhielt vom Staat Minnesota eine Belohnung.

Ein schmähliches Ende

Ein derart trauriges Hinscheiden hatte Kleinkrähe aber nicht verdient. Er wurde 1820 im Dorf Kaposia am Mississippi geboren, wo sich heute die Stadt St. Paul erhebt. Er gehörte einer angesehenen Häuptlingsfamilie an und kam durch den Tod sei-

Als die hungernden Indianer auch noch von weißen Händlern verhöhnt wurden, kam es schließlich zum Minnesota-Aufstand der östlichen Sioux, den Little Crow gegen seinen Willen anführte und der schnell niedergeschlagen wurde, sodass der Oberhäuptling mit seinen Getreuen nach Westen fliehen musste. Bei einem Überfall auf eine Farm wurde Little Crow am 3. Juli 1863 erschossen

nes Vaters, der an den Folgen eines schweren Jagdunfalls starb, früh zu Amt und Würde. Die stattliche Zahl von acht Gemahlinnen, die ihn zum Vater von insgesamt 22 Kindern machten, zeugt von der damals unter den Rothäuten üblichen Vielehe und zudem von Little Crows Reichtum. Dass er sich gegen seine Einsicht und eigene Überzeugung in den Krieg gegen die Weißen drängen ließ, ist ihm noch heute schwer anzulasten. Diese Fehlentscheidung verwandelte das Land des himmelblauen Wassers in ein Leichenfeld. Der unnütze Opfergang vieler Weißer und Roter geht aber vor allem zulasten der bleichgesichtigen Vernunftlosigkeit und Heimtücke. Durch die Umstände wurde Little Crow eine Rolle aufgezwungen, die ihm von Anfang an nicht behagte. Er wollte sich aber auch nicht der Feigheit verdächtigen lassen. Und so wählte er den Weg, den die Mehrheit seines Volkes beschritt: den Untergang.

Spotted Tail (Gefleckter Schweif) oder Würdeloses Katzbuckeln vor den Siegern
1823 bis 5. 8. 1881

Weil er geschickt geführte Verhandlungen mit den Weißen, deren Denkweise er sich anzueignen versuchte, dem Kriegstreiben der Sioux vorzog, geriet Spotted Tail bei seinen kämpferischen Stammesbrüdern ins Zwielicht. Er wurde des Verrats bezichtigt und schließlich von seinem Unterhäuptling Crow Dog erschossen

Spotted Tail, der Brulé-Häuptling und Onkel von Crazy Horse im Jahre 1875

»Spotted Tail und seine ausgesuchten Sioux stürmten mit wildem Kriegsgeschrei in die fliehende Herde und schossen treffsicher ihre mit Federn versehenen Pfeile ab. Dann bot sich den Blicken der kaiserlichen Gesellschaft ein Schauspiel, wie wenige weiße Männer, die jahrelang auf den Prärien lebten, es je zu sehen bekommen hatten. Es ist schwer zu sagen, was bewundernswerter war, die Geschicklichkeit, mit der die Indianer ihre Pferde lenkten, oder die Geschwindigkeit und Genauigkeit, mit der sie die Bisons trafen. In mancher Hinsicht glich die Szene einer Reiterattacke auf Truppen, die bereits geschlagen und in wilder Flucht begriffen sind; und der Großherzog wurde dabei zweifellos an die Reitkünste der Kosaken in seiner Heimat erinnert.«

Mit diesen Worten beschrieb 1872 ein Zeitungsreporter eine von der amerikanischen Regierung zu Ehren des Großfürsten Alexander von Russland organisierte Bisonjagd. Sorgsam ausgewählte Brulé-Sioux unter ihrem Häuptling Spotted Tail (Gefleckter Schweif – in der Sioux-Sprache »Sin-ta-galles-sca«) führten dem erlauchten

Besucher die indianischen Jagdmethoden vor. Dabei taten sie ihr Bestes, um einen ausgezeichneten Eindruck zu hinterlassen. Auch unterhielten sie ihre weißen Gäste mit Liedern und Tänzen im Indianerdorf, das

ausnahmsweise blitzsauber war. Das Versprechen der Armee, den Rothäuten bei guter Aufführung 25 Wagenladungen Geschenke zukommen zu lassen, hatte bei den Sioux ein wahres Wunder bewirkt und Spotted Tail zuvorkommend gemacht.

Zwielichtiger Kriecher oder umsichtiger Unterhändler?

Der Häuptling der Brulé-Sioux war zwar als tollkühner Anführer im Kampf und als beredter Diplomat weit und breit bekannt, aber seine Übertreibungen, wie die obige Bisonjagd, die er aus reiner Willfährigkeit auf die Beine gestellt hatte, brachten ihn innerhalb der Sioux-Nation ins Zwielicht. Seine Einstellung gegenüber den Bleichgesichtern war immer von Widerspruch gezeichnet. 1866 zum Beispiel hatte er sich vertraglich verpflichtet, mit seinem Volk in ein Reservat zu ziehen und dort den Boden zu bebauen. Weil er aber die Jagd der Landwirtschaft vorzog, drückte er sich so lange wie möglich an der Vertragserfüllung vorbei und kämpfte im Pulverfluss-Gebiet an der Seite von Red Cloud.

Nachdem er das Lager der Feindseligkeiten endgültig verlassen und sich dem Willen der Weißen unterworfen hatte, unternahm er einige Delegationsreisen nach Washington und lebte fortan von den Almosen der Regierung. Er befürwortete den Verkauf der Black Hills, der ergiebigsten Sioux-Jagdgründe, da sie aus seiner Sicht ohnedies verloren waren. Die Verhandlungen scheiterten aber, weil Weiße und Rote sich nicht über den Verkaufspreis einigen konnten. Dass er von allen Prärie-Indianern die Weißen am besten verstand, bewies er bei den Gesprächen zur Veräußerung der Schwarzen Hügel: *»Solange wir auf dieser Erde leben, wollen wir bezahlt werden. Wir wollen den Kaufvertrag für immer gegen Zinsen beim Präsidenten lassen. Wir wollen von den Zinsen des Geldes leben. Der Betrag muss so hoch sein, dass die Zinsen uns erhalten.«* Spotted Tail weilte lange genug unter den Bleichgesichtern, um mit ihnen Geldgeschäfte abzuwickeln, ohne sich übertölpeln zu lassen. Er hatte sich zum Ziel gesetzt, Frieden zu den bestmöglichen Bedingungen zu schließen und Sicherheit für seine Leute einzuhandeln.

Die rächende Kugel

Im Gegensatz zu seinem Neffen Crazy Horse, der noch um die heilige Erde der Black Hills kämpfte, als die indianische Sache schon aussichtslos war, beteiligte sich Spotted Tail nicht am Kampf, sondern ließ sich lieber von der Regierung als Anerkennung für erwiesene Dienste zum Häuptling aller Sioux-Reservate in Dakota ernennen. In seinen Augen war Crazy Horse kein heldenhafter Freiheitskämpfer, sondern ein ganz gemeiner Unruhestifter, der mit seiner Unnachgiebigkeit die Sioux tief ins Unglück gestürzt hatte.

Über Spotted Tail schreibt E. Hearting: *»Die Regierung hatte Geflecktem Schweif mehrmals auffällige Beweise ihrer Dankbarkeit geleistet. Als letzte und schönste Gabe erhielt er ein richtiges kleines Einfamilienhäuschen geschenkt. Doch durfte er sich an dieser wahrhaft splendiden Gabe nicht lange freuen. Ehe er sich wohnlich eingerichtet hatte, traf ihn die rächende Kugel. Es gab also noch Indianer, die würdeloses Katzbuckeln vor den Siegern zu bestrafen wussten!«*

Am 5. August 1881 erschoss der Unterhäuptling Crow Dog (Krähenhund) sein Stammesoberhaupt, mit dem er sich überworfen hatte, in der Nähe des Rosebud-Reservats in Süd-Dakota.

Crow Dog (1832 bis 1918), ein Brulé-Sioux-Unterhäuptling, der am 5. August 1881 sein Stammesoberhaupt Spotted Tail ohne viel Federlesens erschoss und später die Geistertanzbewegung mittrug (Foto: John A. Anderson, 1898)

Red Cloud (Rote Wolke), Oberhäuptling im Krieg und Diplomat im Frieden *1822 bis 10.12.1909*

Als einer der fähigsten militärischen und politischen indianischen Führer des 19. Jahrhunderts organisierte Red Cloud den Widerstand der Sioux gegen die auf ihrem Gebiet errichteten Forts der US-Armee (1865 bis 1868)

Red Cloud, Häuptling der Oglalla-Sioux

Heftiges Feuer prasselte auf die völlig überraschten Soldaten nieder. Plötzlich waren sie vom Kriegsgeheul der Sioux umgeben. Um Captain Fettermans Kolonne, die aus Fort Phil Kearny ausgerückt war, um einem eingekesselten Holzfällerzug zu helfen, schloss sich die Zange des indianischen Hinterhaltes. Nirgends fanden die Blauröcke Deckung vor den überall umhersausenden Pfeilen. In knapp 40 Minuten starben die 81 Soldaten des Indianerhassers Fetterman, der häufig damit geprahlt hatte, *»mit achtzig Mann könne er durch die gesamte Sioux-Nation reiten«*.

Die Fetterman-Schlacht

Auf einer Erhebung unweit des Kampfgetümmels hatte eine eindrucksvolle Indianergestalt mit mächtiger Federhaube und auf prachtvoll rotweiß geflecktem Hengst beobachtet, wie die Soldaten aus dem nahe gelegenen Fort auf das älteste Täuschungsmanöver der Prärien, auf den Lockvogel-Trick, hereinfielen und ahnungslos in die von ihm gestellte Falle hineintappten. Als unten im Talkessel die Weißen verblutet waren, verließ Häuptling Red Cloud (Rote Wolke oder Machpiyaluta in der Sioux-Sprache) seinen Beobachtungsposten und lenkte sein Pferd hinunter zur mit Leichen übersäten Walstatt.

Siegesfreude erfüllte sein Herz. Nur durch seine Entschlossenheit und seinen unbändigen Kampfeswillen war es ihm gelungen, die Sioux und ihre Verbündeten zum erbarmungslosen Krieg gegen die Landnahme der Bleichgesichter aufzurufen, den Kreis um das mitten im Indianerland gebaute Fort Phil Kearny immer enger zu ziehen und am 21. Dezember 1866 zum entscheidenden Schlag auszuholen.

Der 1822 am Platte River in Nebraska geborene Oberhäuptling und legendäre Diplomat der Oglalla-Sioux widersetzte sich zwischen 1865 und 1868 mit aller Gewalt dem Vordringen der Weißen ins Powder-River-Land, welches das gesamte Gebiet zwischen den Rocky Mountains, den Black Hills und dem Yellowstone-Fluss umfasste.

Fort Laramie – eine Stätte des Verrats

Als im Juni 1866 eine Friedenskommission alle Sioux-Häuptlinge nach Fort Laramie zu einem Vertragspalaver einlud, machte sich

eine große Indianerdelegation unter der Führung Red Clouds auf den Weg dorthin. Die Vorschläge der Washingtoner Regierung liefen darauf hinaus, die Sioux und die mit ihnen verbündeten Stämme dazu zu bewegen, den Bau von Überlandstraßen und Eisenbahnlinien durch das Pulverfluss-Gebiet zu gestatten und für die Sicherheit aller Durchreisenden zu bürgen. Für Red Cloud dürfte die Versuchung groß gewesen sein, den Vertrag zu unterzeichnen und für eine einfache Unterschrift Gewehre und Munition entgegenzunehmen. Mitten in den Verhandlungen vernahm man plötzlich Trompetengeschmetter und ein Fortbautrupp unter Colonel Henry Carrington marschierte an den verblüfften Häuptlingen vorbei. Als erster gewann Red Cloud die Fassung zurück und er schrie mit zornig blitzenden Augen: »Der Große Weiße Vater schickt uns Geschenke und will, dass wir ihm die Straße verkaufen, aber der Weiße Häuptling geht mit den Soldaten die Straße stehlen, ehe die Indianer ja oder nein sagen.« Daraufhin verließ er mit den anderen Häuptlingen die Stätte des Verrats und suchte fortan, mit allen Mitteln die Eröffnung eines Weges quer durch das Sioux-Gebiet nach den Goldfeldern in Montana zu verhindern.

Trotz der Drohung Red Clouds, dass er alle Soldaten töten und alle Befestigungen schleifen werde, errichtete Oberst Carrington, der Dampfmaschinensägen, Mähmaschinen und eine große Werkstattkolonne mit sich führte, im Herzen des Indianerlands die drei Forts Phil Kearny, C. F. Smith und Reno.

Der Oglalla-Oberhäuptling sorgte dafür, dass diese militärischen Niederlassungen vom ersten Axthieb bis zu ihrer späteren Vernichtung von tragischem Unglück heimgesucht wurden. Mit täglichen Angriffen verunsicherte er Soldaten und Holzfäller. Sein gnadenloser Guerillakrieg gegen die Besatzungstruppen dauerte den ganzen Sommer 1866. Eine Atmosphäre von Angst und Schrecken umwitterte die Forts. Der ganze Verkehr durch das Pulverfluss-Gebiet

wurde durch Red Clouds Hinterhalte zum Erliegen gebracht.

Nach seinem erfolgreichen Überfall auf die Kolonne Captain Fettermans im Dezember 1866 war die Garnison von Fort Phil Kearny so zusammengeschmolzen, dass die Festung beim ersten Angriff hätte genommen werden müssen. Red Cloud verpasste jedoch diese einzigartige Gelegenheit. Der Historiker Stephen E. Ambrose liefert dafür folgende Erläuterung: »Niemand im Fort schlief in jener Nacht, aber der befürchtete Angriff der Indianer auf das Fort blieb aus. Die Weißen erklärten es sich damit, dass die Indianer nachts nicht kämpfen, weil sie fürchteten, nicht in die Ewigen Jagdgründe eingehen zu können, wenn sie bei Dunkelheit starben. Aber das war es nicht. Die Indianer kämpften nicht bei Nacht, weil die Bogensehnen durch den Tau feucht wurden und nicht brauchbar waren. Da sie sich mit dem Wetter auskannten, wussten sie, dass es einen Schneesturm geben würde, und wollten rechtzeitig in ihr Lager zurückkehren.«

Ein Blizzard, der mit urplötzlicher Gewalt von den Bergen heruntergebrochen war, hatte Red Cloud im letzten Augenblick daran gehindert, nach dem Fetterman-Massaker die gesamte Garnison der Niederlassung auszulöschen. Aufgeschoben war nicht aufgehoben. Noch immer wies seine Speerspitze auf die hölzernen Palisaden von Fort Phil Kearny.

Der Kampf an der Wagenburg

Eine blutige Abfuhr holte sich der Sioux-Stratege am 2. August 1867, als er mit einer überlegenen Streitmacht eine starke Holzfällerkolonne angriff, die sich hinter einer Wagenburg verschanzt hatte. Ein unerwartetes, unfassliches Dauerfeuer schmetterte die Sioux dahin. Reihenweise wurden die heranstürmenden Rothäute vom bleiernen Tod gefällt. Salve um Salve hagelte in das Menschen- und Pferdeknäuel. Und immer wieder trieben unbändiger Hass und fanatische Tapferkeit die scheußlich bemalten In-

Nach seinem Sieg in der Fetterman-Schlacht und seiner Niederlage an der Wagenburg setzte Red Cloud auf Friedensverhandlungen

dianer an die Wagenburg heran, die unter dem anschwellenden Dröhnen der Pferdehufe erzitterte. Über 300 beherzte Krieger ließen das Leben in dieser Feuerhölle, die die Hoffnung des roten Volkes dahinraffte. Red Cloud, der durch diese große Niederlage ins Innerste getroffen war, hatte nicht gewusst, dass die Besatzung von Fort Phil Kearny inzwischen mit fabrikneuen Springfield-Allen-Gewehren ausgerüstet worden war. Diese Feuerwaffen ermöglichten es 30 Mann, die gesamte Sioux-Nation abzuwehren, und brachten Red Clouds Stern zum Sinken.

Obwohl der Oglalla-Oberhäuptling nach vielen, für die Weißen verlustreichen Gefechten in der Wagenburg-Schlacht vernichtend geschlagen worden war, beschloss die Regierung einzulenken, weil ihr nicht an einem kostspieligen Indianerkrieg gelegen war. Die Heeresleitung befahl, die im Indianerterritorium errichteten Forts so schnell wie möglich zu räumen. Diese hatten sich als regelrechte Mausefallen erwiesen, in denen die Soldaten festsaßen. Somit waren die Grenzstreitkräfte völlig nutzlos, da sie die durchs Pulverfluss-Gebiet ziehenden Siedlertrecks nicht schützen und die aufsässigen Sioux nicht angreifen konnten.

Indem er 1868 den Friedensvertrag von Fort Laramie erzwang und seine Bedingungen durchsetzte, gelang es Red Cloud, sich diplomatisch einen großen Sieg zu erkämpfen

Red Clouds »Friedenskreuzzug«

Als im August 1868, ein Jahr nach dem schrecklichen Kampf an den Wagenbarrikaden, die US-Truppen ihre befestigten Stellungen im Powder-River-Land aufgaben, setzten die Sioux diese verhassten Wahrzeichen bleichgesichtiger Landräuberei in Flammen und ließen nur noch ein Gewirr verkohlter Stämme zurück. Erst nachdem er die verlassenen Forts in Brand gesteckt hatte, erschien Red Cloud am 6. November 1868 in Fort Laramie, um dort einen ihn befriedigenden Friedensvertrag zu unterzeichnen, der den berechtigten Forderungen der Sioux Rechnung trug. Für ihn war die Zeit gekommen, aus dem Kriegsgeschehen auszuscheiden. Mit seinem Volk siedel-

te er sich im Reservat an, das nach ihm Red-Cloud-Agentur benannt wurde.

Auch wenn er sich nicht mehr dazu verleiten ließ, gegen die Armee ins Feld zu ziehen, hatte er sich trotzdem nicht von den Bleichgesichtern kaufen lassen: »*Die Weißen sind eine Pest. Nein, schlimmer als das. Ich bin müde vom vielen Kämpfen und Sprechen. Eins aber haben wir von ihnen gelernt, das wir vorher nicht wussten: den Tod zu lieben.*« Konnte er ihnen nicht mehr mit Waffengewalt beikommen, so griff er jetzt auf die Mittel der Diplomatie zurück, um den weißen Vormarsch einzudämmen. Er startete einen »Friedenskreuzzug« durch die weißen Städte des Ostens, wo er in Pressekonferenzen und Vorträgen mit stolzem Ernst unzählige Zuhörer über die Belange seines Volkes aufklärte. Am Abend des 6. Juni 1870 wurde er während eines feierlichen Empfangs US-Präsident Ulysses S. Grant vorgestellt, dem er ohne Umschweife erklärte: »*Der Große Weiße Vater mag zur Kenntnis nehmen, dass alles Gerede über Krieg und Frieden sinnlos ist, solange man uns nicht das Recht zugesteht, zu leben, wie wir es wollen. Nachdem die Weißen alle Friedensverträge stets gebrochen haben, die sie mit uns schlossen, kann man nicht von uns erwarten, dass wir denen, die mit gespaltenen Zungen reden, noch ein Wort glauben. Wir glauben nur noch an Taten.*« Dank seiner überzeugenden Rednergabe vermochte er mit so viel Hingabe und Leidenschaft für die indianische Sache einzutreten, dass die Presse des amerikanischen Ostens und auch die öffentliche Meinung immer offener Partei für die Sioux ergriff.

Als jedoch Geologen Goldvorkommen in den Black Hills ausmachten und daraufhin tausende von Goldsuchern ins Sioux-Land fluteten, schreckte Red Cloud nicht davor zurück, vor aller Welt die hemmungslose Habgier des weißen Mannes und die verlogene Heuchelei der US-Politiker zu geißeln: »*Seht hin, was in den heiligen Bergen meines Volkes geschieht! Weiße strömen wie Ameisen in unser Land, graben nach Gold und töten alles Wild im weiten Umkreis. Wir aber neh-*

Red Clouds Schlafzimmer: Im Westen des Pine-Ridge-Reservats befand sich Red Clouds Haus. Das vorliegende Foto entstand kurze Zeit nach dem Massaker von Wounded Knee (Foto: Clarence G. Morledge, 1891)

men nun den Großen Weißen Vater beim Wort: Es steht in seinem Namen geschrieben, dass Soldaten die Unverletzlichkeit unseres Landes garantieren. Bitte, nun soll der Große Weiße Vater beweisen, dass er kein Lügner ist.«

Dieser Beweis ist noch heute zu erbringen, denn es dauerte nicht lange, bis die Armee ins Sioux-Gebiet marschierte, um das Indianerproblem aus der Welt zu schaffen.

Red Cloud muss innerlich gejubelt haben, als er vom großen Sieg der vereinigten Sioux, Cheyennes und Arapahos am Little Big Horn erfuhr. Und trotzdem dürfte diese Nachricht keinen Lichtschimmer in sein qualvolles Reservatsdasein gebracht haben. Red Cloud war nämlich nach seinen Besuchen in den weißen Städten tief von der Gewissheit durchdrungen, dass sein Volk für immer verloren hatte.

Empört und gedemütigt

Mit großer Anteilnahme verfolgte der ergraute Sachem das Aufkommen der Geistertanz-Bewegung, die sich wie ein Lauffeuer unter den Sioux-Stämmen verbreite-

te. Als das 7. US-Kavallerie-Regiment im Dezember 1890 bei Wounded Knee die Indianerkolonne des schwer lungenkranken Häuptlings Big Foot (Großer Fuß) bis auf das letzte Kind niedermetzelte, schrie der alte Oberhäuptling mit letzter Kraft seinen Ekel vor dieser schändlichen Bluttat in die so genannte zivilisierte Welt hinaus. Dem betagten Red Cloud wurde keine Demütigung erspart: Ein Sheriff, der den Knall seiner Büchse gehört hatte, warf ihn kurzerhand ins Gefängnis, weil er auf den ehemaligen Jagdgründen seines Volkes ohne Jagdbewilligung einen Hasen erlegt hatte. Ein Augenleiden verdüsterte noch zusätzlich seine letzten Jahre.

Sein Leben war reich an schmerzlichen Enttäuschungen, die er nur schwer verkraften konnte und die eigentlich die stürmischen Höhepunkte seines Kriegerdaseins für immer überschatteten. Die Erlösung aus der irdischen Pein ließ lange auf sich warten. Erst im hohen Alter von 87 Jahren verschied dieser geschickte Heerführer, außergewöhnliche Diplomat und große Patriot, der das Wohlergehen seines Stammes über alles stellte, im Pine-Ridge-Reservat in Süd-Dakota.

Nachdem Red Cloud aus dem Kriegsgeschehen ausgeschieden war, erwuchsen den Weißen in Crazy Horse und Sitting Bull zwei noch gefährlichere Feinde, die der US-Kavallerie am Little Big Horn die bitterste Niederlage des 19. Jahrhunderts bereiteten

Sitting Bull (Sitzender Büffelstier), Seher und Sachem *1834 bis 15.12.1890*

Sitting Bull (1834 bis 15.12.1890), Sachem, Schamane und Seher der Hunkpapa-Sioux, der den indianischen Widerstand in den Plains und Prärien vor allem in den siebziger Jahren des 19. Jahrhunderts anführte und für das herrliche, starke Wort lebte, kämpfte und litt: »Besser im Kampf aufrecht zu fallen, als in der Knechtschaft auf den Knien zu leben!«

Mit tückisch funkelnden Augen preschte der Büffelstier auf Hakada, Ite-o-Magazu und deren Begleiter Wambli-luta zu. Das erboste Tier – ein alter, vergrämter Einzelgänger, für den die drei Indianer ungebetene Eindringlinge auf seinem Gebiet waren – wendete sich plötzlich in unbändiger Wut gegen Ite-o-Magazu, als der junge Hakada dem Ungetüm seine Lanze in die Flanke stieß. Unvermittelt knickten die stämmigen Hinterbeine des gefährlichen Bullen ein, der *»in einer seltsamen, gleichsam sitzenden Stellung, als wollte er seine Überwinder nochmals prüfend mustern, verendete«* (E. Hearting). Wambli-luta, der seinen Sohn aus höchster Lebensgefahr gerettet sah, beglückwünschte seinen Neffen Hakada für die große Tat. Fortan sollte der tapfere Jüngling Tatanka Yotanka (Sitting Bull) heißen, in Erinnerung an diesen ersten Büffel, den er im Alter von knapp zehn Jahren erlegte.

Als Hakadas Vater während eines heimtückischen Überfalls feindlicher Chippewas sein Leben verlor, konnte seine Mutter mit ihrem kleinen Sohn fliehen, den sie, sorgsam in eine Decke gehüllt, aus der Gefahrenzone brachte.

Ihr ältester Bruder Wambli-luta (Roter Adler), der Medizinmann der Hunkpapa-Sioux, nahm den Jungen unter seine Obhut und gelobte, ihn zu einem wurdigen Nachfolger des gefallenen Vaters zu erziehen. Tiefe Freundschaft verband den bedächtigen Hakada mit Wambli-lutas einzigem Sohn, dem waghalsigen Hitzkopf Ite-o-Magazu (Rain-in-the-Face). Als Vater und Sohn mit Hakada auf dem Weg zum großen Felsengebirge waren, damit dieser in völliger Abgeschiedenheit sich darauf vorbereiten könne, dereinst die Würde des Medizinmannes zu tragen, ereignete sich der gefährliche Zwischenfall mit dem gereizten Büffelbullen. Durch seine heldenhafte Tat

verdiente sich der Junge seinen Kriegernamen, der in die Geschichte der Sioux eingehen sollte.

Vom Medizinmann zum Oberhäuptling

Kurz nachdem er seinen ersten Gegner bei einem Gefecht mit Crows getötet hatte, wurde Sitting Bull mit 15 Jahren zum Krieger geweiht. Nach und nach führte sein Lehrmeister Wambli-luta ihn in die Welt der indianischen Geister ein, lehrte ihn Zaubersprüche rezitieren und Visionen deuten, eröffnete ihm die Geheimnisse der Heilkunde und der ärztlichen Praxis. Als sein geliebter Onkel unerwartet an einem Herzschlag verschied, musste er bereits als Jugendlicher in die Bresche springen und die Pflicht des Medizinmannes übernehmen. Sechs Winter später wurde er einstimmig vom Rat der Ältesten zum Oberhäuptling der Hunkpapa-Sioux ernannt. Somit bekleidete er das verantwortungsvolle Doppelamt des Sachems und Sehers schon in jungen Jahren.

Seine kräftige, breitschultrige Gestalt und sein einprägsames Gesicht mit der geschwungenen Adlernase und den hervorspringenden Backenknochen beeindruckten gleichermaßen Indianer wie Weiße und wurden zum Symbol des erbitterten Widerstands gegen das bleichgesichtige Vordringen ins Sioux-Gebiet.

Der Historiker S. E. Ambrose sieht in Sitting Bull einen außergewöhnlichen Mann: *»Er war Redner, Philosoph, Ratgeber, Propagandist seiner Sache, Laienprediger, Lehrer, Ehemann und Vater, Heiler von Kranken, Seelenkundiger, politischer Führer.«* Bereits früh zeigte er sich als geschickter und zäher Unterhändler, der sich nicht so leicht

von den Weißen übertölpeln ließ. Vor die Entscheidung zwischen Unterwerfung oder Vernichtung gestellt, wollte er lieber kämpfen und leiden für das starke Wort: *»Besser im Kampf aufrecht zu fallen, als in der Knechtschaft auf den Knien zu leben!«*

Das gewaltigste Indianertreffen aller Zeiten

Von 1869 bis 1876 behielt Sitting Bull ohne Unterbrechung das Kriegsbeil ausgegraben. Er organisierte den indianischen Widerstand, als 1872 Goldvorkommen in den Black Hills im Herzen des Sioux-Gebiets entdeckt wurden und Goldgräber sich scharenweise auf den Weg machten.

Nachdem der Oglalla-Oberhäuptling Red Cloud aus dem Kampf gegen den weißen Feind ausgeschieden war, bildeten Sitting Bulls Hunkpapas jetzt die scharfe Speerspitze im Krieg gegen die gold- und landgierigen Bleichgesichter.

Als die amerikanische Regierung im Jahre 1875 die Sioux dazu drängte, die Black Hills zu verkaufen, führte Sitting Bull die Ablehnungsfront an. Er war sich nämlich im Klaren darüber, dass der Verlust der angestammten Jagdgründe den endgültigen Untergang bedeutete. Er schickte Läufer aus, die alle Stämme der Teton-Sioux, der Cheyennes und Arapahos zu einem großartigen Sonnentanz, zu Büffeljagden wie in alten Zeiten und zum gewaltigsten Indianertreffen der Geschichte einluden. Im Rosebud-Tal versammelte er im Juni 1876 in einem fünf Kilometer langen Zeltlager die stärkste Kriegsmacht, die jemals ein einziger Häuptling unter seiner Führung vereinigt hatte.

Sitting Bull nahm selbst an der Sonnentanz-Marter teil, ließ sich 100 Stücke Fleisch aus beiden Armen schneiden und tanzte 18 Stunden lang bis zur Bewusstlosigkeit. Als er aus seinem Zustand der Erschöpfung erwachte, verkündete er, was er im Traum gesehen hatte. Viele blau gekleidete Soldatenleichen bedeckten den blutüberströmten Boden des Indianerlagers, durch das skalp-geschmückte Krieger ritten. Sitting Bulls Vision bedurfte keiner langen Erläuterung. Sie prophezeite einen Angriff auf das große Dorf der Indianerkoalition, bei dem alle Blauröcke ums Leben kommen sollten.

Der erhabenste Augenblick der Sioux-Nation

In der Tat wurde der 25. Juni 1876 zu einem schwarzen Tag in der Geschichte der US-Armee. Wie ein Bienenschwarm stürzten sich die am Little Big Horn vereinten Prärie-Stämme auf die Kolonnen des 7. Kavallerie-Regiments, die sie zum Verbluten brachten. Pferdehufe donnerten, Streitäxte klirrten, Pfeile zischten, Schüsse knallten. *»Viel war nicht zu sehen. Nur Staub und Pulverqualm. Und es dauerte nicht länger, als ein Mann braucht, um eine Pfeife zu rauchen«*, schilderte Black Medicine den Kampf, an dem er wegen einer Knieverletzung nur als Zuschauer teilnahm. *»Die Schlacht am Little Big Horn war der erhabenste Augenblick im Leben der Sioux-Nation. Nie zuvor war das Volk der Sioux so eng verbunden gewesen, und sollte es auch nie wieder sein. Noch nie zuvor hatten die Sioux-Krieger einen so genialen Anführer gehabt, und sie würden ihn auch nie wieder haben.«* (S. E. Ambrose).

Sitting Bull hatte ein gewaltiges Indianerbündnis von über 3 000 Kriegern auf die Beine gebracht, den Ort des letzten Kampfes sorgfältig ausgewählt und Kriegshäuptling Crazy Horse mit der Ausführung seiner Befehle betraut. Crazy Horse gewann die Schlacht am Little Big Horn durch seine überlegene Kriegsführung, Sitting Bull durch sein außergewöhnliches

Sitting Bull war der klar denkende Kopf der indianischen Verweigerung in den Plains und Prärien in den siebziger Jahren des 19. Jahrhunderts. Ihm gelang das Bravourstück, die größte Indianerversammlung der Geschichte zu organisieren, über die stärkste indianische Kriegsmacht aller Zeiten zu gebieten und der US-Armee eine der schlimmsten Niederlagen der Indianerkriege zu bereiten

Roter Tomahawk, der den tödlichen Schuss auf Sitting Bull abfeuerte

Organisationstalent. Mit dem Miami-Häuptling Little Turtle gehören beide ohne Zweifel zu den bedeutendsten und auch erfolgreichsten militärischen Könner der indianischen Rasse. Beide hatten sich am Little Big Horn zusammengeschlossen, um sich so lange wie möglich jeder zwangsweisen Veränderung ihres traditionellen Lebensstils zu widersetzen. Dieser Schwur hatte eine tiefe Verbindung zwischen ihnen aufkommen lassen. Sitting Bulls Äußerung *»Gott hat aus mir einen Indianer, aber keinen Reservat-Indianer gemacht«* galt auch für Crazy Horse.

Als die Fackel des indianischen Freiheitskämpfers erlosch

Nach ihrem Sieg am Little Big Horn zersplitterten sich die vereinten Prärie-Stämme in kleine Gruppen, um der drohenden Umkreisung durch die amerikanische Armee zu entgehen, zündeten das Gras hinter sich an, um der weißen Übermacht die Verfolgung zu erschweren, und ließen den Feind ins Leere laufen. Aus den gefürchteten Siegern wurden heimatlose Gejagte, denen die Weißen überall nachsetzten. Damit erlosch die Fackel des indianischen Freiheitskampfes für alle Zeiten.

General Miles veranstaltete mit seinen Soldaten eine gnadenlose Hetzjagd auf Sitting Bull, der mit seinem Gegner Katz und Maus spielte. Erst nachdem er einen für des Generals Truppen bestimmten riesigen Verpflegungs- und Munitionszug ausgeraubt hatte, entschloss er sich endlich, am 22. April 1877 vor der Rache der Armee nach Kanada in das »Land der Großmutter« – damit meinten die Indianer Königin Victoria – zu fliehen. Das karge und harte Brot der Fremde schmeckte ihm und den Seinen nicht, die Sehnsucht nach den heimatlichen Jagdgründen verzehrte sie förmlich, das Heimweh nagte an ihren Herzen. Nach einer vierjährigen Verbannung kehrte Sitting Bull am 20. Juli 1881 mit 45 Kriegern, 67 Frauen und 73 Kindern in die Vereinigten Staaten zurück und ergab sich in Fort Buford. Nach zweijähriger strenger Haft in Fort Randall ließ er sich im Standing-Rock-Reservat inmitten seiner Hunkpapas nieder. Zwei Jahre lang war er die Hauptattraktion in der Wildwest-Revue im Zirkus von Buffalo Bill, dem früheren Büffeltöter, der den Häuptling von Stadt zu Stadt mitschleppte, ihn der Menge zur Schau stellte und damit viel Geld verdiente.

Als der Geistertanz-Glaube 1890 die indianischen Völkerschaften ergriff und besonders in den Sioux-Reservaten begeisterte Anhänger fand, hielt die Regierung Sitting Bull für die Seele der sich abzeichnenden Revolte. Als der Häuptling sich der Zwangsumsiedlung ins Pine-Ridge-Reservat widersetzte, bekam die Indianerpolizei den Befehl, ihn kurzerhand zu verhaften. Als bei seiner Festnahme am 15. Dezember 1890 ein Handgemenge entstand, erschoss ihn der Indianersergeant Red Tomahawk. Sitting Bull liegt in einem Winkel des Militärfriedhofs von Fort Yates in Nord-Dakota begraben.

Sitting Bull auf der Flucht nach Kanada: Ein paar Monate nach dem Custer-Massaker entzog sich Sitting Bull dem Zugriff der US-Kavallerie, indem er mit seiner Frau, seiner übrigen Familie und seinen Anhängern nach Kanada flüchtete

Crazy Horse (Wildes Pferd), Feldherr und Stratege
1841 bis 5.9.1877

Nackt bis auf den Lendenschurz, eine einfache Falkenfeder im langen Haar, die Winchester-Büchse fest umkrallt … ließ Crazy Horse seinen Blick über das Wirrwarr des Schlachtfeldes schweifen. Unermüdlich feuerte er seine bemalten Krieger an, die überraschten Bleichgesichter in einem geschickten Zangenangriff niederzumähen. Sirrend flog Pfeil um Pfeil von den Sehnen. Schuss um Schuss knallte in die zusammengeschmolzenen Bataillone der Blauröcke. Zu Dutzenden fielen die Soldaten aus den Sätteln, Pferde überschlugen sich und erbitterte Nahkämpfe flammten auf. Kriegsgeschrei, Pulverdampf, Blutgeruch, Staubnebel, Schusswaffengeknatter, Wolken von Pfeilen und Lanzen hüllten das Getümmel ein. An der Stelle, wo der letzte Widerstand geleistet wurde, stand Lieutenant Colonel (Oberstleutnant) George Armstrong Custer »wie eine Getreidegarbe inmitten gefallener Ähren«, bis auch er – auf Hände und Knie gestützt und aus einer Wunde an der Brust blutend – das Leben aushauchte. In weniger als 20 Minuten waren Custer und seine 225 Soldaten tot.

Diese für die Truppen so verhängnisvolle Schlacht vom 25. Juni 1876 am Little Big Horn versetzte ganz Amerika in Aufruhr. Die vereinigten Stämme der Sioux, Cheyennes und Arapahos hatten eines der besten US-Reiterregimenter zum Verbluten gebracht und der amerikanischen Armee die schwerste Niederlage seit dem Sezessionskrieg bereitet. In den Extrablättern mit der niederschmetternden Nachricht tauchte ständig die Frage auf, welcher Indianerhäuptling wohl das »Custer-Massaker« geplant und siegreich ausgeführt habe.

Es war kein anderer als Crazy Horse, berühmter Kriegshäuptling der Oglalla-Sioux und blendender Stratege in taktisch brillanten Reiterschlachten.

»Curly«, der Lockige

Crazy Horse wurde im Herbst 1841 als Sohn eines Medizinmannes geboren. Der Knabe, der auf einem weichen Rehfell das Licht der Welt erblickte, unterschied sich durch sein hellbraunes, lockiges Haar und seine helle Haut von den anderen Oglalla-Babys. Short Bull (Kurzer Büffelstier), der mit ihm aufwuchs, sagte später von ihm: *»Seine Züge waren anders als die unsrigen. Sein Gesicht war schmal, seine Nase scharf geschnitten und gerade. Er hatte schwarze Augen, die einen fast nie direkt ansahen. Trotzdem entging ihnen nichts von dem, was um ihn herum geschah.«*

Schon während seiner Kindheit wurde »Curly«, der Lockige, wie seine Eltern ihn nannten, dazu angespornt, den jungen Kriegern nachzueifern und stets tapfer zu sein. Hierbei erwies sich die Prärie als ausgezeichnete Schule. Früh entwickelte er sich zu einem der verwegensten Jungen seiner Altersgruppe, der als erster einen Bison erlegte und an einem Kriegszug gegen feindliche Crows und Shoshonen teilnahm.

Im Gegensatz zu seinen Kameraden, die gerne mit ihren Taten vor dem ganzen Dorf prahlten, war er zurückhaltend und bescheiden. *»Er war ein sehr stiller Mensch, außer wenn es einen Kampf auszufechten galt«*, berichtete sein Jugendgefährte He Dog (Rüde). Er rühmte sich nie seiner Leistungen und blieb auch sämtlichen zeremoniellen Feiern seines Stammes fern. So zum Beispiel unterzog er sich nicht der Feuerprobe des Sonnentanzes, nicht weil er diese qualvolle Selbstmarterung fürchtete, sondern weil er es nicht für nötig fand, die Fähigkeit, Schmerzen zu ertragen, zur Schau zu stellen.

Crazy Horse (1841 bis 5.9.1877): Obwohl dieses Bild Crazy Horse zugeschrieben wird, gibt es eine Reihe von Historikern, die der Meinung sind, es gebe kein Foto, auf dem er mit Sicherheit abgebildet ist

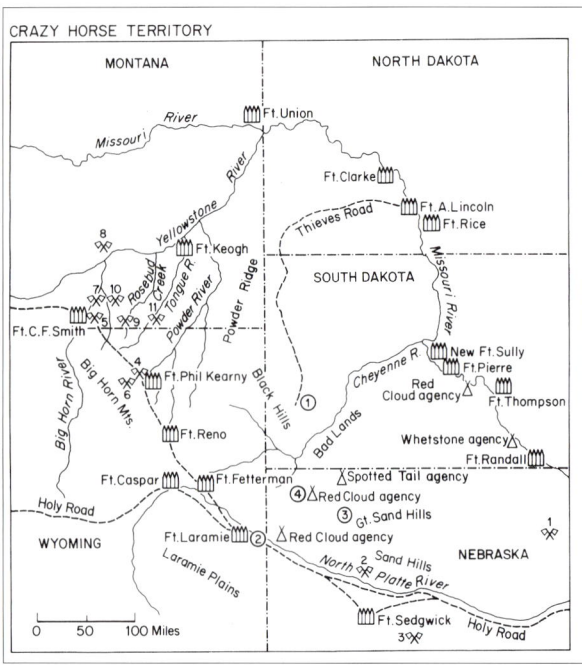

CRAZY HORSE TERRITORY

Das Crazy-Horse-Gebiet

Oft ritt Curly allein über die Prärie, bis er eine völlig fremde Gegend erreichte. Dort konnte er in einer grenzenlosen Einsamkeit seinen Gedanken nachhängen. Er war nämlich von dem Wunsch beseelt, eine traumhafte Vision zu haben, die zum Leitstern seines Lebens würde. Als er sich einmal zwei Tage lang wach hielt, indem er spitze Steine unter seinen Rücken legte, erfüllte sich seine Hoffnung.

Die Vision eines mächtigen Reiters

Plötzlich war die Erscheinung da. Der Himmel spaltete sich. Ein überirdisches Licht überflutete die Umgebung. Ein mächtiger Krieger, hinter dem sich viele Gefolgsleute drängten, schwebte auf einem fahlen Hengst zur Erde nieder. Schattenhaft sichtbare Feinde tauchten jetzt vor dem Reiter auf, der unverletzlich zwischen ihnen hindurchritt, gefeit gegen Kugeln und Pfeile. In seinem Rücken erhob sich schlagartig einer seiner Begleiter, der den kühnen Kämpfer an den Armen packte und fest hielt. In diesem Augenblick erkannte Curly den tapferen Krieger: Er selbst war der Reiter. Dann verblasste der Traum so schnell wie er gekommen war, und Curly war wieder bei Sinnen.

Als der Junge seinem Vater von der Vision erzählte, deutete der erfahrene Medizinmann sie folgendermaßen: Curly werde zu jenem mächtigen Reiter heranwachsen

und im Kampfe stets der Erste und Vorderste sein, unverwundbar durch Kugeln und Pfeile, solange er seinen Rücken abschirme.

Und aus dem Traum wurde Wirklichkeit. Der Jüngling Curly reifte zum ungewöhnlich tapferen, tatkräftigen und unternehmungslustigen Kriegshäuptling Crazy Horse (in der Sioux-Sprache »Tashunko Witko«, frei übersetzt »Wildes Pferd«) heran. Mit Überraschungsangriffen auf Einwanderersiedlungen und Wagenzüge versuchte er, dem Treck der Weißen nach Westen Einhalt zu gebieten. Er sprach den Bleichgesichtern das Recht ab, einen Wagenweg und eine Reihe von Forts durch das den Sioux gehörende »Powder-River-Land« zu bauen. Im Pulverfluss-Gebiet zwischen den Rocky Mountains, den Black Hills (wo Goldfunde weiße Schürfer und Spekulanten zuhauf anzogen) und dem Yellowstone-Fluss befanden sich nämlich die besten Jagdgründe der ganzen Prärie.

Wechselhaftes Kriegsglück

Wie Donner dröhnten die zahllosen Hufe auf der hart gefrorenen Erde, als Crazy Horse und Red Cloud mit etwa 2 000 Kriegern mitten im Winter den größten Teil der Besatzungstruppen von Fort Phil Kearny unter dem Kommando von Captain Fetterman vernichteten (21. Dezember 1866). In knapp 40 Minuten prasselten 40 000 Pfeile auf die Soldaten nieder.

Ein verheerender Kugelhagel aus den Indianern bislang unbekannten modernen Mehrladergewehren ließ am 2. August 1867 die Blüte der Krieger von Red Cloud »in die Ewigen Jagdgründe eingehen«, als die Sioux einen Holzwagenzug überfielen. Für Crazy Horse sollte dieser Misserfolg (als Wagenburg-Niederlage in die Geschichte eingegangen) der letzte Sturmangriff sein, den er gegen Weiße in einer starken Verteidigungsstellung unternahm. Fortan vermied er es, seine Kämpfer überflüssigerweise dem mörderischen Feuer der neuen Schusswaffen auszusetzen.

In jungen Jahren hatte Crazy Horse die folgenschwere Erscheinung eines gewaltigen Kämpfers, der auf einem geisterhaften Ross aus dem Himmel der Erde entgegenritt

Des roten Mannes letzter großer Sieg

Auch befriedigte ihn seitdem die indianische Art der Kriegsführung nicht mehr. Von seinen Leuten verlangte er unbedingten Gehorsam und strenge Disziplin. Jedes vorzeitige, ungestüme Vorpreschen hitzköpfiger Krieger bestrafte er. In ihm regte sich der militärische Stratege, der seine eigenen Truppen schonte, sie als geschlossene Einheit in den Kampf führte und Verluste niedrig hielt. Mit Vorliebe griff er auf den alten Lockvogel-Trick zurück, klügelte meisterhafte Hinterhalte aus und brachte dem Gegner zahlreiche Schlappen bei. Seine Devise war: *»Keine Coups. Wenn ihr schießt, dann tötet.«* Ein bekannter Ausspruch von ihm lautete: *»Es ist nur eine Frage, ob man wie ein Hund leben oder wie ein freier Mensch sterben möchte. Wir werden kämpfen und sterben.«*

Am Rosebud River schlug Crazy Horse am 17. Juni 1876 den erfahrenen Bürgerkriegskämpfer General Crook (von den Indianern Häuptling Graubart genannt), den nur ein sofortiger Rückzug vor einer vollständigen Vernichtung bewahren konnte.

Am Little Big Horn griffen die vereinigten Präriestämme unter der Führung von Crazy Horse und Sitting Bull am 25. Juni 1876 noch einmal nach der Freiheit, bevor sie unter das Joch der Weißen gerieten. Dank seiner überragenden Feldherrenkunst erfasste Crazy Horse die Lage auf einen Blick, handelte im entscheidenden Moment mit großer Entschlossenheit, umging George Custers Flanke und griff dessen berühmtes 7. Kavallerie-Regiment aus einer unerwarteten Richtung an.

»Crazy Horse hatte seine Lektion bei der Wagenburg-Schlacht von 1867 gelernt. Damals hatte er seine Krieger dicht gedrängt durch eine enge Schlucht zum Angriff geführt, und sie hatten ihr eigenes Feuer behindert. Diesmal erkannte er, dass er seine Truppen auseinander ziehen musste, um sie wirksam einzusetzen. Außerdem hatte er eine der wichtigsten Kampfregeln gelernt: Greife den Feind nie frontal an, wenn du ihm in die Flanke fallen kannst«, schreibt Stephen E. Ambrose in seiner Biografie des großen Indianertaktikers: *»Zum ersten Mal in seinem Leben war seine Anwesenheit auf dem Schlachtfeld entscheidend für den Ausgang des Kampfes, und das nicht wegen seiner Tapferkeit, sondern wegen seines Verstandes.«*

»Ho-ka hey! Es ist ein guter Tag zum Kämpfen! Es ist ein guter Tag zum Sterben!« So hatte Crazy Horse seine Krieger vor der Schlacht am Little Big Horn angefeuert. In der Tat war der 25. Juni ein guter Tag zum Sterben gewesen, ein besserer als der, an dem der Meister des roten Kriegshandwerks ermordet wurde.

Die Rachefeldzüge der US-Armee

Nach dem Custer-Gefecht jagte die Armee die Präriestämme auf Biegen und Brechen. Schon am 8. Januar 1877 brach das Verhängnis über Crazy Horse herein. Pelzvermummte, schwarz gekleidete Soldaten unter dem Kommando von General Nelson A. Miles drangen mitten aus einem Schneesturm heraus in das stille Indianerdorf ein. Zwar gelang es Crazy Horse, die Angreifer zurückzutreiben und in die frostklirrende Nacht zu entweichen. Aber es war ein schrecklich kalter Winter. Und auch er, der zähe Verteidiger der indianischen Lebensweise, musste aufgeben. Hunger, Durst, Erschöpfung und Hoffnungslosigkeit bezwangen ihn – nicht die Waffen der Armee. Am 7. Mai 1877 ergab er sich mit etwa 300 Familien, insgesamt 889 Oglallas mit 250 Kriegern. Als er und die Seinen im Red-Cloud-Reservat bei Fort Robinson im nordwestlichen Nebraska untergebracht wurden, war ihre freie Wanderschaft über die Prärie endgültig beendet.

Der Verrat des Freundes

Hier im Reservat sollte seine Jugendvision ihr bitteres Ende finden. Dank unzähliger Taten war er zum Reiter seines Traums aufgestiegen. Stets war er beim Angriff auf den

Der Oglalla-Sioux Little Big Man spielte eine unrühmliche Rolle bei der Festnahme seines Häuptlings Crazy Horse, den er, als sich dieser der Einkerkerung durch die Weißen widersetzen wollte, derart festhielt, dass herbeieilende Soldaten ihn mit dem Bajonett durchbohren konnten

Custers peinliche Niederlage am Little Big Horn wurde zu Ansporn und Legitimation für die US-Kavallerie, die erlittene Schmach zu tilgen, was sie auf schreckliche Weise tat

Feind der Erste gewesen. Nie war er verletzt worden, weil er immer seinen Rücken abschirmte, wie man ihm im Traum befohlen hatte. Als er sich aber nach einem angeblichen Fluchtversuch der Einkerkerung widersetzte, wuchs plötzlich ein Schatten in seinem Rücken empor. Sein verräterischer Jugendfreund Little Big Man (Kleiner Großmann) packte ihn von hinten und hielt ihn fest umklammert, so wie es ihm 23 Jahre zuvor in seiner Vision verkündet worden war. Dann durchbohrten ihn mehrere Bajonettstiche herbeieilender Soldaten (5. September 1877) – ein trauriges Ende für einen der größten Indianerkämpfer aller Zeiten.

Seine Eltern, die das Herz ihres Sohnes am Fluss Wounded Knee begruben, kannten allein den geheimen Bestattungsort dieses außergewöhnlichen Indianerfeldherrn.

Crazy Horse war der bekannteste und zugleich geheimnisvollste Kriegshäuptling seines Stammes. Verschiedene Schicksalsschläge, nicht zuletzt die unglückliche Liebe zu einem Mädchen, das ihn verschmähte, ließen ihn zum Außenseiter werden, den sein Volk auch »Der Andere« nannte. Aber durch gelungene Überfälle und als glücklicher Jäger erwarb er hohes Ansehen. Auch fand er Glück und Befriedigung darin, den Hilflosen beizustehen. Schließlich war es ihm vergönnt, seine Krieger zum Sieg über die weißen Eindringlinge in der größten Schlacht der Geschichte der nordamerikanischen Indianer zu führen, die seltsamerweise auch den Untergang des roten Mannes besiegelte.

Die gigantischste Skulptur der Welt

Zurzeit entsteht ein 213 Meter langes und 187 Meter hohes Reliefbildnis von Crazy Horse im »Custer State Park« in South Dakota, wo aus dem kahlen Thunderhead Mountain des Kriegshäuptlings monumentale Skulptur gesprengt, gemeißelt und gehämmert wird.

Begonnen wurde das gigantische Denkmal im Sommer 1948 von dem Bildhauer Korczak Ziolkowski, einem Sohn polnischer Einwanderer, der von der Idee besessen war,

obwohl er wusste, dass es eine Arbeit für Generationen sein würde. Er hatte zuvor zu dem Steinmetzteam gehört, das aus dem Mount Rushmore bei Rapid City die Köpfe der vier amerikanischen Präsidenten Washington, Jefferson, Lincoln und Roosevelt gemeißelt hatte.

Proteste der dort lebenden Sioux gegen das steinerne Dokument der weißen Vorherrschaft beeindruckten Ziolkowski so stark, dass er beschloss, den Ureinwohnern in den ihnen heiligen Black Hills ein eigenes unvergängliches Ehrenmal zu setzen. So hatte bereits 1939 der Sioux-Häuptling Standing Bear, der Ziolkowskis künstlerische Arbeit am Mount Rushmore bewundert hatte, ihn in einem Brief darum gebeten, mit einem aus dem Felsen herausgehauenen Reiterstandbild von Crazy Horse das tragische Schicksal der nordamerikanischen Indianer in Erinnerung zu rufen.

Auf einem Stück Land, das Korczak Ziolkowski der Nationalparkverwaltung abkaufte, 25 Kilometer von den Granitköpfen der US-Präsidenten entfernt, begann er mit dem, was zu seinem Lebenswerk werden sollte, der gigantischsten Skulptur der Welt. Als Ziolkowski 1982 im Alter von 74 Jahren starb, wurde er in einer Felsgruft neben seinem unvollendeten Monument beigesetzt. Seiner Frau Ruth und seinen 10 Kindern hatte der strenge Patriarch das Versprechen abgerungen, sein Vermächtnis zu Ende zu führen.

Seither setzen sie des Künstlers Werk mit großer Hartnäckigkeit fort. Dabei haben sie alle Hände voll zu tun, um das »Crazy Horse Memorial« auch finanziell abzusichern und die nötigen Spenden und Eintrittsgelder aufzutreiben. Jährlich bestaunen eine Million Touristen den Fortgang der Arbeiten am Berg, der nach einem Modell von Crazy Horse umgeformt wird, und besuchen dabei das Indianermuseum, den Skulpturengarten, das Atelier, den Souvenir-Laden und das Restaurant, die den Ziolkowskis weitere Einnahmen bescheren.

Die Steinarbeiten am Monument dauern mittlerweile schon viel länger als Crazy Horse an Lebenszeit vergönnt war, doch

Verwegen, protzig, verrückt – der Worte gibt es viele für das Riesendenkmal des Sioux-Kriegshäuptlings Crazy Horse, das zurzeit in South Dakota entsteht und an die tragische Geschichte der Ureinwohner Amerikas erinnern soll

zweifelt niemand daran, dass die Ziolkowskis zu Beginn des neuen Jahrtausends ihr Unternehmen vollenden werden. Dann wird der unbeugsame Indianerführer in heroischer Pose auf seinem Hengst sitzen und mit wallendem Haar in die Freiheit galoppieren – und dabei die größte Skulptur der Welt sein sowie die 25 Kilometer entfernten Granitköpfe der vier Präsidenten zu zwergenhafter Kleinheit schrumpfen lassen.

Gall, ein unversöhnlicher Gegner der Weißen
1840 bis 5.12.1894

Im Ratszelt konnte der »imposanteste Sioux-Häuptling« – so wurde Gall von manchen Geschichtsforschern bezeichnet – nur recht und schlecht seine grenzenlose Enttäuschung verbergen und seinen heftigen Zorn unterdrücken. Seine Herrschsucht und sein Ehrgeiz drohten, mit ihm durchzugehen. Als der Rat der Ältesten den noch jungen Medizinmann Sitting Bull einstimmig zum Oberhäuptling der Hunkpapa-Sioux wählte, fügten sich sofort alle Kriegshäuptlinge dem neuen Sachem. Nur einer grollte und fühlte sich übergangen: Gall, ein bemerkenswerter Stratege und ausgezeichneter militärischer Führer, der in seinem Geltungsbedürfnis nicht im Geringsten an seiner eigenen Ernennung gezweifelt hatte.

Ein getrübtes Verhältnis

»Sitting Bull brachte ihm von Anfang an volles Vertrauen entgegen, und diese freundschaftliche Haltung blieb nicht ohne Einfluss auf das verdüsterte Gemüt Galls. Mit der Zeit wurde er sogar einer der fähigsten Unterführer Tatanka Yotankas. Seine Einstellung gegenüber dem Stammeshäuptling blieb hingegen immer unklar und widerspruchsvoll. Heute noch gehen die Meinungen der Geschichtsforscher über das Verhältnis Galls zu Sitting Bull stark auseinander. Es scheint, dass Gall zeit seines Lebens von einem un-überwindlichen Neid gegen seinen erfolgreichen, ihm übergeordneten Häuptling besessen war und sich bei gewissen Gelegenheiten sowohl von roten als später auch von weißen Ränkeschmieden deswegen missbrauchen ließ« (E. Hearting).

Ein Mann der Tat

Auf Geheiß Sitting Bulls kämpfte der 1840 in Süd-Dakota geborene Gall mit 100 auserlesenen Hunkpapa-Kriegern an der Seite von Little Crow im »Land des himmelblauen Wassers«, als sich 1862 in Minnesota die östlichen Sioux-Stämme gegen die weiße Niedertracht erhoben. Der Aufstand wurde aber blutig niedergeschlagen, worauf Sitting Bull seinen Unterführer zurückbeorderte und die besiegten Sioux des Ostens als willkommene Verstärkung mit offenen Armen aufnahm.

Als zahlreiche vom Goldfieber erfasste Bleichgesichter in den heiligen Black Hills herumschwärmten und -buddelten, sorgte Gall mit seinen ergrimmten Kriegern dafür, dass sich die Reihen der weißen Landräuber zusehends lichteten. Er war ein Mann der Tat, der nicht viele Worte machte: *»Ich habe genug gesprochen. Zeigt mir die Köpfe von Amerikanern, damit ich sie mit meinem Beil einschlagen kann.«*

Der Hunkpapa-Sioux-Kriegshäuptling Gall (1840 bis 5.12.1894) erwies sich als ein unversöhnlicher Gegner der Weißen, die ihm den Beinamen »Kampfhahn der Sioux« gaben. Zornig rief er den Abgesandten der US-Regierung zu: »Nicht eher, als bis meine Wunden geheilt sind und ihr unser Land zurückgegeben habt, werde ich einen Vertrag mit euch unterzeichnen.«

Ein brillanter Stratege

In der Schlacht am Little Big Horn trug er 1876 neben Crazy Horse und Sitting Bull entscheidend zum indianischen Sieg bei. Von Gall und etwa 1500 Hunkpapas von hinten schwer bedrängt, suchte Custer verzweifelt mit seinen Reitern des 7. US-Kavallerie-Regiments, in einem Kampf ums nackte Überleben, die höchste Erhebung der Hügelkette am Flussufer zu erklimmen. Crazy Horse und mehr als 1000 Krieger jedoch hatten bereits von der anderen Seite den Höhenzug erstiegen und kamen mit grässlichem Kriegsgeschrei auf die Blauröcke heruntergestürmt, sodass Custers Soldaten zwischen zwei Feuer gerieten, was ihnen zum Verhängnis wurde.

Zu den komplizierten Einkreisungsbewegungen, die Gall und Crazy Horse auf dem taktisch schwierigen Terrain aller Wahrscheinlichkeit nach im Voraus geplant und zeitlich genau aufeinander abgestimmt hatten, schreibt der amerikanische Historiker Stephen E. Ambrose: »*Hätte Crazy Horse Custers Flanke nicht umgangen und ihn aus einer unerwarteten Richtung angegriffen, wäre es sogar denkbar, dass das 7. Kavallerie-Regiment die Schlacht am Little Big Horn*

überlebt hätte. Wäre Custer nicht auch von Gall angegriffen worden, hätte er vermutlich die Höhe des Hügels erreicht, dort einen Verteidigungsring anlegen und die Erhebung so lange halten können, bis … Hilfe gekommen wäre.«

»Die Weißen sind ein übles Volk«

Nach dem Custer-Massaker flüchtete Gall mit Sitting Bull über die rettende Grenze nach Kanada, überwarf sich jedoch mit ihm, beschimpfte ihn anscheinend als Betrüger und Feigling und kehrte vor seinem Oberhäuptling in die Staaten zurück. Dort ergab er sich und gelobte, nicht mehr nach den Waffen zu greifen. 1889 wurde er Oberrichter am indianischen Gerichtshof des Standing-Rock-Reservats, wo er am 5. Dezember 1894 unter bis heute noch nicht ganz geklärten Umständen starb.

Trotz seines Versprechens, mit den Weißen Frieden zu halten, war er bis zu seinem Ende ein unversöhnlicher Gegner der Bleichgesichter geblieben: »*Man kann nicht geld-, macht- und geltungsgierig und gleichzeitig ehrenhaft und anständig sein. Die Weißen sind ein übles Volk.*«

Gall, ein Waise von niedriger Abstammung, erwarb sich hohes Ansehen durch sein strategisches Können, das ihm dazu verhalf, die Funktion des Kriegshäuptlings bei den Hunkpapa-Sioux einzunehmen

Rain-in-the-Face (Regen-im-Gesicht oder Regengesicht), ein unbekümmerter Draufgänger
1835 bis 14. 9. 1905

Dunkle Wolken schirmten das Licht des Mondes ab. Durch die unheimliche Finsternis schlich eine stämmige Gestalt mit unendlicher Vorsicht an die Pferdeherde heran. Ein Nachtposten, den die wärmende Helle des Wachtfeuers anzog, strauchelte plötzlich über den am Boden robbenden In-

dianer. Ehe die riesige Rothaut ihn mundtot machen konnte, streckten die blitzschnell herbeigeeilten Wachen den Indianer mit einem kräftigen Kolbenhieb nieder. Der kommandierende Offizier, Captain Tom Custer, der mit einer Schwadron des 7. US-Kavallerie-Regiments vor dem Ansturm der

Sioux aus den Black Hills geflüchtet war, ließ seine Wut über die vielen Verluste seiner Soldaten am wehrlosen roten Gefangenen aus. Diesen behandelte er rau und züchtigte ihn sogar mit seiner Reitpeitsche, was aus der Sicht eines Indianers nur mit dem Tod des Peinigers gesühnt werden konnte. Der misshandelte Sioux, der dem weißen Quälgeist drohte, ihm das Herz aus dem Leibe zu reißen, war kein anderer als der Hunkpapa-Kriegshäuptling Rain-in-the-Face (Regen-im-Gesicht oder einfach Regengesicht), Ite-o-Magazu in der Sioux-Sprache.

Als Sitting Bull selbst seinen treuen Jugendfreund und tüchtigen Unterführer aus dem Fortverließ befreite, wurde Tom Custer sich bewusst, dass Regengesichts Herz schwarz vor Hass gegen ihn sein musste.

Ein Vollblutkämpfer

Rain-in-the-Face, ein unbekümmerter Draufgänger, der keine Gefahr scheute, wurde 1835 am Cheyenne River in Nord-Dakota als Sohn des Medizinmannes Wambli-luta (Roter Adler) geboren. Sein Vater wollte ihn zu seinem Nachfolger bestellen, musste aber mit Verbitterung einsehen, dass der ungestüme Junge sich nicht dazu eignete, in die geheimnisvolle Welt indianischen Priestertums einzudringen.

Regengesichts unbestechliche Ehrlichkeit und hingebende Tapferkeit machten seinen oft abstoßenden Eigensinn und aufbrausenden Jähzorn wieder wett.

Seinen ausgefallenen Namen verdankte der Knabe einem Messerschnitt, den er in einem Kampf verpasst bekam. Dabei verwischte das ausströmende Blut wie ein Regenguss seine Kriegsbemalung. Als erwachsener Krieger pflegte er die eine Gesichtshälfte rot, die andere schwarz zu bemalen, was die Sonne und die Nacht darstellen sollte. Während eines erbitterten Gefechts verwusch einmal wirklich strömender Regen die Kriegsfarben und zeichnete Streifen in sein Gesicht. Damit war sein Name aus der Jugendzeit nachträglich bestätigt.

Schon im Alter von 20 Jahren brachte er es zum Kriegshäuptling seines Stammes, der die Hunkpapa-Krieger siegreich in viele Kämpfe führte. Als sein Vetter Sitting Bull zum Oberhäuptling gewählt wurde, ordnete sich Regengesicht sofort unter und erwies sich als einer der fähigsten Unterführer des Sachems.

Das Haupt der indianischen Grenzwacht

Am 21. Dezember 1866 war er mit dabei, als Red Cloud und Crazy Horse über die in eine Falle gelockte Abteilung von Hauptmann William Fetterman herfielen und diese bei Fort Phil Kearny bis auf den letzten Mann vernichteten.

Als der Goldtaumel die Grenzbevölkerung des Sioux-Gebiets erfasste und die goldgierigen Weißen mit Spitzhacke und Waschpfanne den heiligen Boden der Black Hills nach dem gelben Metall durchsuchten, übte Regengesicht mit Gall den Befehl über die indianische Grenzwacht aus. Wie zornige Hornissen rückten seine kampfbesessenen Krieger den bleichgesichtigen Goldschürfern auf den Leib und ließen Messer und Tomahawk ihr blutiges Werk verrichten.

In der Schlacht am Little Big Horn erfüllte er 1876 sein blutiges Versprechen und erschlug Captain Tom Custer, der ihn einst erniedrigt hatte. Später behauptete er, nicht nur Tom Custer, sondern auch dessen Bruder, den Regimentskommandeur George A. Custer, eigenhändig getötet zu haben.

Mit Sitting Bull setzte er sich vor der Rache der Armee flüchtend nach Kanada ab. Er kehrte aber bereits 1880 in die Vereinigten Staaten zurück und ergab sich mit der Beteuerung, in Zukunft ein friedliches Leben zu führen. Er starb am 12. September 1905.

Rain-in-the-Face, um 1902 (Foto: Frank B. Fiske)

Rain-in-the-Face, ein wagemutiger Kriegshäuptling der Hunkpapa-Sioux, beteiligte sich an zahlreichen Gefechten gegen die US-Kavallerie. So nahm er auch am Fetterman-Massaker (1866) und an der Schlacht am Little Big Horn (1876) teil

American Horse (Amerikanisches Pferd), ein treuer Gefolgsmann Sitting Bulls † *29. 9. 1876*

American Horse (1830 bis 29. 9. 1876) erwies sich als ein treuer Verbündeter von Crazy Horse und Sitting Bull. Er wurde am gleichen Tag wie Crazy Horse zum Kriegshäuptling geweiht. Angeblich soll er beim Ableben von Crazy Horse anwesend gewesen sein

Mit furchtbarer Gewalt prasselte Salve um Salve aus 200 Gewehren in die Öffnung der Höhle, aus der das Feuer erwidert wurde. Erst nach einem mehrstündigen Gefecht krochen American Horse, zwei Krieger, fünf Frauen und mehrere Kinder aus ihrer Schutz spendenden Vertiefung am Ende des kleinen Cañon und ergaben sich den Truppen von General George Crook.

Bei Slim Buttes in Süd-Dakota hatte eine Vorausabteilung unter Captain Anson Mills am 29. September 1876 das Zeltdorf des Oglalla-Sioux-Häuptlings überfallen. Bis auf die in der Höhle eingeschlossene Indianergruppe waren alle Oglallas und Miniconjous dem Zugriff der US-Kavallerie entkommen.

Für American Horse jedoch kam jede Hilfe zu spät. Schrot hatte seinen Unterleib aufgerissen. *»Ein Arzt kam und untersuchte American Horses Verletzung. Er sagte ihm, dass er nicht zu retten sei, und der Häuptling setzte sich vor ein Feuer und breitete eine Decke über seinen zerfetzten Unterleib. Bald verlor er das Bewusstsein und starb«* (Dee Brown).

Der ungleiche »Kampf im Heufeld«

Der Kriegshäuptling der Oglalla-Sioux American Horse verteidigte lange Jahre mit Sitting Bull das Gebiet seines Volkes gegen die Übergriffe der Weißen und fiel 1876 in der Schlacht bei Slim Buttes in Süd-Dakota

An der Seite von Red Cloud, Crazy Horse und Sitting Bull hatte American Horse den gesamten Sioux-Krieg mitgemacht. Am 1. August 1867 war er auf Geheiß Red Clouds über die Besatzung von Fort C. F. Smith hergefallen, die mit dem Einbringen von Heu beschäftigt war. Obwohl er wie ein Blitz aus heiterem Himmel die ahnungslosen Soldaten angriff, holte er sich mit seinen 500 Kriegern eine blutige Abfuhr. Die Blauröcke waren nämlich mit modernen Hinterladergewehren ausgerüstet, mit denen sie die überraschte Indianerübermacht beim »Kampf im Heufeld« mühelos zurückschlagen konnten. Am 19. März 1868 hatte er mit Crazy Horse die Old Horseshoe Station am North Platte River angegriffen, um die frechen Übergriffe der Bleichgesichter einzudämmen.

American Horse war auch einer der Sioux-Anführer, die General Crook zur Unterzeichnung eines ungünstigen Friedensvertrages genötigt hatten.

Die Cheyennes, die »Ritter des Grasmeeres«

Im Jahre 1680 hörten die Weißen erstmals den Namen der Cheyennes. Abgesandte dieses Volkes der Algonkin-Sprachfamilie erschienen vor La Salles Fort am Illinois River und luden die Franzosen ein, nach Minnesota zu kommen, denn dort gebe es viel Wild und vor allem zahlreiche Biber. In jenen Tagen lebten die Cheyennes in festen Dörfern im Minnesota-Land der Santee-Sioux, betrieben Ackerbau und Viehzucht und waren weit und breit für ihre Töpferkunst bekannt. Später zogen sie westwärts nach Dakota und eigneten sich Pferde an. Aus den sesshaften Ackerbauern wurden nomadische Büffeljäger, die nicht mehr in festen Hütten, sondern in Zelten wohnten. Teils blieben sie bei den Teton-Sioux im Powder-River-Raum und im Big-horn-Land, teils wanderten sie weiter nach Süden bis zum oberen Quellgebiet des Platte River zwischen Wyoming und Nebraska. 1851 war die Aufsplitterung in den nördlichen und südlichen Zweig des Stammes abgeschlossen. Das zweigeteilte Volk stand sich gut mit den Arapahos, mit denen es eine echte Freundschaft verband. Die Northern Cheyennes waren mit den Sioux ein dauerhaftes Bündnis eingegangen, wohingegen die Southern Cheyennes sich mit den Comanchen und Kiowas gegen die bleichgesichtigen Eindringlinge zusammentaten.

In ständige Konflikte mit den Weißen verstrickt

Nach dem entsetzlichen Massaker am Sand Creek (28. November 1864) in Colorado fielen viele Cheyenne-Krieger des Südens von ihrem Häuptling Black Kettle ab, der bis zum bitteren Ende den Weißen vertraute, wandten sich in ihrer Not wieder nordwärts und folgten lieber kriegerischen Füh-rern wie Roman Nose. *»Als die Southern Cheyennes das Land am Powder River erreichten, wurden sie von ihren Verwandten, den Northern Cheyennes, willkommen geheißen. Die Southerners, die von den Weißen eingetauschte Decken und Hosen aus Stoff trugen, fanden, dass die Northerners in ihren Büffelumhängen und Rehlederhosen sehr wild aussahen. Die Northern Cheyennes hatten in ihr Haar Streifen aus rot bemaltem Rehleder geflochten, trugen Krähenfedern auf den Köpfen und verwendeten so viele Sioux-Worte, dass die Southern Cheyennes sie nur schwer verstanden. Morning Star, ein hoher Häuptling der Northern Cheyennes, lebte schon so lange mit den Sioux zusammen, dass fast alle ihn bei seinem Sioux-Namen – Dull Knife – nannten«* (Dee Brown).

Sogar die Bezeichnung Cheyenne stammte von den Sioux und lautete ursprünglich Shahi'yena oder Shai-ena, was so viel wie Volk einer anderen Sprache bedeutete und vom Verb Sha'ia, eine fremde Sprache sprechen, abgeleitet wurde.

Die Cheyennes verstanden sich recht gut mit den ersten Trappern, Cowboys und Siedlern, die lediglich ihr großes Gebiet in

Cheyenne-Krieger beim Sonnentanz (Smithsonian Institution, Washington)

der Mitte des Präriegürtels zwischen den Rocky Mountains und dem Missouri durchquerten und ihnen für ihr wohl wollendes Verhalten »Wegezoll« entrichteten, indem sie ihnen Geschenke machten und ein paar Rinder überließen. Als aber Soldaten ins Land strömten und mit dem Bau von Forts begannen, Eisenbahnlinien durch ihre Jagdgründe gelegt wurden, Büffeljäger die Bisonherden abschlachteten, Viehzüchter das Weideland in Wyoming, Nebraska, Kansas und Colorado für sich beanspruchten und Goldgräber wie Maulwürfe den Boden nach dem gelben Metall durchpflügten, setzten sich die »Ritter des Grasmeeres« – so nannte man die wilden und stolzen Cheyennes – aufs Energischste zur Wehr. Sie verpassten jedoch die Gelegenheit, die Eisenbahnlinien systematisch zu zerstören, wodurch sie die Büffelhatz der Weißen abgebremst und eine große Anzahl von US-Truppen gebunden hätten. Einmal gelang ihnen zwar das Bravourstück, das »eiserne Pferd« der Union Pacific zum Entgleisen zu bringen, es blieb aber bei diesem Einzelfall. Unter dem vereinten Druck von Eisenbahn, US-Kavallerie, Siedlern und Cowboys brach ihr Widerstand gegenüber dem Expansionsdrang der übermächtigen Weißen zusammen, die sich so gerne auf ihre Zivilisation beriefen und oft nichts anderes als gemeine Massenmörder waren.

Die Zielscheibe weißer Massenmörder

In der Tat wurden die Cheyennes das Opfer der beiden brutalsten Massenmorde in der US-Geschichte. Am Sand Creek im östlichen Colorado überfielen die Soldaten des ehemaligen Methodistenpfarrers J. M. Chivington Black Kettles Indianerdorf im Morgengrauen und töteten rücksichtslos, in unbeschreiblicher Mordgier die erwachenden Männer, Frauen und Kinder, die davon überzeugt waren, unter dem Schutz der US-Kavallerie und unter der Vormundschaft der Regierung zu stehen (28. November 1864).

Vier Jahre später, am 27. November 1868, wiederholte sich dasselbe Massaker am oberen Washita River, wo wiederum Black Kettles Winterlager die Zielscheibe weißer Massenmörder war. In der eisigen Morgendämmerung griff das 7. US-Kavallerie-Regiment unter George Armstrong Custer aus vier verschiedenen Richtungen das Cheyenne-Zeltdorf an und eröffnete das Feuer auf die friedfertigen Rothäute, die erbarmungslos niedergeritten wurden. Danach war es um die Existenz der Cheyennes als selbstständigem Stamm geschehen. Die »Dog Soldiers« (Hundesoldaten) – die Vorliebe der Cheyennes, Hunde zu essen, hatte ihnen diesen Spitznamen eingebracht – konnten nicht mehr eigenmächtig gegen die Weißen vorgehen, sondern mussten sich den Kriegshäuptlingen befreundeter Stämme, vornehmlich der Sioux, unterordnen.

Obwohl sie am Little Big Horn 1876 mit den Sioux auf der siegreichen Seite standen, hatten sie bei den blutigen Auseinandersetzungen mit den Bleichgesichtern jedoch auf die Dauer so viele Krieger verloren, dass sie ihren Freiheitskampf aufgeben mussten.

Der heldenhafte Zug zurück in die Heimat

Die Armee schob sie in ein ödes, unfruchtbares Reservat in Oklahoma ab, wo sie unter menschenunwürdigen Bedingungen in unerträglicher Kriegsgefangenschaft hinter den Palisaden von Fort Reno dahinvegetierten. Hier boten sie der verwerflichen »Indianerpolitik« der Regierung ein letztes Mal die Stirn, indem sie im September 1878 unter Führung von Dull Knife und Little Wolf die von Malaria verseuchte Agentur über Nacht verließen und einen unglaublichen Marsch zu den über 1000 Meilen entfernten Jagdgründen ihres Stammes antraten. Mit einer Zähigkeit, die ihresgleichen sucht, stießen sie unentwegt nach Norden vor, brachten den blauröckigen Häschern Schlappe um Schlappe bei und wurden kurz vor dem Ziel von US-Truppen zusammen-

geschossen. Mit ihrer sensationellen Flucht aus dem Oklahoma-Reservat protestierten die Cheyennes gegen die Unmenschlichkeit der Weißen. Außerdem zeigten sie der Öffentlichkeit, was indianische Würde in Wirklichkeit ist. Präsident Arthur in Washington hatte ein Einsehen mit der Sehnsucht der Indianer nach ihrer Heimat und schuf speziell für die Northern Cheyennes die Tongue River Reservation in Montana.

Das Tongue-River-Reservat

Vor etwas mehr als 100 Jahren kontrollierten die nur ein paar tausende Stammesangehörige zählenden nördlichen Cheyennes ein Gebiet von annähernd der Größe der Bundesrepublik Deutschland. Heute leben ihre Nachfahren noch immer im Tongue-River-Reservat, wo der weiße Mann sie auf eine Fläche von nur ungefähr 1800 Quadratkilometer eingepfercht hat.

Obwohl das Land auch heute noch der Regierung in Washington gehört, haben die Indianer alle Rechte eines Besitzers – mit der Ausnahme, dass sie es nicht ohne Einwilligung des Innenministeriums veräußern dürfen. Weniger als ein Hundertstel des Bodens gehört Auswärtigen. Die Cheyennes versuchen, diesen Teil – wenn nur möglich – mit geliehenem Geld zurückzukaufen. Die Hälfte des Reservats ist mit Ponderosa-Pinien-Wald bedeckt, weitere 40 Prozent bestehen aus Pinien-Savanne und nur sieben Prozent können als wirklich zur Viehwirtschaft geeignete Prärie bezeichnet werden – zu wenig, um ein größeres Unternehmen aufzuziehen.

Die rund 4 000 Cheyennes im Tongue-River-Reservat leben heute ziemlich isoliert. Nur ein paar wenige schmale, reparaturbedürftige Straßen verbinden sie mit der Außenwelt. Keinerlei öffentliche Verkehrsmittel stehen ihnen zur Verfügung. Eigene Zeitungen existieren nicht. Radio- und Fernsehstationen werden von Weißen außerhalb des Reservats betrieben, wobei ein einziger Radiosender wöchentlich fünf Minuten Nachrichten für die Cheyennes ausstrahlt.

Die Indianer haben ein zwiespältiges Verhältnis zu ihrer Isolation. Einerseits wollen sie in Ruhe gelassen werden, um so weit wie möglich ihre Kultur zu bewahren. Andererseits sehen sie ein, dass sie in ihrer Abgeschiedenheit zu einem dauerhaften Leben in Armut verurteilt sind.

Aber sie gehen nicht nur den Weißen gegenüber auf Distanz. Ihr Reservat grenzt an jenes des Crow-Stammes, mit dem sie kaum verkehren. Jeder Cheyenne ist sich noch heute darüber im Klaren, dass die Crows als Verräter an der indianischen Sache 1876 den Weißen geholfen haben, um ihr eigenes Land zurückzugewinnen – mit Erfolg, denn ihr Reservat ist erheblich größer als das der Cheyennes. Auch der Kontakt mit den Sioux, den traditionellen Verbündeten, könnte besser sein.

Land anstelle von Dollars

Meinungsverschiedenheiten bestehen zudem über die Reaktion auf ein Grundsatzurteil des Obersten Gerichtshofes, das den Indianern 137,5 Millionen Dollar als Kompensation für den Verlust der von ihnen als

Im Tongue-River-Reservat in Montana wohnen heute die Nachfahren der Northern Cheyennes auf kargem Land

Links: Wolf Robe, Chief der südlichen Cheyennes: Dass zu einer Zeit, als die nomadisierenden Völker der großen Plains und Prärien bereits in Reservaten dahinsiechten, der Stolz der amerikanischen Natives noch ungebrochen war, davon zeugt dieses Porträt von Wolf Robe (1898), dem Träger der Benjamin-Harrison-Friedensmedaille (Foto: Frank A. Rinehart, Omaha, Nebraska)

heilig erachteten, inzwischen mit touristischen Anlagen vollgestopften Black Hills in Süd-Dakota zugesprochen hat, wo vier Präsidentenköpfe in Stein gehauen sind und ein noch größeres Denkmal für den Sioux-Kriegshäuptling Crazy Horse aus dem Fels gesprengt wird. Die Cheyennes und andere Stämme sehen die Entschädigung als zu gering an. Auch bei den Sioux haben sich die Bemühungen verstärkt, das Land statt der Dollars zu fordern. Die rechtliche Auseinandersetzung hierüber dürfte sich noch über Jahre hinziehen.

Vom stolzen Prärievolk zu Wohlfahrtsempfängern

Ein stolzes Zusammengehörigkeitsgefühl schweißt die Reservatsindianer zusammen, die sich von der amerikanischen Regierung weitgehend im Stich gelassen sehen und wenig Vertrauen in die Zukunft haben

Geld wäre jedoch zur Entwicklung des Reservats dringend nötig. Der Hauptort Lame Deer (»Lahmer Hirsch«) macht einen heruntergekommenen Eindruck. Etwa zwei Dutzend private Unternehmer versuchen über die Runden zu kommen, aber das äußere Erscheinungsbild des Städtchens verrät bereits, dass es hier nicht viel zu verdienen gibt. Wenn man weiß, dass die Arbeitslosenrate über 75 Prozent beträgt und dass der sich selbst verwaltende Stamm der Hauptarbeitgeber ist, nimmt es einen nicht wunder, dass das durchschnittliche Einkommen unter der Armutsgrenze liegt. In der Tat leben die Cheyennes von Geldern aus Washington. Fast alle Häuser sind von der Regierung gebaut worden. Die hohe Arbeitslosigkeit (viele Indianer verbringen ihren Tag mit Fischen, Holzsammeln oder Jagen) zeitigt gravierende soziale Folgen. Der Alkoholismus grassiert bei den Cheyennes ebenso wie bei anderen Stämmen.

Wenn Hoffnungen auf Öl- oder Gasfunde auf dem Gebiet des Reservats sich nicht erfüllt haben, so verfügen die Cheyennes jedoch über Kohlelager unter ihrem Boden, wie dies für das Powder-River-Becken charakteristisch ist. Aber der Stamm hat sich trotz Versuchung und Druck bisher erfolgreich gegen die Ausbeutung der Kohle gewehrt, die im Tagebau gewonnen wird,

was die Landschaft ungemein verschandeln würde.

Neuerdings geht die Rede von touristischer Entwicklung, wobei es zu bedenken gilt, dass das Reservat weder Motels noch Restaurants besitzt. Allerdings wissen die Cheyennes nicht so recht, mit welcher Infrastruktur sie ihren touristischen Ausbau beginnen sollen, denn einen »Weißen Elefanten« möchten sie nicht aufstellen. Die benachbarten Crows zum Beispiel bauten ein Motel, in dem jedoch niemand übernachtet.

Trotz der ungewissen wirtschaftlichen Aussichten ist die Bevölkerung im Reservat konstant geblieben. Ein Viertel der Stammesangehörigen lebt anderswo. Trotzdem ist die Prärie ihre Heimat geblieben. So ist eine junge Indianerin ins Reservat zurückgekehrt, weil sie die Großstadt Denver als zu hektisch, zu eng und zu überfüllt empfand.

Die Cheyennes wissen zudem, dass ihre Kultur nur dann überleben wird, wenn der Stamm zusammenbleibt. Ihre Sprache wird im Reservat von 80 Prozent der Bewohner gesprochen. Die Jungen zeigen offensichtlich wieder mehr Interesse an den eigenen Überlieferungen und Riten, obwohl oder gerade weil sie besser ausgebildet sind als ihre Vorfahren. Gleichzeitig ist die Gefahr unübersehbar, dass ohne Beschäftigungsmöglichkeit eine berufliche Karriere nur außerhalb des Reservats verfolgt werden kann. So hängt das Schicksal der stolzen Northern Cheyennes weiterhin in der Schwebe.

Die rund 6 000 Nachfahren der Southern Cheyennes sind heute im Reservat in Oklahoma ansässig, wo sie zumeist ihren Lebensunterhalt als Farmer bestreiten.

Die nördlichen und südlichen Cheyennes teilen dasselbe Schicksal: Ohne richtige Lebensaufgabe, oft ohne Arbeit, vollständig von ihrer Umwelt isoliert, ihrer traditionellen Lebensweise beraubt, abhängig von den milden Gaben der Kolonisatoren darben sie auf einem Minimum an Land dahin. Vom selbstbewussten Prärievolk sind sie zu Wohlfahrtsempfängern herabgesunken.

Black Kettle (Schwarzkessel – Moxtaveto) oder Der unerschütterliche Glaube an das Gute im Menschen *1803 bis 27. 11. 1869*

Mit zitternden Händen, die sich vor Aufregung in den bunten Tüchern verhedderten, hisste die kräftige Gestalt die Fahne der Vereinigten Staaten. Das riesige Garnisonsbanner mit Sternen für 34 Staaten flatterte in der leichten Morgenbrise über dem Indianerzelt, das mitten im Dorf auf einer kleinen Erhöhung stand. Schnell zog der Häuptling noch eine weiße Fahne hoch, die sich genauso auffällig im Wind ausbreitete wie die US-Nationalflagge. Ringsum blitzte bereits das Mündungsfeuer der Angreifer, als Black Kettle seinem aus dem Schlaf hochgescheuchten Volk zurief, sich schnell um das schützende Sternenbanner zu scharen. Hunderte von ratlosen Frauen und Kindern, halb nackt und vor Angst und Kälte zitternd, drängten sich um die Fahne, wo sie sich unter dem Schutz der US-Armee wähnten. Zum Zeichen der Freundschaft hatte der Cheyenne-Chief die zwei Tücher geschenkt bekommen. Man hatte ihm gesagt, sie seien für jeden Soldaten heilig und würden ihn vor jedem Überfall der Armee bewahren.

Das abscheuliche Sand-Creek-Massaker

Aber das Gewehrfeuer verstärkte sich und zu Pferd oder zu Fuß stürmten die Blauröcke ins Winterlager der Indianer, das sich an einer hufeisenförmigen Biegung des fast ausgetrockneten Sand Creek befand. Die 750 Mann starke Colorado-Milizarmee unter Colonel John Milton Chivington missachtete das Sternenbanner und die weiße Flagge, metzelte erbarmungslos die Rothäute nieder, schlachtete Kinder und Säuglinge ab, skalpierte und verstümmelte.

Unter den 300 getöteten Indianern waren lediglich 25 Krieger, weil die meisten Männer zur Zeit des Angriffs den Bison jagten. Wie ein Wunder entkam Häuptling Black Kettle der weißen Mordgier. 80 Kilometer weit mussten sich die Überlebenden durch eisige Winde bis zum Jagdlager der Krieger schleppen.

»Die Grausamkeit, mit der die überlegenen Milizsoldaten über die wehrlosen Indianer herfielen, stellte alles in den Schatten, was an Brutalität und Sadismus jemals in den Indianerkriegen des nordamerikanischen Kontinents begangen wurde«, schreibt H.-J. Stammel über das Sand-Creek-Massaker vom 28. November 1864. Oberst Chivington, ein ehemaliger Methodistenpfarrer mit der Rohheit eines Pferdediebes, hatte vor dem feigen Handstreich von *»Skalps sammeln«* und *»in Blut waten«* gesprochen. Joseph Holt, »Judge Advocate General« der Armee, brandmarkte dessen schändliche Mordtat als *»feiges und brutales Gemetzel, das die Schuldigen mit unauslöschlicher Schande bedeckt und das Gesicht jedes Amerikaners mit Scham und Empörung überziehen muss«*.

Die gewalttätige Reaktion aller Prärie-Stämme ließ nicht lange auf sich warten. Mit einer Reihe von Überfällen auf Wagenkolonnen, Poststationen und militärische Außenposten stillten sie ihren Rachedurst.

Auf Friedenssuche

Nach dem scheußlichen Gemetzel am Sand Creek schwand Black Kettles Einfluss. Er hatte sich nie etwas vom Krieg versprochen und war immer für den Frieden eingetreten. Als Unterhändler und Fürsprecher seines Volkes hatte er es stets vorgezogen, alle

Black Kettle, Häuptling der Cheyennes

Black Kettles Lager wurde zweimal – 1864 am Sand Creek und 1868 am Washita River – von weißen Massenmördern heimgesucht, die auf barbarische Weise vor allem Frauen und Kinder niedermetzelten

General G. A. Custer überfällt das Dorf des Cheyenne-Häuptlings Black Kettle am Washita, 1868 (nach einer Zeichnung von J. E. Taylor, 1882)

In seinem Bestreben, Friedensverhandlungen für sein Volk zu führen, erwies sich Black Kettle als viel zu vertrauensselig gegenüber den Weißen, was ihm zum Verhängnis werden sollte

Streitereien am Ratsfeuer beizulegen, anstatt sie mit dem Kriegsbeil gewaltsam aus der Welt zu schaffen. Er sprach sich dagegen aus, nach Norden ins Powder-River-Land zu ziehen, um sich dort mit den Sioux zu verbünden. Mit seinen Anhängern – etwa 400 Cheyennes – wandte er sich in eine Gegend südlich des Arkansas. Obwohl er bewusst allen Feindseligkeiten mit den Soldaten aus dem Weg ging, genoss er noch immer hohes Ansehen bei den Prärie-Indianern, die seine Tapferkeit im Kampf und seine Weisheit im Rat rühmten.

Am 14. Oktober 1865 unterzeichnete Black Kettle im Namen der südlichen Cheyennes einen Vertrag mit der Regierung, in dem er sich einverstanden erklärte, sämtliche Rechte und Ansprüche auf das Indianerland im Territorium Colorado aufzugeben und fortan unterhalb des Arkansas zu lagern. Am 16. Oktober 1867 handelte er in Medicine Lodge ein neues Friedensabkommen aus, in dem er sich dazu verpflichtete, in einem großen Reservat innerhalb des Staates Oklahoma zu leben und dieses nur zur Bisonjagd zu verlassen. Als Gegenleistung versprachen die weißen Gesprächs-

partner seinem Volk Verpflegung, Bekleidung, Unterkünfte und Ausbildung in Handwerksberufen. Der Vertrag von Medicine-Lodge-Creek sollte sich aber schon bald als wertloses Papier erweisen.

Das blutige Gemetzel am Washita River

Als er 1868 sein Winterlager am Washita River, einem der schönsten Flüsse Nordamerikas, aufgeschlagen hatte, fiel Black Kettle, der unermüdliche Befürworter des Friedens, einem Winterfeldzug der Armee zum Opfer. Zu einer Zeit, wo eisige Schneestürme tobten und grimmiger Frost alles Leben in seine Bande schlug, ritt Lieutenant Colonel George A. Custer mit 800 Kavalleristen des 7. Regiments durch den blendenden Schnee auf der Suche nach einem Indianerdorf, das er überfallen konnte. Am 27. November 1868 griff er überraschend beim Morgengrauen mit Karabinerfeuer und Hurrageschrei Black Kettles Lager an. Von vier Seiten her fluteten die Blauröcke aus dem Nebel ins schlaftrunkene Dorf, stürzten die Tipis um und töteten wahllos alle flüchtenden Männer, Frauen und Kinder, die ihnen vor die Gewehre liefen. Gleich zu Anfang des Gemetzels wurde Black Kettle von einer ersten Kugel in den Bauch und von einer zweiten in den Rücken getroffen.

Black Kettles unablässiges Eintreten für Frieden und Freiheit war von schmerzlichen Enttäuschungen überschattet. Sein unerschütterlicher Glaube an das Gute im Menschen – auch beim Weißen – kostete ihn das Leben. Die Ironie des Schicksals wollte, dass gerade er, der sich immer um ehrliche Verhandlungen mit den Weißen bemühte, zweimal mit ansehen musste, wie sein Dorf bei Tagesanbruch im Abstand von vier Jahren von bleichgesichtigen Mördern heimgesucht wurde.

Roman Nose (Römernase) oder Die Tapfersten sterben jung † *17.9.1868*

Wie in Eisen gegossene Statuen verharrten die Krieger auf ihren gescheckten Ponys. Nur die Federkronen und das Mähnenhaar der Tiere blähten sich im Wind. Mit starrem Blick musterten sie die Scout-Spezialtruppe von 50 hart gesottenen Indianerkämpfern, mit der Major George A. »Sandy« Forsyth ausgezogen war, um Cheyenne-Dörfer ausfindig zu machen. Den blitzenden Augen aus den grell bemalten, scharfkantigen Gesichtern entging keine Bewegung der kleinen Grenzerschar, die sich zum Schutz gegen die indianische Übermacht auf einer kleinen Sandinsel im trockenen Bett des Arikaree River, einem Nebenfluss des Republican River, eingegraben hatte und ihre erschossenen Pferde als Brustwehr benutzte. Auf dem Hügel, von dem sie die Flusssandbank überblicken konnten, saßen die Krieger wie Säulen in ihren Sätteln und warteten auf den Befehl zum Angriff.

Das Gefecht um Beecher's Island

Der riesige Kriegshäuptling Roman Nose (Römernase), die Stirn gelb, die Nase rot, das Kinn schwarz bemalt, brach aus der Reihe aus, wies mit der Streitaxt ins Flusstal und ritt zuerst in langsamem Trab, dann in ungestümem Galopp auf die Insel los. Der Kugelregen aus den modernen Spencer-Repetiergewehren riss breite Lücken in die dichtgefügten Glieder der heranpreschenden Cheyennes, die vom Salvenfeuer der Scouts zurückgeworfen wurden. Von einer Kugel über der Hüfte getroffen und bis ins Rückgrat verwundet, flog der tapfere Anführer vom Pferderücken und fiel bewusstlos in Weidensträucher. Nach Einbruch der Dunkelheit kroch er bis zum Ufer, wo ihn einige junge Krieger fanden. Obwohl er von

Cheyenne- und Sioux-Frauen umsorgt wurde, verschied er noch in derselben Nacht (17. September 1868).

Er gehörte dem südlichen Zweig der Cheyennes an und war Mitglied der »Crooked Lances«, der »Gesellschaft der Männer mit den krummen Lanzen«, die sich nur aus den tüchtigsten Kriegern zusammensetzte.

An vielen Kämpfen beteiligt

Im Sommer 1864 verließ er mit einer großen Zahl Cheyennes die angestammten Jagdgründe zwischen dem Smoky Hill und dem Republican River und zog nach Norden ins Powder-River-Land, wo er sich den nördlichen Cheyennes und den Sioux anschloss. Nach dem Massaker an ihren Verwandten am Sand Creek nahmen die zugewanderten Cheyennes an den Raubzügen ihrer Vettern aus dem Norden teil. Im Juli 1865 überfiel Roman Nose eine Wagenko-

Der Kriegshäuptling Roman Nose, ein großer Stratege und tollkühner Kämpfer, wurde von seinen Kriegern abgöttisch verehrt, weil er alle Eigenschaften verkörperte, die aus den Cheyennes das ritterlichste und stolzeste Volk der Plains gemacht hatten

Roman Nose, der während Verhandlungen General Palmer warnte: »Wir wünschen keine lärmende Eisenbahn in unseren Jagdgründen, wo wir Bisons jagen. Wenn die Bleichgesichter weiter in unser Land dringen, wird es frische Skalpe deiner Brüder in den Wigwams geben.«

lonne am North Platte River und tötete sämtliche Soldaten des Begleitschutzes. Im Sommer desselben Jahres begab er sich ganz allein zu einem Zaubersee, wo er vier Tage ohne Nahrung und Wasser auf einem Floß zubrachte und durch sein Fasten einen, wie er glaubte, besonderen Schutz gegenüber Feinden erlangte.

Er besaß ein Amulett, das ihn angeblich vor den Kugeln der Weißen schützte. Als er einmal Brot gegessen hatte, das eine Sioux-Frau unter Verwendung einer eisernen Gabel gebacken hatte, unterwarf er sich einem komplizierten Reinigungszeremoniell, weil er glaubte, Metall, das seine Nahrung berührt habe, würde seine Unverwundbar-

keit durch »weiße« Kugeln zerstören. Vom Heimweh gepackt, zog er mit seinen Kriegern zurück zum Smoky Hill, wo sie zu ihrem Entsetzen eine neue Postkutschenlinie vorfanden, die ihre besten Büffelweiden zerschnitt. Weil er es ablehnte, einen Friedensvertrag mit der Regierung zu unterschreiben, wandte er sich wieder in eine Gegend nördlich des Arkansas, wo ihn das Geschick auf Beecher's Island ereilte.

Wäre Roman Nose nicht gleich zu Anfang des Gefechts um Beecher's Island schwer verwundet worden, hätte er sich bestimmt zu einem außergewöhnlichen Indianer-Strategen vom Schlage eines Crazy Horse entwickelt.

Dull Knife (Stumpfes Messer) oder Unstillbare Sehnsucht nach der verlorenen Heimat † *1883*

Die Deportierung der Northern Cheyennes in die Steinwüste Oklahomas und deren unbarmherzige Verfolgung durch die allgegenwärtige US-Kavallerie während des heldenmütigen Rückmarsches von Dull Knife und Little Wolf in die verlorene Heimat am Tongue River in Montana gereichen der amerikanischen Armee nicht zur Ehre: Es ist eines der beschämendsten Kapitel ihrer Geschichte

Ein gespenstischer Zug bewegte sich durch die dunkle Nacht. An der Spitze marschierten einige abgezehrte Krieger mit ihren alten Flinten, Bogen und Lanzen, erkennbar an den schwarzen Zöpfen, zerzausten Federn und spitzkegeligen Hüten. Auf klapprigen Gäulen folgten Frauen, in schäbige Decken gehüllt, die Kinder an sich gepresst. Die Nachhut bildeten wiederum vom Hunger geschwächte Männer, mit den gleichen Elendslumpen auf den kraftlosen Leibern, mit denselben leidgeprüften, greisenhaften Zügen. Tag und Nacht, ohne Ruhe und Rast, schleppte sich das verlorene Häuflein heimwehkranker Indianer den angestammten Jagdgründen entgegen, mit ihnen ihr Häuptling Dull Knife (Stumpfes Messer), dessen eingefallenes und von vielen Falten durchzogenes Gesicht nur mehr einen schwachen Abglanz seines früheren Aussehens aufwies. Gebeugt von Trauer und Bitternis über das unermessliche Leid, das

dem Stamm der nördlichen Cheyennes widerfahren war, hielt ihn nur noch die unstillbare Sehnsucht nach der verlorenen Heimat aufrecht.

Ausbruch aus Darlington

Bei Nacht und Nebel hatte er sich mit rund 80 Kriegern und 220 Frauen und Kindern aus dem trostlosen Reservat Darlington in der Einöde Oklahomas abgesetzt, wo sie alle in elender Vergessenheit dahinsiechten, vom allgegenwärtigen Staub und Sand gequält, von der furchtbaren Sonnenhitze ausgedörrt, von Krankheit und Verzweiflung heimgesucht.

Im September 1878 waren die 300 hohlwangigen Cheyennes teils zu Fuß, teils auf mageren Ponys zu ihrem mehr als 1000 Meilen entfernten Vaterland am Tongue River in Montana aufgebrochen. 13 000 be-

waffnete Soldaten versperrten ihnen in fünf Reihen den Weg nach Norden, der durch ein mit Städten, Dörfern und Weilern besiedeltes Gebiet und durch ein dichtes Netz von Telegrafen und Eisenbahnlinien führte. Am Kesseltreiben der gut ausgerüsteten Blauröcke beteiligten sich zudem Rancher, Cowboys und Siedler. Manchmal bis 160 Kilometer am Tag drängten Dull Knife und die Seinen nach Norden, schlängelten sich geschickt an den Kampflinien der größten Truppenmacht vorbei, die Washington jemals gegen aufständische Rothäute aufgeboten hatte, entzogen sich der drohenden Einkreisung durch die US-Truppen und ließen diese jeweils ins Leere stoßen. Wenn sie sich bei diesem Katz-und-Maus-Spiel ihren blauröckigen Häschern stellen mussten, verteidigten sie sich mit dem Mut der Verzweiflung gegen die weiße Übermacht, lösten sich jedoch bei Einbruch der Dunkelheit vom Feind und wurden von der nächtlichen Finsternis verschluckt.

Als sie sich nach sechs Wochen unmenschlicher Strapazen ihren alten Jagdgründen am Tongue River näherten, ähnelten sie in nichts mehr den einst so berühmten und gefürchteten »Rittern des Grasmeeres«. Des ununterbrochenen Marschierens müde, das Würgeisen der weißen Umklammerung immer enger um den Hals, splitterten die Flüchtlinge sich in zwei Gruppen auf. Die Mehrheit, insgesamt 150 Cheyennes, vornehmlich die Alten und Verwundeten, stimmte mit Dull Knife überein, in Red Clouds Reservat um Asyl zu bitten. Der Rest – 53 Krieger, 45 Frauen und 38 Kinder – beschloss, mit dem jüngeren Häuptling Little Wolf (Kleiner Wolf) nach Norden weiterzuziehen.

Ein verzweifelter Leidensweg

Dull Knifes Schar, dem Hungertode nahe, geriet nach einem langen Marsch am 23. Oktober 1878 in einen schrecklichen Schneesturm. Mitten im Gestöber erschien plötzlich ein geisterhafter Trupp Kavallerie,

der die erschöpften Indianer umzingelte und entwaffnete. Zwei Tage später wurden sie nach Fort Robinson gebracht und in eine halb zerfallene Baracke gesteckt, wo beißende Kälte und Ratten ihnen zu schaffen machten. Als der Bescheid aus Washington kam, die Rothäute müssten zurück in die Sandwüste Oklahomas, weigerte sich Dull Knife standhaft, sich erneut nach dem verhassten Darlington verfrachten zu lassen: *»Wir wollen lieber alle zusammen hier sterben, als in den Süden gehen.«*

Von Verzweiflung getrieben, brachen sie aus ihren eiskalten Lattenverschlägen aus und flohen 43 Meilen weit durch das frosterstarrte Land, ehe die meisten niedergeschossen und die paar Überlebenden ins Fort zurückgebracht wurden.

Little Wolf hingegen erreichte mit seinen Getreuen unangefochten das Gebiet am Tongue River, wo sie eine bleibende Stätte zu finden hofften. Erst nach einer Flut an Protesten gegen das barbarische Vorgehen der US-Armee und gegen die unmenschliche »Indianerpolitik« der Regierung wurde den Cheyennes nach vielem Hin und Her dort schließlich ein eigenes Reservat zugesprochen. Dull Knife, der die Tragödie in Fort Robinson überstanden hatte, war es noch vergönnt, bis zu seinem Ableben im Jahr 1883 in den ehemaligen Jagdgründen des Stammes inmitten der Seinen zu leben und der kaum fassbaren Anstrengungen zu gedenken, die alle, vom Greis bis zum kleinsten Kind, auf sich genommen hatten.

Im Würgegriff der Weißen

Dull Knife, der berühmte Führer des nördlichen Zweiges der Cheyennes, trat 1865 zum ersten Mal in Erscheinung, als er mit Red Cloud und Roman Nose das Powder-River-Land gegen die Übergriffe der Weißen verteidigte. Er beteiligte sich am Gefecht an der North-Platte-Brücke (24. Juli 1865), behinderte Mitte August desselben Jahres den Wagentreck von James A. Sawyers, der auf der Suche nach einem Ab-

Dull Knife hatte es in seiner Jugend als tapferer Krieger zu hohem Ansehen gebracht, das er aber nach und nach verspielte, weil er sich bereits seit 1846 für Friedensverhandlungen mit den Weißen aussprach und auch den Vertrag von Fort Laramie im Jahr 1868 unterzeichnete, was ihm die Befürworter des Krieges bei den Cheyennes übel nahmen

Dull Knife, Häuptling der Cheyennes (Bureau of American Ethnology)

Pulvergesicht, Häuptling der Arapahos (Henry H. Gross)

kürzungsweg zu den Goldfeldern in Montana durchs Indianergebiet marschierte, und bedrängte wenig später die Soldatenkolonnen von General Connor, denen er viele Pferde, Maultiere, zahlreiche Karabiner, Sättel und andere Ausrüstungsgegenstände abnahm.

Während der Friedensverhandlungen in Fort Laramie, die am 5. Juni 1866 begannen, spielte er jedoch eine weniger rühmliche Rolle. Trotz der Bedenken der mit ihm verbündeten Sioux unterzeichnete er das Dokument, das den Blauröcken die Erlaubnis erteilte, quer durchs indianische Pulverfluss-Gebiet befestigte Stellungen zu bauen. Obwohl er später beteuerte, er habe seinen Daumendruck nur unter den Vertrag gesetzt, um die von den Bleichgesichtern versprochene Munition zu bekommen, verübelten ihm die anderen Häuptlinge dieses Ausscheren aus der gemeinsamen Front.

Nach der Schlacht am Little Big Horn (26. Juni 1876), an der Dull Knife teilgenommen haben soll, überfiel General Crook das etwa 150 Zelte zählende Cheyenne-Dorf. Nach einem wilden Kampf gelang den meisten Indianern die Flucht in die Bighorn-Berge, wo grimmiger Frost sie behinderte: *»In der ersten Nacht erfroren zwölf Kinder und mehrere alte Leute. In der nächsten Nacht töteten die Männer einige Ponys, nahmen sie aus und legten kleine Kinder hinein, um sie vor dem Erfrieren zu bewahren. Die alten Leute steckten ihre Hände und Füße zu den Kindern hinein. Drei Tage lang zogen sie über den gefrorenen Schnee, auf dem ihre nackten Füße eine Blutspur hinterließen. Dann erreichten sie Crazy Horses Lager«* (Dee Brown).

Mit Crazy Horse ergab sich Dull Knife im Frühjahr 1877 bei Fort Robinson und wurde mit seinem Stamm und all dessen Habe wie Vieh in Güterwagen nach dem unseligen Indianerreservat Darlington im fernen Oklahoma abgeschoben. Dort brachen die Cheyennes zu ihrem heldenmütigen, verzweifelten Leidenszug auf, der ihnen eine übermenschliche Leistung abverlangte und sie einem ungewissen Schicksal entgegenführte.

Die Arapahos, die »Blaue-Wolken-Leute«

Obwohl der kleine und wehrhafte Stamm der Arapahos aus der Sprachfamilie der Algonkins mit den Pawnees auf Kriegsfuß stand, leitete sich sein Name aus der Sprache seiner Feinde ab. So bildete sich wahrscheinlich aus dem Pawnee-Wort Tirapihu, das Händler bedeutet, die Bezeichnung Arapahos.

Das tapfere Volk lebte bis in die Mitte des 18. Jahrhunderts als sesshafte Ackerbauern in Minnesota, bevor es, westwärts in die Büffelgründe abgedrängt, dort zu einer nomadischen Reiternation wurde. Eine Nordgruppe entstand am North Platte und eine Südgruppe in den Niederungen am Arkansas River. Da die Nord- und Südabteilung nach dem Jahr 1840, als sich die Auseinandersetzungen mit den Weißen zuspitzten, kaum mehr als 1000 Krieger für den Kampf stellen konnten, mussten die Arapahos notgedrungen nach Verbündeten Ausschau halten. Beide Stammesteile knüpften schon sehr früh freundschaftliche Beziehungen mit den Nord- und Süd-Cheyennes, deren Schicksal sie im Guten wie im Bösen, mit allen Siegen und Niederlagen teilten. Als Black Kettles Winterlager am Sand Creek (1864) und am

Washita River (1868) von den Massenmördern Chivington und Custer eingeäschert wurden, waren auch viele Arapahos unter den indianischen Opfern. Die Überlebenden flüchteten nach Norden zu den Sioux, mit denen sie gemeinsame Sache machten und einen zähen Guerillakrieg gegen die weiße Landnahme entfachten.

Wäre den Arapahos von den Bleichgesichtern nicht so zugesetzt worden, hätten sie wahrscheinlich das Kriegsbeil begraben. Ihrem Nationalcharakter wurde stets Friedensbereitschaft nachgesagt. Einige benachbarte Stämme nannten sie Wolken-Leute oder Blaue-Wolken-Leute, was auf ihre heitere und unbeschwerte Wesensart hinweisen könnte.

Little Raven

Little Raven (Kleiner Rabe), namhafter Oberhäuptling der Arapahos und hoch geachteter Politiker, der von 1820 bis 1889 lebte, lehnte sich eng an die Friedensbestrebungen des Cheyenne-Sachems Black Kettle an, unterzeichnete 1867 mit ihm den fragwürdigen Friedensvertrag von Medicine Lodge und sprach sich gegen das gewalt-

tätige Vorgehen der Jungkrieger seines Stammes aus.

» T u r m h o c h allen anderen an Intelligenz und Sprachbegabung überlegen war Little Raven. Seine Reden über Schäden, geschuldete Jahreszahlungen und Kriegsgründe hätten einem hervorragenden Staatsmann zur Ehre gereicht«, sagte einer der weißen Unterhändler über ihn nach seiner Ansprache vor der Medicine-Lodge-Friedenskommission.

Nach der Kapitulation der Arapahos wurde ein großer Teil von ihnen im Wind-River-Reservat in Wyoming angesiedelt, wo aber bereits ihre erbittertsten Feinde, die Shoshonen des den Weißen gegenüber allzu hilfsbereiten Häuptlings Washakie, heimisch waren. Reibereien zwischen den beiden gegnerischen Stämmen blieben nicht aus, denn nicht nur die Erinnerung an frühere Gefechte, sondern auch Sprachbarrieren und Religionsunterschiede erschwerten die Verständigung. Die Arapahos bewahrten die Geschlossenheit ihres kleinen Stammes weit besser als die Shoshonen und noch heute sind 75 von 100 Arapahos reinblütig, wohingegen bei nur 40 Prozent der Shoshonen Indianerblut überwiegt.

Little Raven, fotografiert 1871 in New York

Die Jagdgründe der Arapahos

Die Crows, die gerissensten Pferdediebe

Oben: Dieses Crow-Mädchen posierte 1878 vor der Kamera in einem schönen, mit Elchzähnen geschmückten Rock und steckte dabei seine Puppe in ein mit Perlen verziertes Wiegenbrett (Foto: Orlando S. Goff, Fort Custer, Montana)

Unten: Plenty Coups, Häuptling der Crows, auf einem Foto von 1907/08: Er wurde 1848 geboren und von seinem Volk »Chief of Chiefs« genannt. Er erwies sich als einer der letzten traditionellen Anführer der Crows. Bereits während seiner Jugend tat er sich als ausgezeichneter Krieger hervor und half während der Indianerkriege der US-Kavallerie, die Feinde der Crows zu bekämpfen

Sich selbst nannten die Crows Ap-sa-ru-ke oder Ap-sa-ro-ke, was gewöhnlich mit Krähenindianer übersetzt wird, obwohl es sich hierbei um eine nicht ganz richtige Übertragung handelt. Die Bezeichnung, die der Stamm für sich verwendete, bezog sich nämlich auf einen krähenartigen Vogel, der aber zur Zeit der ersten Kontaktaufnahme mit den Weißen längst ausgestorben war. Obgleich sie der Sioux-Sprachfamilie angehörten, lagen die Crows in ständigem Streit mit den mächtigen Sioux und deren Verbündeten, den Cheyennes und Arapahos. Sie waren weit und breit als gerissene Pferdediebe bekannt, von denen Sioux-Sachem Sitting Bull einmal behauptete: »Sie verstehen es, einem schlafenden Reiter das Pferd unter dem Sattel wegzustehlen.«

Auf der Seite der weißen Eroberer

Im 19. Jahrhundert entwickelten sie sich zu einem der stärksten Stämme in Montana, wo sie den Weißen nicht feindselig entgegentraten, sondern ihnen ihre uneingeschränkte Unterstützung zukommen ließen. Ihre Weißenfreundlichkeit bewirkte, dass der Gouverneur von Montana bei der Regierung vorstellig wurde, damit sie mit Feuerwaffen ausgerüstet würden, »weil sie schwer bewaffnet für die hiesigen Siedler von größerem Wert sind als alle Armeeforts zusammen«.

Wenn auch die Crows als Stamm von offizieller Seite keine Gewehre zugestellt bekamen, wurden doch ihre zahlreichen Späher im Dienst der Armee mit den modernsten Schusswaffen versehen. Wie die

Shoshonen unter ihrem Häuptling Washakie spürten auch die Krähen unter ihrem Anführer Plenty Coups (Aleek-chea-ahoosh – Viele Heldentaten), der von 1848 bis 1932 lebte, für die Blauröcke feindliche Sioux und Cheyennes auf und machten deren Lager ausfindig. So konnten sich die Shoshonen und Crows, ohne ein allzu großes Risiko einzugehen, an ihren alten Blutsfeinden rächen.

Hätte Lieutenant Colonel George A. Custer auf seine Crow-Scouts gehört, wäre er wohl mit seinem 7. US-Kavallerie-Regiment 1876 am Little Big Horn in Montana der totalen Vernichtung durch Crazy Horses und Sitting Bulls Streitmacht entgangen. In seinen Indianerkriegen griff Custer mit Vorliebe auf Rothäute zurück, um auf andere Rothäute Jagd zu machen. Das nannte er »den Teufel mit dem Feuer bekämpfen«. Diese Taktik war aber nur erfolgreich, solange verschiedene Stämme, wie die Crows, aus eigennützigen Gründen die Armee mit Spähern versorgten.

Die Crows wollten zwei Fliegen mit einer Klappe schlagen: Unter dem Schutz der Weißen ihre Todfeinde bekämpfen und sich zugleich die Bleichgesichter zu Dank verpflichten. Häuptling Plenty Coups machte kein Hehl aus diesen materiellen Motiven, als er seine Krieger dazu anspornte, am Feldzug der Blauröcke gegen die verhassten Sioux teilzunehmen. *»Wenn der Krieg vorbei ist, werden die Soldatenhäuptlinge nicht verges-* *sen, dass ihnen die Crows zu Hilfe gekommen sind.«* In der Tat erhielten die Crows als Belohnung für ihre Dienste als indianische Scouts in der US-Armee ein eigenes Reservat in ihrer Heimat im Süden des heutigen US-Bundesstaates Montana zugewiesen, wo 1985 noch 5811 Crows gezählt wurden.

»Rückkehr der Pferdediebe«, Aquarell von Charles M. Russell, 1900; C. M. Russell Museum, Great Falls, MT, USA

Die Pawnees, die Kundschafter der US-Kavallerie

Vor Ankunft der Weißen wohnten die Pawnees im Südosten Nordamerikas, zogen im Laufe der Zeit nach Westen und erreichten im 17. Jahrhundert Zentral-Nebraska, wo sie sich in befestigten Dorfgemeinschaften niederließen. Dort kamen sie in Berührung mit französischen Kolonisten, die ihre Wehrdörfer »Pawnee-Republiken« nannten. Es gab aber auch Pawnee-Gruppen, die weiter nach Norden bis zum Missouri vorstießen, wo sie den Namen »Arikaras« oder »Rees« bekamen. Sie betätigten sich als Büffeljäger, als Pferdehändler und sogar als Pflanzer, die sich auf den Anbau von Mais, Bohnen und Kürbis verstanden.

Die festen Kuppeldachhäuser der Pawnees, in denen jeweils mehrere Familien Platz fanden, waren mit Pfosten und Tragbalken abgestützt und mit Schichten aus Weidenzweigen, abgestochenen Grasstücken und Schlamm bedeckt. Sogar die unentbehrlichen Pferde konnten sich in diesen geräumigen Hütten aufhalten, die über einen Durchmesser von mehr als zwölf Metern verfügten.

Die Pawnees waren auch die einzigen Prärie-Indianer, die einen Kalender und eine komplizierte Mythologie besaßen, an deren Spitze ein höchster Gott, Tirawa, stand. Dass sie sich zudem Himmelskenntnisse angeeignet hatten, ist aus ihren Visionen ersichtlich, in denen ihnen immer wieder Sterne und andere Himmelskörper erschienen. Auch wenn sie ein religiöses Glaubenssystem ihr Eigen nannten, das sich mit den mythologischen Vorstellungen der alten Griechen und Ägypter vergleichen lässt, huldigten sie zu gleicher Zeit einem primitiven Menschenopferkult, der ein Extremfall unter den Sitten und Gebräuchen der Plains-Indianer war.

Im Dienst der US-Armee

Petalasharo, Pawnee-Oberhäuptling (1797 bis 1874), ging in die Geschichte des Stammes ein, weil er kurzerhand im von Religion beherrschten Leben seines Volkes mit dem Menschenopferritual und dem damit verbundenen Kannibalismus aufräumte. Er erwies sich auch als Wegbereiter für das

Sky Chief von den Pawnees, der modische Gehröcke trug und Wachen für die Eisenbahnarbeiter stellte, wurde 1873 von den zornigen Sioux mit 150 seiner Krieger wegen seiner Weißenhörigkeit getötet

»Petalasharo«, Gemälde von Charles Bird King, Öl auf Leinwand, um 1822; White House Historical Association, Washington, D.C.

freundschaftliche Verhältnis zwischen Pawnees und Amerikanern. In der Tat fochten die Krieger dieser großen Nation von sesshaften Ackerbauern und Büffeljägern nie gegen die US-Truppen. Sie stellten sogar für die Kavallerie der Vereinigten Staaten ein »Pawnee-Bataillon« zusammen, dessen Kämpfer sich dem Kommando von Major Frank North unterordneten und für einen regulären Soldatensold der Armee wichtige Kundschafterdienste im Krieg gegen aufsässige Prärie-Indianer leisteten. Einerseits konnten sie als uniformierte Scouts mit ihren Erbfeinden, den Sioux, Cheyennes und Arapahos, risikolos abrechnen. Andererseits hofften sie, durch ihre Weißenfreundlichkeit und Hilfsbereitschaft die US-Regierung zu Dank zu verpflichten. Seine Unterstützung der Armee im Kampf gegen die Sioux kam den Pawnee-Häuptling Sky Chief 1873 jedoch teuer zu stehen, als eine gewaltige Übermacht rachsüchtiger Sioux 150 Pawnees mit ihrem Anführer in die ewigen Jagdgründe beförderte. Sky Chief war in seiner Weißenhörigkeit so

weit gegangen, dass er beständig modische Gehröcke trug und indianische Wachen für die Eisenbahnarbeiter abkommandierte, bis die erbosten Sioux dem Spuk ein Ende bereiteten.

Als das »Pawnee-Bataillon« 1885 nach zwanzigjährigem Bestehen aufgelöst wurde, weil es keine Indianerschlachten mehr zu schlagen gab, erfuhren die Pawnees am eigenen Leib, dass Undank der Welten Lohn ist. Genau wie andere besiegte Stämme wurden sie trotz ihrer Handlangerdienste in ein Reservat in Oklahoma eingepfercht, wo die meisten von ihnen elend zugrunde gingen. Wie die Crows, Shoshonen und Utes hatten sie den Weißen geholfen, ihre Rassenbrüder auszurotten. Waren die Pawnees nicht von den Bleichgesichtern dezimiert worden, so erlagen sie den unmenschlichen Entbehrungen in der Einöde Oklahomas, wo niemand mehr ihre einstige Willfährigkeit vergütete. Heute sind dort noch ungefähr 1000 Pawnees ansässig, die ihren Lebensunterhalt als Kleinbauern oder Lohnarbeiter verdienen.

Die Assiniboins, die »Steinkocher«

Vor Jahrhunderten splitterte sich dieses Reitervolk von den Yanktonai-Sioux in Minnesota ab und zog in die Prärien von Kanada und Montana. Obwohl es zur Sioux-Sprachfamilie gehörte, war es mit den mächtigen Sioux verfeindet, von denen es sich vor langer Zeit losgelöst hatte.

Der Name Assiniboins leitete sich aus dem Vokabular der Chippewas ab, wo das Wort »Assi-nibo-in« so viel wie »einer, der auf Steinen kocht« bedeutete. Dieser Stamm wurde so benannt, weil seine Angehörigen ihre Mahlzeiten anwärmten, in-

dem sie Steine im Feuer zum Erhitzen und mit ihnen das Wasser zum Kochen brachten. Deswegen hießen sie auch »die Steinigen« in Kanada, wo die Engländer sie als »Rock(Felsen)-Sioux« bezeichneten.

Typische Vertreter der Plains-Kultur

Der berühmte Indianermaler George Catlin schrieb von ihnen: *»Sie sind eine treffliche und edle Rasse, gute Jäger und wohl mit Reitpferden versehen, was sie im Büffelland zu wohlhabenden Menschen macht. Ihre Tän-*

da und dem Milk- und Missouri-River in Montana. Eine schmähliche Rolle spielte dieses Volk Anfang Oktober 1877, als Chief Joseph, Kriegshäuptling der von General Miles umzingelten Nez Percés, in seiner Not sechs seiner zuverlässigsten Krieger durch die Linien der Soldaten zu den Sioux nach Kanada schickte, um von ihrem Sachem Sitting Bull Hilfe anzufordern. Doch dieser verzweifelte Appell erreichte Sitting Bull nie, weil Josephs Kuriere wegen ihrer guten Gewehre von feindlichen Assiniboins erschlagen wurden.

Heute hat der kanadische Zweig des Stammes seine Reinrassigkeit besser behalten als die im US-Bundesstaat Montana lebenden Assiniboins, die sich schon seit Generationen mit Bleichgesichtern und Sioux vermischt haben.

Links: »Pigeon's Egg Head (the light)«, Gemälde von George Catlin, Öl auf Leinwand, 74 x 61 cm, 1831. Als Sohn des Häuptlings, vertrat dieser Mann sein Volk in Washington

Unten: Assiniboin-Trommelhaut, deren Dekoration möglicherweise auf das Kostüm des Schamanen Bezug nimmt

ze, mannigfaltig in ihrer Art und häufig zelebriert, sind im Allgemeinen die gleichen wie die der Sioux.«

Die bedeutendsten Feiern der Assiniboins waren der jedes Jahr Mitte Juni abgehaltene »Medicine-Lodge«-Tanz, bei dem der »Donnervogel« oder Regengott tagelang lauthals um Regen und einen ertragreichen Sommer und Herbst, um ein langes Leben und viel Kriegsglück angefleht wurde, sowie der nicht minder wichtige »Pferdetanz«, bei dem man in rituellen Gesängen den Fang vieler und vor allem guter Pferde erbat.

Die Jagdgründe der Assiniboins erstreckten sich zwischen den Saskatchewan- und Assiniboine-Flüssen in Kana-

Die Sammler des Fernen Westens

Im Großen Becken (heutiges Utah und Nevada), das zwischen dem Felsengebirge und der Sierra Nevada liegt und nach einem Klimawechsel zu einer lebensfeindlichen Wüste wurde, lebten shoshonische »Diggerstämme«, die sich in des »Teufels Staubschüssel« (wie man das Great Basin nannte) von Wurzeln, Eidechsen, Schlangen und Heuschrecken ernährten. In Gegenden mit zumindest spärlicher Vegetation griffen diese primitiven Sammler auf die Kerne von Mesquitebohnen, geröstete Agaventeile und die Samen der Pinien als Nahrungsgrundlage zurück. Erst als die Spanier das Pferd einführten, kam es zu einer Veränderung der seit Jahrhunderten zum Stillstand gekommenen Entwicklung – die Männer begannen wieder zu jagen.

Die nördlich des Großen Beckens gelegenen Plateaus, die sich über Idaho, das östliche Oregon und Washington bis weit hinauf ins zentrale British Columbia erstrecken, boten bessere Lebensbedingungen. In diesem Land zwischen Prärie und Nordwestküste sorgten Rotwild, Bergschafe, Fische, Beeren, Wurzeln und Camaszwiebeln für kulinarische Abwechslung. Als die Völker des Plateaugebiets sich Pferde aneigneten, konnten sie erstmals die Berge verlassen und bis tief in die Grasebenen vorstoßen, wo die Büffeljagd ihr bisheriges Leben gänzlich umgestaltete. Die Nez Percés, ein nördlicher Plateaustamm, dessen Lebensqualität sich durch den Bison erheblich steigerte, lehnten sich eng an die Kultur der Plains-Indianer an.

Genau wie im Großen Becken und im Hochland waren die Ureinwohner Kaliforniens vorrangig Sammler, zu denen auch die Modocs zählen, denen in den Bergen des Nordteils der Halbinsel kein üppiges Leben beschert war.

Zu den Sammlern des Fernen Westens gehörten die Nez Percés, die Shoshonen und die Utes, die sich zum Teil stark an die Plains-Indianerkulturen anlehnten, sowie die Modocs, die als reines Bergvolk ein weniger üppiges Leben führten

Die Nez Percés, die »durchbohrten Nasen«

Im pazifischen Nordwesten der Vereinigten Staaten, wo die Territorien Washington, Oregon und Idaho aufeinander stoßen, lebte der friedfertige Reiterstamm der Nez Percés. Ihren eigenartigen Namen verdankten die Angehörigen der Sahaptin-Sprachfamilie, die sich selbst Nimipu nannten, frankokanadischen Trappern und Reisenden, die mit ihnen Tauschhandel trieben. Weil sie die Gewohnheit hatten, ihre Nasen zu durchbohren und mit Muscheln zu zieren, bezeich-

neten die französisch sprechenden Weißen sie mit dem Ausdruck Nez Percés (Durchbohrte Nasen oder Ringnasen), den die Amerikaner später mit Pierced Noses übersetzten.

Wie der Kontakt zwischen den Nimipu und den Fallenstellern zustande kam, schilderte Joseph, der größte Häuptling seines Volkes: »*Wir wussten nicht, ob es noch andere Völker neben den Indianern gab, bis vor etwa hundert Wintern einige Leute mit weißen Gesichtern in unser Land kamen. Sie brachten viele Dinge mit, um sie gegen Pelze und Felle einzutauschen. Sie brachten Tabak, den wir nicht kannten. Sie brachten Flinten mit Feuersteinen, die unsere Frauen und Kinder erschreckten. Unsere Leute konnten sich mit diesen weißgesichtigen Männern nicht unterhalten, aber sie bedienten sich der Zeichensprache, die alle verstanden. Es waren Franzosen, und sie nannten unser Volk Nez Percés, weil seine Nasen mit Ringen geschmückt waren. Obwohl dieser Brauch sehr stark zurückgegangen ist, werden wir immer noch so benannt.*«

Als die Nez Percés entdeckt wurden

Die beiden amerikanischen Forscher Lewis und Clark, die 1804 während ihrer Entdeckungsreise über die Rocky Mountains zur Pazifikküste auch mit den Nez Percés in Berührung kamen, waren die ersten englischsprachigen Besucher dieses Reitervolkes, das zweimal im Jahr das hohe Bitterwurzel-Gebirge (Bitterroot Mountains) verließ und zur Büffeljagd in den Prärien Montanas hinaufwanderte. Hirsch, Elch, Bär, Bison, Bergschafe und -ziegen ergaben einen abwechslungsreichen Speisezettel, der noch von Camas, einer gerösteten und auch zu Brot verarbeiteten Zwiebelart, ergänzt wurde.

Häuptling Joseph konnte sich auf Erzählungen seines Vaters berufen, um dieses erste Zusammentreffen zwischen Nez Percés und Amerikanern in Erinnerung zu rufen: »*Die ersten weißen Männer ihres Volkes, die in unser Land kamen, waren Lewis und Clark. Auch sie brachten viele Dinge mit, die unsere Leute noch nie gesehen hatten. Sie spra-*

Die beiden Forschungsreisenden Meriwether Lewis (1744 bis 1809) und William Clark (1770 bis 1838) stießen als erste Amerikaner auf den Stamm der Nez Percés, als sie den Landweg vom Osten der USA zum Pazifischen Ozean erkundeten. »Lewis and Clark Meeting the Indians at Ross' Hole«, Gemälde von Charles Russell, Öl auf Leinwand, 1912; Montana Historical Society, Helena, MT

Oben: »Chief Joseph«, Gemälde von Cyrenius Hall, 1878

Unten: Chief Josephs Unterhäuptling Looking Glass, der sich wie Joseph zunächst gegen den Krieg aussprach (Foto: 1871)

chen offen, und unsere Leute gaben ihnen ein großes Fest als Beweis ihrer freundlich gesinnten Herzen. Diese Männer waren sehr liebenswürdig. Sie beschenkten unsere Häuptlinge, und unsere Leute beschenkten sie. Wir hatten sehr viele Pferde, von denen wir ihnen so viel gaben, wie sie brauchten. Als Gegengabe erhielten wir Feuerwaffen und Tabak. Alle Nez Percés schlossen Freundschaft mit Lewis und Clark und stimmten überein, sie durch ihr Land ziehen zu lassen und niemals gegen das weiße Volk einen Krieg zu beginnen. Dieses Versprechen haben die Nez Percés nie gebrochen.«

28 Jahre nach der Lewis-und-Clark-Expedition, 1832, erhielten die Indianer erneut amerikanischen Besuch. Captain B. L. E. Bonneville, den die Nez Percés mit dem ehrenvollen Namen »Großes-Herz-kam-von-Sonnenaufgang« bedachten, durchstreifte ihr Gebiet mit Jägern und Wissenschaftlern und machte sich bei ihnen sehr beliebt, weil er ihre Verwundeten und Kranken verarzten ließ. In seinem Gefolge erschien 1839 der Missionar Henry H. Spalding, der den von allen Stammesangehörigen hoch geschätzten Häuptling Tu-eka-kas zum Christentum bekehrte und ihm den Namen Joseph gab.

»Verkaufe nie die Gebeine deines Vaters«

Seit alters her waren Tu-eka-kas und sein Volk im schönen Wallowa-Tal im nordöstlichen Oregon beheimatet, wo sie mit ihren rassigen Pferden große Zuchterfolge erzielten. Als dem Häuptling 1840 der erste Sohn geboren wurde, hieß der Vater nunmehr Old Joseph und sein Junge wurde als Young Joseph oder einfach als Joseph bekannt, obwohl sein indianischer Name eigentlich In-mut-too-yah-lat-lat (Rollender Donner in den Bergen) lautete. 1863 mussten Vater und Sohn zähneknirschend mit ansehen, wie sich die meisten Nez Percés im Vertrag von Lapwai dazu verpflichteten, ihre angestammte Heimat zu verlassen und ins Lap-

wai-Reservat im Territorium Idaho zu ziehen. Nur unter Aufbietung aller Kräfte konnten sie die Unabhängigkeit und die traditionelle Lebensweise für sich und ihre Bande aufrecht erhalten und dabei durchsetzen, dass sie im Wallowa-Land, im schönen Tal des sich schlängelnden Wassers, bleiben durften.

Als der Vater ergraut und fast erblindet war und sein Ende herannahen sah, ließ er seinen Sohn Joseph schwören, als sein Nachfolger in der Häuptlingswürde die Heimat der Nez Percés nie an die Weißen zu veräußern. »Mein Sohn, mein Körper kehrt zu meiner Mutter Erde zurück, und meine Sinne werden sehr bald dem Großen Geist begegnen. Wenn ich gegangen bin, denke an dein Land. Du bist der Häuptling dieses Volkes. Sie blicken zu dir als ihrem Führer auf. Denke immer daran, dass dein Vater niemals das Land verkaufte. Du musst deine Ohren schließen, wann immer du gebeten wirst, einen Vertrag zu unterschreiben, durch den du deine Heimat verkaufst. Einige Jahre noch, und die weißen Männer werden euch umgeben. Ihre Augen ruhen auf diesem Land. Mein Sohn, vergiss niemals meine letzten Worte. Dieses Land birgt den Körper deines Vaters und deiner Mutter. Verkaufe nie die Gebeine deines Vaters und deiner Mutter.«

Wie Joseph der Krieg aufgezwungen wurde

Goldfunde in den Bergen hatten viele Schürfer und Halsabschneider angelockt, die den Indianern Rinder und Pferde entwendeten. Das von dunkelgrünen Wäldern umrandete und mit hohem, saftigem Gras bedeckte Wallowa-Tal füllte sich nach und nach mit weißen Siedlern, die nicht länger gewillt waren, dieses paradiesische Fleckchen Erde mit den Rothäuten zu teilen, und die dabei geflissentlich übersahen, dass die Nez Percés auf ihrem eigenen Grund und Boden lagerten. So musste Tu-eka-kas bei seinem Ableben die Gewissheit mit ins Grab

nehmen, dass sein Sohn Joseph nicht länger alle Übergriffe der frecher werdenden weißen Eindringlinge dulden könnte und schon bald sein Heimatland gegen die bleichgesichtige Besitzergreifung mit Waffengewalt verteidigen müsste.

Obwohl Joseph den Frieden über alles liebte und eher dazu bereit war, seine Jagdgründe aufzugeben als einen Krieg anzuzetteln, musste er sich den Umständen beugen und sich mit der Streitaxt in der Hand dem ihm von den Weißen aufgezwungenen Kampf stellen. Mit seiner Bande gehörte er zu den »Vertragsunwilligen«, die im Gegensatz zu den »Vertragsindianern« ihr Land nie verkauft hatten.

Als ihm 1877 General Oliver Otis Howard das Ultimatum zukommen ließ, sich sofort ins Reservat zu begeben oder als Freiwild gejagt zu werden, beschloss Joseph mit seinen Unterhäuptlingen White Bird (Weißvogel), Looking Glass (Spiegel), Too-Hul-Hul-Sote, Hush-Hush-Cute und Ollicut sich lieber nach Kanada abzusetzen, als in den Vereinigten Staaten zu bleiben.

Ein 4000 Kilometer langer Gewaltmarsch

Mit nur 250 Kriegern und 450 Frauen, Alten und Kindern führte Joseph als genialer Taktiker einen heldenhaften Kampf gegen die zwanzigfach überlegene Staatenarmee, der er Niederlage um Niederlage beibrachte. Die ihm nachsetzenden US-Generäle blamierte er bis auf die Knochen, sodass Journalisten allen Ernstes fordern konnten, dem brillanten Indianerstrategen doch in Zukunft das Oberkommando der Landstreitkräfte zu übertragen.

Mit Recht kann man sich die Frage stellen, warum die Washingtoner Regierung so versessen darauf war, den Nez Percés den

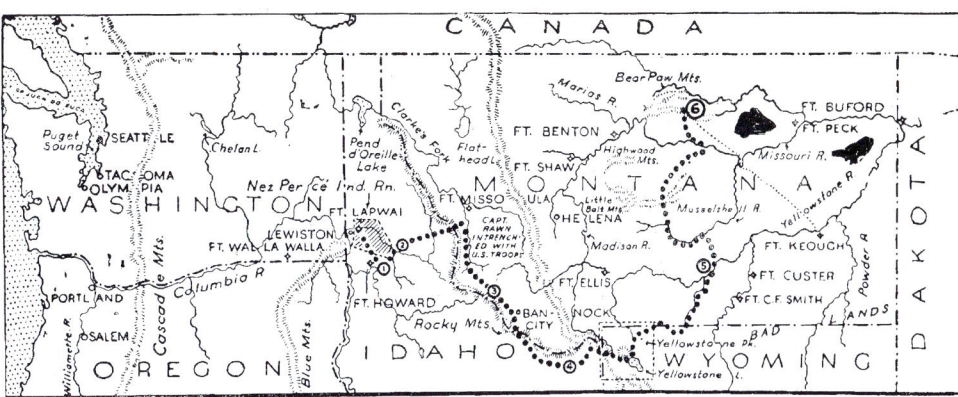

Der Weg der Nez Percés nach Kanada

Weg nach Kanada zu versperren und sie mit Gewalt in den Vereinigten Staaten zurückzuhalten. H.-J. Stammels Antwort stimmt bedenklich: *»Nichts wäre für die USA leichter gewesen, als die zweihundertfünfzig Krieger und vierhundertfünfzig Frauen in Frieden ziehen zu lassen. Sie waren in Kanada willkommen. Aber am Beispiel dieser kleinen Gruppe bis dahin loyaler, freundlicher und unkriegerischer Indianer zeigte sich die Einstellung der US-Politik: Es ging nicht darum, sie aus einer Reservation zu vertreiben und sie in lebensfeindlichere Landstriche umzusiedeln, es ging auch nicht darum, amerikanische Zivilisten oder Soldaten zu schützen. Die Indianer wären kein Problem mehr gewesen, hätten keine Kosten mehr verursacht und hätten niemanden bedroht, verletzt oder getötet. Es ging ganz einfach um die Durchsetzung selbstherrlicher Vorstellungen. Die US-Regierung wollte lediglich durchsetzen, daß unterprivilegierte Bevölkerungsgruppen einmal gegebene Befehle unter allen Umständen auszuführen hätten.«*

Und in ihrer rücksichtslosen Vermessenheit behielt die Regierung der Vereinigten Staaten auch das letzte Wort, denn nur 54 Kilometer vor der rettenden kanadischen Grenze mussten die Nez Percés nach einem elfwöchigen Gewaltmarsch von 4000 Kilometern vor der blauröckigen Übermacht kapitulieren und sich ins Unvermeidliche fügen. Zunächst wurden die Überlebenden nach Fort Leavenworth gebracht, wo viele Rothäute erkrankten und starben, dann in Eisenbahnwagen nach Baxter Springs in

Die Nez Percés, ursprünglich Gebirgsjäger und Steinkocher, ehe sie in den Besitz von Pferden kamen und vornehmlich von der Büffeljagd lebten, widersetzten sich der amerikanischen Ausrottungspolitik. Chief Joseph leitete den beispiellosen Exodus seines kleinen Volkes nach Kanada, den die US-Armee 1877 erst nach elf Wochen schwieriger Kämpfe kurz vor der Grenze gewalttätig beenden konnte

Kansas, etwas später nach Oklahoma ins Indianerterritorium, wo man sie ohne Obdach über dem Kopf absetzte, und schließlich ins Colville-Reservat im Norden des Staates Washington, wo sie eine neue Heimstätte fanden. »Wie Kraut und Rüben« warf die Regierung die besiegten Stämme in diesem nordwestlichen Staat zusammen, wo heute noch insgesamt 15 000 Indianer ansässig sind, darunter auch die Nachkommen des edelmütigen und intelligenten Nez-Percé-Volkes, das bis zum bitteren Ende die Hoffnung auf ein gemeinsames Leben in Gleichberechtigung mit den Weißen nicht aufgab.

Späte Genugtuung

Weiße Amerikaner finanzieren zurzeit die Wiederansiedlung der Nez Percés in ihrer einstigen Heimat, im Wallowa-Tal im nordöstlichen Oregon, und hoffen dabei auf Einnahmen aus dem Tourismus, was den heutigen Nachfahren der vor mehr als 100 Jahren von dort vertriebenen Indianer eine späte Befriedigung verschafft

Genau 120 Jahre nach der Vertreibung aus ihrer angestammten Heimat, die sie »Tal der sich windenden Flüsse« nannten, erhalten die heutigen Nez Percés eine späte Genugtuung.

»Es ist schon eine Ironie der Geschichte«, sagt Taz Conner. Der direkte Nachfahre des berühmten Nez-Percé-Häuptlings Chief Joseph sinniert weiter: *»Erst hat man uns mit Stiefeln getreten und vertrieben. Der weiße Mann wollte unser Land und seine Schätze für sich haben. Nun bittet man uns zurückzukehren, weil der weiße Mann ohne uns nicht mehr überleben kann.«*

Im Wallowa County im äußersten Nordosten von Oregon begann im Sommer 1997 ein einmaliges Rückführungsprojekt. Weiße Bürger aus dem County kauften Land, das sie den Nez-Percé-Indianern zum Siedeln überlassen wollten. Die späte Wiedergutmachung an den einst aus diesem Landstrich brutal verjagten Indianern ist sowohl moralisch als auch wirtschaftlich motiviert. Die Weißen in der ökonomisch gebeutelten Region erhoffen von der Indianerrücksiedlung Tourismuseinnahmen.

Bis zu seinem Ableben 1904 hatte Chief Joseph, dessen Niederlage wenige Kilometer vor der rettenden kanadischen Grenze 1877 einen Schlussstrich unter die Indianerkriege in Nordamerika setzte, erfolglos versucht, seinen Stamm in einem Reservat

in der Nähe des »Tals der sich windenden Flüsse« zu vereinen. Sechsmal reichten die weißen Siedler im Wallowa County zu Beginn des 20. Jahrhunderts Petitionen gegen Indianerreservate ein.

Heute rechnen sich 4 000 Indianer dem Stamm der Nez Percés zu. Sie haben nun plötzlich die Möglichkeit zur Rückkehr in ihre heiligen Jagdgründe. Jo Hallam und Tery Crenshaw, ein pensionierter Beamter und ein Geschichtslehrer, gründeten bereits vor drei Jahren eine gemeinnützige Gesellschaft, die bislang umgerechnet 250 000 DM gesammelt hat und damit Land für die Indianer kaufte. Dieses Gebiet wurde am 18. Juli 1997 den Nez Percés bei einem Powwow überschrieben. Bei dem Fest wurde auch der Grundstein zu einem Kulturzentrum gelegt, um das bald eine Indianersiedlung entstehen soll. Als glückliche Fügung erweist sich ein Gerichtsurteil, das eine Stromgesellschaft dazu zwingt, die Nez Percés für zerstörte Fischgründe zu entschädigen. Die Bonneville Power Administration beabsichtigt, den Indianern 4500 Hektar Wald im Wallowa County zu übertragen.

»Ein Hurra auf die Not«

»Wir versuchen, Unrecht wieder gutzumachen. Es ist Zeit, den Indianern etwas zurückzuzahlen«, sagt Jo Hallam. Die Motive mögen edel sein, der Hintergrund für den Erfolg der Initiative ist ökonomischer Natur. Die Arbeitslosigkeit im Wallowa County liegt bei 14 Prozent. Zwei von drei Sägemühlen mussten schließen. Die Rancher leiden unter den seit Jahren niedrigen Viehpreisen. *»Wäre der Anreiz der Tourismus-Dollar nicht gegeben, die Initiative wäre schnell im Sande verlaufen«*, sagt Jery Peters, Pastor an der Methodisten-Kirche in Enterprise, dem Hauptort im Tal.

Indianertourismus ist im amerikanischen Westen sehr populär. Gewählte County-Vertreter haben errechnet, dass ein Nez-Percé-Kulturzentrum 40 000 Besucher pro Jahr in das abseits der Hauptreiserouten liegende

Wallowa County »umleiten« könnte. »Sicherlich haben die Weißen einen Nutzen von unserer Rückkehr. Aber der ist bei weitem nicht so groß wie unser eigener Nutzen«, meint Joe McCormack, der einzige Nez Percé, der bereits im Wallowa County lebt. »Wir müssen Hand in Hand arbeiten«, meint Chief-Joseph-Nachfahre Taz Conner, »der County will Wirtschaftsförderung. Wir wollen unsere Heimat zurück. Bevor die Weißen im Tal Mitleid für uns empfanden, mussten sie erst Not leiden. Ein Hurra auf die Not.«

Chief Joseph (»In-Mut-Too-Yah-Lat-Lat« – »Rollender-Donner-in-den-Bergen«), der »Rote Napoleon des Westens« *1840 bis 21. 9. 1904*

Als am 2. Mai 1877 ein Trompetenstoß die Soldaten in Fort Lapwai aufscheuchte, strich sich der einarmige General Oliver Otis Howard noch einmal über seine weiße Bartpracht und erteilte mit einem schnellen Handzeichen der Armeekapelle den Befehl zum Spielbeginn. Zu den Tönen eines weit über die Palisaden hinaus klingenden Militärmarsches erschienen die geladenen Gäste hoch zu Ross vor dem offenen, großen Verhandlungszelt. In bunt bestickter Hirschlederkleidung und mit wallendem Federschmuck ritten sie durch die mit Fahnenstangen flankierte Allee.

Häuptling Joseph, der die Delegation der Nez Percés anführte, begrüßte den General mit einem freundlichen Handschlag. Doch die zu Anfang entspannte Atmosphäre vergiftete sich zusehends, als der weiße Befehlshaber von seinen indianischen Gesprächspartnern ultimativ forderte, sie müssten ihre Heimat im herrlichen Wallowa-Tal im pazifischen Nordwesten der Vereinigten Staaten endgültig aufgeben und ins Lapwai-Reservat ziehen. Da sprang Too-Hul-Hul-Sote, einer von Josephs Unterführern auf und entgegnete scharf: »Der Große Geist schuf die Welt, wie sie ist und wie Er sie wollte. Einen Teil davon machte Er für uns, damit wir in ihm leben können. Ich sehe nicht, woher du die Befugnis nimmst, uns zu sagen, dass wir nicht an den Stellen leben dürfen, die Er uns anwies.«

Gegen seinen Willen zum Kampf genötigt

Seine intelligenten Sätze, die wie spitze Pfeile von der Sehne flogen und ihr Ziel trafen, versetzten den General in helle Wut. Nachdem er der Rothaut unwirsch geantwortet hatte, den Mund zu halten und sich seinen Anweisungen zu fügen, protestierte Too-Hul-Hul-Sote aufs Heftigste: »Wer bist du, dass du uns bittest zu sprechen und dann sagst, dass wir nicht reden dürfen? Bist du der Große Geist? Hast du die Welt erschaffen? Hast du die Sonne erschaffen? Hast du die Flüsse erschaffen, damit wir zu trinken haben? Hast du das Gras wachsen lassen? Hast du alle diese Dinge erschaffen, dass du zu uns sprichst, als ob wir Knaben wären? Wenn du das erschaffen hast, gestehe ich dir das Recht zu, so zu reden, wie du es tatest.«

Als der wackere indianische Unterführer daraufhin eingesperrt wurde, war Chief Joseph besonnen genug, trotz dieser Schmähung die Verhandlungen nicht abzubrechen, denn er wollte zuerst jedes friedliche Mittel erschöpfen, ehe er bereit war, an Gewalt zu denken. Mit seiner sprichwörtli-

Chief Joseph in späten Jahren. Dem ruhigen, intelligenten und friedfertigen Chief Joseph, der noch nie in seinem Leben in den Krieg gezogen war, wurde der Kampf durch die Starrköpfigkeit und Selbstherrlichkeit aufgezwungen

chen Friedensliebe und seiner beinahe übermenschlichen Geduld stellte er die Weißen auf eine größere Nervenprobe, als wenn er sie mit Kriegsdrohungen einzuschüchtern versucht hätte. Als er sich später daran erinnerte, wie er vom weißen Unverstand gegen seinen Willen zum Kampf genötigt wurde, sagte Joseph: »*Im Stillen entschied ich mich, eher mein Land aufzugeben als einen Krieg heraufzubeschwören. Eher wollte ich das Grab meines Vaters aufgeben; ich wollte lieber alles aufgeben als das Blut weißer Menschen an den Händen meiner Brüder und Schwestern zu sehen … Als ich nach Wallowa zurückkehrte, waren meine Leute sehr erregt, denn sie hatten bereits Soldaten im Wallowa-Tal entdeckt … Ich sah, dass der Krieg nicht mehr zu verhindern war. Die Zeit hatte uns überrundet. Von Beginn an hatte ich zum Frieden geraten . . . Wenn General Howard mir genügend Zeit gelassen und Too-Hul-Hul-Sote wie einen Mann behandelt hätte, wäre es nie zum Kampf gekommen.*«

Ein wahrhaft biblisches Gleichnis

Wie sein Land ohne sein Wissen und ohne seine Einwilligung verkauft wurde, hat der Häuptling, ein redebegabter Philosoph, in einem wahrhaft biblischen Gleichnis veranschaulicht: »*Wenn wir jemals Eigentümer des Landes waren, so sind wir es noch, denn wir haben es nie verkauft. In den Ratsversammlungen behaupteten die Kommissare stets, dass unser Land an die Regierung verkauft worden sei. Angenommen, ein Weißer würde mich aufsuchen und sagen: ›Joseph, ich mag deine Pferde und will sie kaufen‹, so würde ich erwidern, dass sie mir gefallen, sie aber unverkäuflich seien. Daraufhin geht er zu meinem Nachbarn und sagt zu ihm: ›Joseph hat gute Pferde. Ich wollte sie kaufen, aber er will nicht.‹ Mein Nachbar antwortet: ›Gib mir das Geld, und ich verkaufe dir Josephs Pferde.‹ Der Weiße kommt zu mir zurück und sagt: ›Joseph, ich habe deine Pferde gekauft; du musst sie mir geben.‹ Wenn also unser Land an die Regierung verkauft wurde,*

so geschah es auf diese Weise, und der Weiße Mann beansprucht mein Land aufgrund des Vertrages, den andere Banden der Nez Percés mit ihm geschlossen hatten.«

Josephs ritterliche Kampfführung

Obwohl er seine Krieger eisern im Zaum hielt und ihnen bis zuletzt gewalttätige Handlungen ausredete, wurde Joseph von der weißen Engstirnigkeit und Vermessenheit in die Enge und zu den Waffen getrieben. Bislang waren seine Hände unbefleckt vom Blut der Bleichgesichter. Dieser den Frieden über alles liebende Häuptling hatte noch nie zuvor in seinem Leben Krieg geführt. Trotz des offensichtlichen Mangels an Kampferfahrung sollte er sich zu einem der genialsten Indianerstrategen aller Zeiten entwickeln, dem nur ein Crazy Horse oder ein Sitting Bull vergleichbar waren. Er verbot seinen Kriegern, getötete oder verwundete Soldaten zu skalpieren oder zu verstümmeln, und spornte sie zu einer ritterlichen Kampfführung an, über die Oberst G. O. Shields urteilte: »*In Joseph offenbarten sich alle Charakterzüge der besten und größten Indianer in Amerikas Geschichte: der Mut Red Clouds, die Redegabe Tecumsehs, die Geschmeidigkeit Spotted Tails, die Tapferkeit Crazy Horses und das staatsmännische Können Quanah Parkers.*«

Auch seine unmittelbaren Gegner, die Generäle Oliver Otis Howard und Nelson A. Miles, deren Soldaten er oft aus dem Hinterhalt narrte, sangen ihm wahre Lobeshymnen. So gestand Howard: »*Die Führerschaft Josephs war tatsächlich bemerkenswert. Kein weißer General hätte eine Schlacht umsichtiger und kundiger vorbereiten können.*« Miles ging sogar noch weiter in seiner Beurteilung: »*Häuptling Joseph war der größte aller Indianer, die ich je kennen gelernt habe.*«

Auch wenn er felsenfest davon überzeugt war, es wäre besser, Unrecht zu ertragen, als Unrecht durch die Schrecken eines Krieges zu verbreiten, so zeugte diese Einstellung Josephs keineswegs von Angst und

Schwäche. Im Gegenteil: Er erwies sich als ungemein fähiger Kriegshäuptling, dessen Stärke darin bestand, dass er sich in die Lage seines Gegners hineinzusetzen und somit seine eigenen Maßnahmen auf dessen Reaktionen abzustimmen vermochte.

Der heldenhafte Zug nach Kanada

Anstatt sich dem weißen Diktat zu beugen, zog er es vor, mit seinem kleinen Volk, das 250 Krieger sowie 450 Frauen, Alte und Kinder zählte, nach Kanada auszuwandern und sich dort mit Sitting Bulls tapferen Sioux-Kämpfern zu vereinigen. Elf Wochen lang trotzte er auf einem 4000 Kilometer weiten Gewaltmarsch vier US-Armeen, die 5000 Soldaten mit Kanonen und Mehrladergewehren aufboten. Insgesamt elfmal entbrannte ein Gefecht mit Truppen der Vereinigten Staaten. In fünf Schlachten wandte er seine brillante Guerilla-Kriegsstrategie an. Drei konnte er zu seinen Gunsten entscheiden, eine blieb unentschieden, und die allerletzte verlor er.

Im White Bird Creek fielen seine Krieger eine Soldatenkolonne an und rieben sie auf. In der Schlacht am Clearwater entspannen sich wilde Kämpfe von Mann zu Mann, bis die zu Tode erschöpften Blauröcke General Howards von den Nez Percés abließen. Nachdem Joseph mit seinen Leuten den über die Bitterroot Mountains nach Idaho hinüberführenden Lolo-Pfad erstiegen hatte und ins Bitterroot-Tal hinuntergewandert war, umzingelten die Soldaten von Oberst John Gibbon das Indianerlager in der Nacht und ließen bei Morgengrauen die trockenen Büffelhäute der Tipis wie Zunder aufflammen. Obwohl die Nez Percés in diesem Treffen fast alle ihre Unterkünfte einbüßten, wehrten sie sich mit dem Mut der Verzweiflung und schlugen die Angreifer zurück. Nach diesem Gefecht sollen die Weißen – laut Joseph – sich auf beschämende Art und Weise an den toten Indianern vergangen haben, die sie ausgruben und skalpierten. Im Yellowstone-Park mit seinem Gewirr von Felsen und unübersichtlichen Schluchten blieben die Rothäute aber nicht lange unentdeckt: Im Cañon-Creek wurden sie von den »Langmessern« (so genannt wegen der Säbel) erneut gestellt und mussten diesmal nach und nach zurückweichen, bis sie im Schutz der Dunkelheit untertauchen konnten. Am 30. September 1877 ereilte sie das Schicksal, als sie nur noch 54 Kilometer von Kanadas Grenze entfernt lagerten und sich eine kurze Ruhepause gönnten. Lediglich ein Tagesmarsch trennte sie von ihrem Ziel. Das zusammengeschmolzene Häuflein der Nez Percés kämpfte zwar aufs Tapferste gegen die ihr Dorf angreifenden Kavalleristen von General Miles, konnte aber trotz heroischen Widerstandes seinen Verfolgern nicht die Stirn bieten.

»Ich werde nie mehr kämpfen«

Bis zum 5. Oktober wogte die Schlacht hin und her. Dann musste Chief Joseph die Übergabe unterzeichnen. Die Worte, die er bei der Kapitulation in den Bear-Paw-Mountains (Bärentatzengebirge) gebrauchte, sind inzwischen zu einem geschichtlichen Ausspruch geworden: *»Ich bin kampfesmüde. Unsere Häuptlinge sind tot. Es ist kalt und wir haben keine Decken. Die kleinen Kinder erfrieren. Manche meiner Leute sind in die Berge geflohen und haben weder Decken noch Nahrung. Niemand weiß, wo sie sind – vielleicht erfrieren sie. Ich brauche Zeit, um nach meinen Kindern zu sehen und zu wissen, wie viele ich von ihnen wiederfinde. Möglicherweise werde ich sie unter den Toten finden. Hört mich an, weiße Häuptlinge: Mein Herz ist krank und betrübt. Vom augenblicklichen Stand der Sonne an will ich nie mehr gegen den weißen Mann kämpfen.«*

Mit Josephs Unterwerfung – so General William Tecumseh Sherman, damaliger Oberbefehlshaber aller US-Streitkräfte – *»endete einer der außergewöhnlichsten Indianerkriege, über den es viele Berichte gibt. Die Indianer bewiesen ohne Ausnahme Mut und*

Trotz seiner beachtlichen strategischen und taktischen Leistungen vermochte Chief Joseph die Einkreisung seiner ihm verbliebenen Schar durch US-Truppen kurz vor der rettenden kanadischen Grenze nicht zu verhindern

Nez-Percé-Häuptling Joseph (1840 bis 21.9.1904): Er setzte sich für die angestammten Rechte und die Heimat seines Volkes ein, dessen Vernichtung die Weißen aus Hass, Habgier und Unverstand anstrebten (Foto: John H. Fouch, Oktober 1877)

Geschicklichkeit, die allgemeine Anerkennung verdienen. Sie skalpierten nicht, ließen gefangene Frauen frei, verübten keine Mordtaten an friedlichen Familien, wie es üblich war, und fochten mit beinahe exakter Kunstfertigkeit, wobei sie sich des Vortrupps und der Nachhut bedienten, Gefechtslinien bildeten und Feldbefestigungen anlegten.«

Ein redebegabter Philosoph

Chief Joseph hatte eine indianische Idealgestalt, war sehr groß und gerade wie ein Pfeil gewachsen, imponierte auf Anhieb und verfügte über Gesichtszüge wie aus Marmor gemeißelt.

Obwohl er niemals ein Wort Englisch gesprochen haben soll, erlangte er große Berühmtheit als Redner, dem eine ganze Reihe von weisen Redensarten zugeschrieben wird, die eine außergewöhnliche Menschenkenntnis offenbaren: »Blicke zweimal auf einen zweigesichtigen Mann«, »Verflucht sei die Hand, die das Ansehen des Toten skalpiert«, »Das Auge erzählt, was die Zunge verbergen will«, »Große Namen stehen oft auf kleinen Beinen« und »Der feinste Pelz kann das zäheste Fleisch verdecken«.

Joseph, der insgesamt vier Nez-Percés-Töchter heiratete, die ihm fünf Mädchen und vier Knaben gebaren, war auch ein humorvoller Mensch, dem der Schalk aus den Augen blickte, wenn er sich bezüglich seiner Gemahlinnen äußerte: »Erst wenn du bei einem Echo das letzte Wort hast, kannst du es auch bei einer Frau haben.«

Nach seinem heldenhaften Zug nach Kanada wurde er von der US-Regierung in verschiedene Reservate gesteckt. Es dauerte bis 1885, ehe ihm in Colville im Norden des Staates Washington eine bleibende Stätte zugewiesen wurde, die jedoch ein schäbiger Ersatz für seine verlorene Heimat war. Laut Dr. Latham, Arzt der Colville-Agentur, verschied Joseph am 21. September 1904 »einfach an gebrochenem Herzen«.

Richter C. C. Goodwin charakterisierte den »Roten Napoleon des Westens« vielleicht am besten, als er schrieb: »Kein Sohn des Nordwestens war tapferer als er, keiner war treuer zu seiner Heimat als er, und keiner hielt sich auch in drohendster Gefahr mehr in der Gewalt als er.«

Edelmut, Besonnenheit und Verantwortungsbewusstsein zeichneten Chief Joseph zeitlebens aus, der zudem über eine außergewöhnliche Rednergabe, eine starke, bildhafte Formulierungskunst verfügte

Die Shoshonen, die Freunde des weißen Mannes

Dreihundert ihrer Krieger kamen in musterhafter Ordnung und vollem Galopp in unser Lager geritten. Sie waren scheußlich bemalt und mit Kriegskeulen bewaffnet und über und über mit Federn, Perlen, Wolfsschwänzen, Zähnen und Klauen von Tieren bedeckt; jeder von ihnen hatte sich nach Lust und Laune mit diesem höchst sonderbaren Schmuck herausgeputzt. Diejenigen, die im Krieg Wunden davongetragen hatten, und diejenigen, die Feinde ihres Stammes getötet hatten, stellten ihre Narben prahlerisch zur Schau und schwenkten die von ihnen erbeuteten Skalpe – wie Wimpel – an Stöcken in der Luft. Nachdem sie mehrere Male, in Abständen Freudenschreie ausstoßend, um das Lager herumgeritten waren, stiegen sie ab, und nun kamen sie alle, um den Weißen als ein Zeichen der Freundschaft die Hand zu schütteln.« So schilderte 1837 der Jesuitenpater Pierre Jean de Smet, der die Indianer des Westens zum Christentum bekehren wollte, die Ankunft der Shoshonen.

Sacajaweas glücklicher Anfang

Als die Forschungsreisenden Meriwether Lewis und William Clark 1805 dem Missouri westwärts in eine völlig unberührte Gegend folgten, bewahrte sie eine Tochter der Shoshonen, Sacajawea, die mit einem den Dolmetscher spielenden frankokanadischen Händler verheiratet war, vor den Gefahren der Wildnis und ließ das erste Treffen zwischen Angehörigen ihres Stammes und den Weißen zu einer freundschaftlichen Begegnung werden. Alle Bleichgesichter, die danach mit den Shoshonen in Berührung kamen, profitierten von diesem glücklichen Anfang. Die indianische Zuvorkommenheit und Hilfsbereitschaft entwickelte sich nach und nach zu einer tiefen Freundschaft, die besonders durch den Shoshonen-Häuptling Washakie gefördert wurde.

Gegenüber den europäischen Eindringlingen konnten die Rothäute drei Wege beschreiten: sich erbittert widersetzen, sich widerstrebend unterwerfen oder ein Bündnis mit den Weißen schließen. Washakie wählte die dritte Möglichkeit, weil er die Bleichgesichter, die er bei der Besiedlung des Westens entschieden unterstützte, als die mächtigsten aller Verbündeten ansah. Seine Beweggründe waren zweifellos eigennützig, aber von Weitsicht geprägt: Er brauchte die Handelsgüter der Weißen, wie Waffen, Munition, Werkzeuge und Kleidung, ihren Schutz vor den starken indianischen Feinden des Stammes und das Wohlwollen der Neuankömmlinge aus Europa, um seinem Volk die Zukunft nicht zu verbauen.

Sie halfen den Weißen, wo sie konnten

Die Shoshonen, die zur shoshonischen Untergruppe der uto-aztekischen Sprachfamilie gehörten, waren ein äußerst wildes Kampfvolk, das schon sehr früh Pferde züchtete, aber erst spät Feuerwaffen erhielt. Deswegen zogen sie meistens den Kürzeren bei ihren Auseinandersetzungen mit den Sioux, Cheyennes, Arapahos und Crows, die ihnen das Weideland von Montana und Wyoming streitig machten. Ihre Jagdgründe umfassten zu Beginn des 19. Jahrhunderts Süd-Dakota, die Wind-River-Gegend im heutigen Wyoming sowie Teile von Montana, Utah, Idaho, Nevada und Kalifornien.

Der Oregon Trail, auf dem Scharen von Siedlern zu den üppigen Tälern Kaliforniens und zur Nordwestküste Amerikas zogen, führte durchs Herzland der Shoshonen. Anstatt die unzähligen Pioniere zu bekämpfen, wie es die meisten Präriestämme taten, die dieser gewaltigen Völkerwanderung mit Feindseligkeit begegneten, beschützte Washakie die weißen Trecks, denen er sogar tatkräftig half, den Angriff von Nachbarstämmen zurückzuschlagen. Seine Krieger verdingten sich als Späher in der US-Armee, wo sie als eine Art Guerillatruppe dienten. Als General George Crook im Frühjahr 1876 gegen die Sioux und ihre Bundesgenossen ausrückte, fochten Washakies Shoshonen in ihrem Aufzug aus Federn, Messingknöpfen und Perlen Seite an Seite mit den Blauröcken in der Schlacht am Rosebud River.

Lieutenant John Bourke aus Crooks Stab war überwältigt vom Eintreffen der Shoshonen, denen Washakie Kampftaktik und Kavalleriemanöver beigebracht hatte: *»Eine lange Reihe blitzender Lanzen und auf Hochglanz polierter Feuerwaffen kündigte das gespannt erwartete Erscheinen unserer Verbündeten, der Shoshonen, an, die nun rasch zum Hauptquartier heraufgaloppiert kamen und von links her in prächtiger Manier in einer Reihe antraten. Keine gedrillten Krieger irgendwelcher zivilisierter Armeen haben diese Bewegung je hübscher ausgeführt. Ausrufe des Erstaunens und des Lobes begrüßten das fremdartige Aufgebot von wilden Kriegern ... Als diese den Befehl erhielten, nach rechts abzutreten, bewegten sie sich mit der Präzision und dem Stolz von kampferprobten Veteranen.«*

Wie die Crows und Pawnees, gehörten die Shoshonen zu den weißenfreundlichen Indianern, die während der Westexpansion Washington unschätzbare Dienste leisteten. Dass ihre Hilfsbereitschaft den Bleichgesichtern gegenüber auch von Opportunismus gekennzeichnet war, belegt der Anspruch ihres Häuptlings Washakie auf das Wind-River-Tal in Wyoming, das er zu seiner Reservatsheimat machen wollte, was ihm auch mit der Billigung der US-Regierung schließlich gelang

»Das Wind-River-Land steht mir zu«

Um seinen Stamm vor den räuberischen Übergriffen der Sioux zu schützen, die mit ihren 20 000 Angehörigen eine ständige Bedrohung darstellten, sprach sich der Häuptling ab 1858 wiederholt für ein Shoshonen-Reservat im Wind-River-Tal aus. 1868 erhörte die Regierung seinen Wunsch und ließ ihm ihren militärischen Schutz angedeihen.

Trotz des energischen Widerspruchs Washakies bekam das Wind-River-Reservat der Shoshonen in Wyoming in den Jahren 1876/77 den unerwünschten Zuwachs mehrerer Gruppen von Arapahos, die bislang immer eine feindselige Haltung eingenommen hatten. In der nachträglich mehrfach geschmälerten Heimstatt leben heute noch etwa 1500 Shoshonen, die nach wie vor auf demselben Grund und Boden, getrennt von den Arapahos, wohnen. Als ein Sohn Washakies ein Arapaho-Mädchen heiratete, waren anscheinend beide Stämme verärgert – so tief verwurzelt ist die alte Antipathie.

Washakie (Rassler), der Beschützer der weißen Trecks *1798 bis 20.2.1900*

Washakie (1798 bis 20.2.1900), der Häuptling der Shoshonen, half den Weißen im Kampf gegen ihm feindlich gesinnte Indianer, wo immer er nur konnte

Väterlicherseits gehörte Washakie zum Stamm der Flathead-Indianer, mütterlicherseits zum Volk der Shoshonen. Weil er sich beständig zwischen beiden Gemeinschaften hin- und hergerissen fühlte, blieb bei ihm ein Gefühl der Wurzellosigkeit zurück, das sich noch in seinen frühen Zwanzigern äußerte, als er sich zeitweilig einer dritten Nation, den Bannocks, anschloss, bis er sich endgültig bei den Ost-Shoshonen niederließ.

Washakies Name bedeutete so viel wie »Rassler«, was darauf schließen lässt, dass er eine Rassel besaß, mit der er die Pferde seiner Feinde in Panik versetzte, ehe er seine Widersacher tötete. Auch muss er ein ausgezeichneter Schütze gewesen sein, der nur selten sein Ziel verfehlte.

Eine tiefe Narbe unter dem linken Auge zeugte von einer schweren Pfeilverletzung, die aber seinen jugendlichen Kampfgeist keineswegs abschwächte. In der Blüte seines Lebens führte er eine Unmenge blutiger Taten aus, die er in der Abgeklärtheit des Alters bereute: *»Als junger Mann hat mich der Krieg begeistert. Manchmal, wenn mein Stamm in Frieden lebte, zog ich auf eigene Faust los, um mir einen Gegner zu suchen. Ich schäme mich, von diesen Jahren zu sprechen, denn ich habe eine große Zahl von Indianern getötet.«*

Der Beschützer der weißen Pioniere und Trecks

Er war aber weitsichtig genug, um zu erkennen, dass er es mit den Weißen nicht so bunt treiben durfte, weil sie aus einem ganz anderen Holz geschnitzt waren als die Indianer. In den Bleichgesichtern sah er die mächtigsten und somit erstrebenswertesten Bundesgenossen, mit denen er die Freundschaft pflegte. Nachdem er 1842 die Häuptlingswürde erhalten hatte, ging er sogar so weit in seiner Weißenfreundlichkeit, dass er alle Pioniere, die auf dem durchs Herzland der Shoshonen führenden Oregon Trail entlangzogen, vor den Überfällen feindlicher Indianer beschützte. Regelmäßige Benutzer dieses gefährlichen Weges wussten Washakies Hilfe zu schätzen und sprachen sich

oft Mut zu mit den Worten: »*Wenn wir's bis zu Washakies Lager schaffen, sind wir endgültig in Sicherheit.*«

Mit harter Hand hielt er seine jungen, aufsässigen Krieger davon ab, über die Weißen herzufallen. Zu einem seiner Söhne, der nicht mit seiner Politik der Zusammenarbeit mit den Bleichgesichtern einverstanden war, sagte er kurz und bündig: »*Mein Sohn, eher schlage ich dich auf der Stelle tot, als dass ich zusehe, wie du gegen die Weißen zu den Waffen greifst.*«

Er erstickte jeden Widerstand im Keim

Über die unerbittliche Art, mit der dieser Mann mit eisernem Willen seinen eigenen Stamm beherrschte, schrieb F. Lander: »*Er gelangte bei seinem Volk zu Popularität durch verschiedene Heldentaten als Krieger und – wie einige Gebirgler behaupteten – durch seine ungewöhnliche Strenge. Das ging in ein oder zwei Fällen so weit, dass er die Betroffenen umbrachte. Push-i-can, ein anderer Kriegshäuptling der Shoshonen, trägt auf seiner Stirn eine Narbe, die ihm Washakie bei einer dieser Auseinandersetzungen mit dem Tomahawk beigebracht hat.*« Als Richter, Geschworener und Vollstrecker in einer Person erstickte der gewalttätige Häuptling jeden Widerstand im Keim und ließ nicht zu, dass seine Krieger ihm den Gehorsam verweigerten.

Als die amerikanische Regierung im Sommer 1868 den Shoshonen das Wind-River-Tal in Wyoming als Reservat zuerkannte, freute sich Washakie, denn sein Herzenswunsch ging endlich in Erfüllung: »*Ich lache, weil ich glücklich bin, denn meinem Herzen ist wohl. Als der Weiße Mann in mein Land kam und das Holz schlug und die Straßen baute, war meinem Herzen wohl. Sie haben meinen Wunsch gehört. Das Wind-River-Land ist das Land für mich. Wir werden den Boden vor zwei, drei Jahren vielleicht noch nicht pflügen können. Auch können uns die Sioux heimsuchen. Doch wenn jemand auf die Sioux aufpasst, können wir es schaffen.*«

Im Einsatz für das US-Militär

Seitdem die Sioux 1865 in einem Gefecht seinen ältesten Sohn getötet und skalpiert hatten, war er darauf aus, an diesem mächtigsten Stamm der nördlichen Plains Rache zu nehmen. So versprach er General George Crook seine rückhaltlose Unterstützung, als dieser die Shoshonen um Hilfe gegen die rebellischen Sioux bat. Mit 86 Kriegern und zweien seiner Söhne fand er sich 1876 in Crooks Hauptquartier ein, wo seine Männer sich mit einem die ganze Nacht dauernden Kriegstanz auf den kommenden Kampf vorbereiteten. Lieutenant John Bourke aus Crooks Stab war fasziniert vom Treiben der indianischen Bundesgenossen: »*Eine ununterbrochene Folge von monotonem Heulen, Kreischen, Stöhnen und nasal gellendem Schreien, untermalt von einer wirklich ohrenbetäubenden Abfolge von Trommelschlägen, lockte beinahe alle Soldaten und viele nicht Dienst habende Offiziere zum Lager der Verbündeten. Niedergekauert an kleinen Feuern, die weniger Licht als eine kleine Talgkerze spendeten, sah man die dunkelhäutigen Gestalten der nackten und halb nackten Indianer, die im Einklang mit irgendeinem Führer sangen und sich bewegten. Wörter konnte man keine verstehen, und die Zeremonie hatte etwas von einer schrecklichen Beschwörung und zeichnete sich, soweit ich das beurteilen konnte, durch ihren halbreligiösen Charakter aus.*«

Washakie und seine Krieger hatten sich gut auf die Schlacht eingestellt, denn hätten sie nicht die Hauptwucht der schnellen Sioux-Massenangriffe aufgefangen, hätte General Crook mit seinen überrumpelten Blauröcken im Rosebud Tal eine katastrophale Niederlage einstecken müssen. Die Shoshonen-Guerillatruppe hielt den Oglalla-Sioux-Kriegshäuptling Crazy Horse in Schach und hinderte ihn daran, die Soldaten bis auf den letzten Mann aufzureiben, wie er eine Woche später mit General Custers 7. US-Kavallerie-Regiment am Little Big Horn verfuhr.

»*Der Häuptling der Shoshonen war uns eine große Hilfe. Nackt bis zu den Hüften ritt*

Nicht nur wegen seiner Muskelkraft und seiner Ausdauer, sondern auch dank seiner ausgeprägten politischen Begabung gelang es Washakie, eine unumstrittene Machtposition innerhalb seines von ihm zusammengehaltenen Stammes auszuüben. Wer seine Meinung nicht teilte, wurde kurzerhand mit dem Kriegsbeil erschlagen. Noch im hohen Alter von 102 Jahren maß er sich im Zweikampf mit einem achtundvierzigjährigen Crow-Häuptling. Beide starben an den Folgen dieses außergewöhnlichen Duells

er auf einem feurigen Pony und er trug eine prachtvolle Federhaube aus Adlerfedern, die weit hinter dem Schweif seines Ponys auf dem Erdboden dahinfegte«, lobte Lieutenant John Bourke später den alten Häuptling, der allgegenwärtig in den Kampf eingegriffen hatte.

Nachdem er noch im späten November 1876 in den Big Horn Mountains mit seinen Shoshonen-Spähern im Dienst der US-Armee Cheyenne-Häuptling Dull Knife mit seinen letzten Getreuen aufspüren half, schied er aus dem aktiven Kampfleben aus und setzte sich im Wind-River-Reservat zur Ruhe.

»Das Herz hat keine Zunge«

Im Herbst 1876 wurde Washakie außerdem in einer feierlichen Zeremonie für seinen tapferen Einsatz an der Seite der amerikanischen Soldaten gegen die Sioux und die Nord-Cheyennes geehrt. Vor Rührung fehlten ihm die Worte. Als er sich wieder unter Kontrolle hatte, bedankte er sich auf echt indianische Art: *»Wenn einem weißen Mann*

Wohlwollen entgegengebracht wird, fühlt er es in seinem Kopf und seine Zunge redet. Wenn einem Indianer eine Freundlichkeit erwiesen wird, fühlt er es in seinem Herzen, aber das Herz hat keine Zunge. Ich habe gesprochen.« Eine Anerkennung, die er noch höher einschätzte, war die 1878 vorgenommene Umbenennung von Camp Brown in Fort Washakie. Noch als Neunzigjähriger war er von einem unbeschreiblichen Wissensdurst durchdrungen. Er bekundete sein Interesse für die Landwirtschaft und die Benutzung von Bewässerungsanlagen. Er überzeugte sich selbst durch häufige Besuche vom Fortschritt der Shoshonen-Jungen und -Mädchen in der Reservatsschule. Seine Blindheit und die Bürde des Alters erlaubten ihm schließlich nicht mehr, seine Blockhütte zu verlassen.

Ehe er am Abend des 20. Februar 1900 in seinem Bett verschied, hatte er kurz vorher seiner Familie mit verlöschender Stimme eingeschärft: *»Ihr habt jetzt, wofür wir so lange und tapfer gekämpft haben. Haltet es für immer in Ehren und Frieden. Geht jetzt schlafen. Ich werde nicht mehr zu euch sprechen.«*

Zu Washakies Ehren wurde ein Fort im Wind-River-Reservat nach ihm benannt. Als treuer Verbündeter der Amerikaner erhielt er nach seinem Ableben das erste Staatsbegräbnis, das je einer Rothaut gewährt wurde

Die Utes, die »Negergesichter«

Als die Utes zu Beginn des 19. Jahrhunderts mit dem Pferd Bekanntschaft machten, betätigten sie sich nicht mehr länger als primitive Jäger und Sammler, sondern zogen in die Plains zur Bisonjagd und übernahmen von den dort lebenden Stämmen wesentliche Elemente der indianischen Reiterkultur

W ie die Crows und die Shoshonen bemühten sich die Utes um Frieden mit den Weißen, die in ihre Gebirgstäler von Colorado, Utah, Nevada und New Mexico strömten. Die Bleichgesichter nannten sie wegen ihrer besonders dunklen Hautfarbe oft verächtlich »Black Indians« (Schwarze Indianer) oder »Niggerfaces« (Negergesichter). Bereits im 16. Jahrhundert hatten die Utes von den Spaniern Pferde bekommen, die es ihnen erlaubten, ihren Lebensraum auszudehnen und die Berge zeitweilig mit den Bison-Plains zu vertauschen. Dieser Stamm der uto-aztekischen Sprachfamilie, der die Navahos und Pueblo-Indianer als Erzfeinde ansah, geriet erst 1870 in Konflikt mit der Washingtoner Ausrottungspolitik.

Als der Indianeragent des Ute-Reservats, Nathan Cook Meeker, sich 1870 als Missionar betätigte, seine Schützlinge mit Gewalt zu ackerbauenden Christen bekehren wollte und in seinem blinden Eifer nicht da-

vor zurückschreckte, die Pferderennbahn der Indianer mit einem Bewässerungsgraben zu durchziehen, kam es zum offenen Aufstand der bislang friedfertigen Rothäute. Im so genannten Meeker-Massaker töteten sie den allzu eifrigen Reservatsagenten und zehn Soldaten. Ehe die Rebellion in einen aussichtslosen Kampf mit amerikanischen Truppen ausarten konnte, gab der alte Häuptling Ouray den Befehl zur bedingungslosen Kapitulation.

Zeitlebens hatte dieser Anführer seine kriegerische Gruppe mit eiserner Faust zusammengehalten und sie vor Reibereien mit den Weißen bewahrt. Seine Führungsmethode war denkbar einfach: Jeden, der es wagte, sich seiner Friedenspolitik zu widersetzen, erschoss er kurzerhand. Aus eigennützigen Gründen wollte er es sich mit den Bleichgesichtern nicht verderben. In der Tat liebte er ihre Lebensweise und die

Produkte ihrer Zivilisation viel zu sehr. Mit Zigarren und Wein pflegte er seine Gäste zu bewirten. 1872 verscherzte er sich aber die Sympathien seiner Stammesangehörigen, als er ein großes Stück Land, das dem Ute-Volk gehörte, aus eigenem Antrieb an die US-Regierung verkaufte und dafür eine lebenslange Rente von 1000 Dollar pro Jahr einkassierte.

Wegen des Meeker-Massakers wurden die Utes 20 Jahre lang mit einer hohen Geldstrafe belegt, die sie an die Opfer ihres Aufstandes zahlen mussten. Trotz dieser außergewöhnlichen finanziellen Belastung gelang ihnen die Anpassung an das 20. Jahrhundert. Heute leben zwischen 6000 und 7000 Utes in ein paar Reservaten in Colorado und Utah, wo Öl, Gas, Kohle, Holz, ausgedehntes Grasland, Wild und touristische Attraktionen ihren Broterwerb garantieren.

Ouray, Häuptling der Utes (Bildmitte), zusammen mit anderen Ute-Chiefs (stehend: Warency und Shavano, sitzend: Ankotash und Guero) während einer Friedensmission in Washington: Ouray wurde schließlich von der US-Regierung als das Oberhaupt aller Utes anerkannt. Kit Carson und Ouray waren gute Freunde und arbeiteten oft zusammen, wenn es galt, den Weißen feindlich gesinnte Indianer zu besiegen. Ouray war wegen seiner Friedensbereitschaft und seines Rednertalents bekannt. Er war das Musterbeispiel eines von den Weißen »gekauften« Stammesführers, der für seine »legale Haltung« mit einem »Spezialgehalt« und einer Farm bedacht wurde. Er starb am 24.8.1880 auf seinem Landbesitz in Colorado (Museum of New Mexico, Santa Fe)

Die Modocs, primitive Jäger, Sammler und Korbflechter

In einem unwegsamen Gebiet von Schluchten und Schründen, von messerscharfen Graten und tief eingeschnittenen Klüften, wo keine Quelle sprudelte, nicht einmal die anspruchsloseste Pflanze gedieh, es weder Weg noch Steg gab und jeder Kompass versagte, fanden die Modocs ihre letzte Zuflucht. Im Gewirr von Kratern und Höhlen der »Lava Beds«, die 50 Quadratkilometer grauschwarze Steinwüste mit seltsamen und unheimlichen Formen umfassten, widerstanden die nordkalifornischen Indianer dem weißen Vormarsch in den siebziger Jahren des letzten Jahrhunderts. Dieser von allen gemiedene Landesteil war vor Jahrtausen-

den durch einen Vulkanausbruch unvorstellbar verheert worden und sollte sich als der treueste Verbündete der von den Bleichgesichtern enteigneten Modocs erweisen.

Auf einer steinzeitlichen Entwicklungsstufe

Beiderseits der Grenze zwischen Kalifornien und Oregon hatten die Modocs noch völlig im Steinzeitalter gelebt, als nach dem kalifornischen Goldrausch von 1848 ihre Sterbestunde schlug. Tausende von üblen Abenteurern, der ganze Abschaum aus den Städten des Ostens, waren eilends nach dem

Der Modoc Boston Charley erschoss Reverend Thomas im Laufe der Verhandlungen vom 11. April 1873 und wurde zusammen mit Captain Jack des Mordes angeklagt (nach einem Gemälde von Henry H. Gross)

»Gelobten Land« Kalifornien geströmt, um sich über Nacht am Goldboom zu bereichern. Mit schiefen Blicken bedachten sie die am fruchtbaren Lost River heimischen Modocs, die die Natur wirklich stiefmütterlich behandelt hatte. Klein und gedrungen von Gestalt, mit zähen und widerstandsfähigen Körpern, mit unscheinbaren, dunkelbraunen Gesichtern, waren sie nicht mit Schönheit gesegnet. Sie waren weit davon entfernt, den erhabenen Anblick der stolzen und federgeschmückten »Ritter des Grasmeeres« zu bieten, wie man die Prärie-Indianer, insbesondere die Cheyennes, nannte.

Diese primitiven Jäger, Sammler und Korbflechter verfügten über aus Holz und Stein, vornehmlich aus Obsidian und Basalt, gefertigte Geräte und Waffen. Sie ernährten sich von Kleinwild, Fluss- und Seefischen, Kräutern und Pflanzen sowie von Wurzeln, die sie ausgruben, trockneten und zu Mehl verarbeiteten. Auch aßen sie, was bei allen Völkern auf Erden einzigartig sein dürfte, Unmengen von Wasserliliensamen.

Trotz ihrer niedrigen Entwicklungsstufe waren die Modocs alles andere als dumm: In Wirklichkeit waren sie ausdauernd, gewandt, listig und mutig. Ihr stark ausgeprägtes Freiheits- und Unabhängigkeitsgefühl verbot ihnen 1872, ihre Heimat und ihre Erdhäuser mit den runddeckelförmigen Dächern gegen ein schäbiges US-Reservat zu tauschen.

Als sich die Modocs in ihrer »Lavabett«-Festung verschanzten

Ihr Leidensweg begann, als 1853 eine Schar Goldgräber über ein Dorf wehrloser Modocs herfiel und sie »wie Kaninchen« abschlachtete. Ob-

Die Modocs in ihrer Lava-Festung – Wenige gegen viele! (nach einem Gemälde von W. Langdon Kihn)

wohl Häuptling Kintpuash, den die Weißen der Einfachheit halber Captain Jack nannten, sich mit allen Mitteln dagegen wehrte, in eine kriegerische Auseinandersetzung hineingezogen zu werden, wurde ihm der Kampf von den Bleichgesichtern aufgezwungen. In der Tat machten sie alle seine Bemühungen zunichte, die auf ein friedvolles Nebeneinanderherleben hinzielten. Durch ihre Rücksichtslosigkeit und ihre Gier nach dem fetten Ackerland der Indianer brachten sie es fertig, »die bisher so friedlichen, dumpfen und begriffsstutzigen Modocs, die niemandem etwas zuleide taten, die unterwürfig, mit dem Blick eines getretenen Hundes, um ein abgelegtes Kleidungsstück oder um eine zerbeulte Pfanne gebettelt hatten, in eine Bande gnadenloser Töter zu verwandeln« (E. Hearting).

Unter Führung von Häuptling Jack verschanzten sich die Modocs zu Anfang des Jahres 1873 in ihrer »Lavabett«-Natur-

den blauröckigen Häschern entgehen, bis auch er am 1. Juni 1873 nach einer schrecklichen Hetzjagd gestellt, in Eisen gelegt und in einem reißerischen Schauprozess zum Tod durch den Strang verurteilt wurde. Die am Doppelmord vom 11. April beteiligten Rädelsführer wurden mit ihrem Anführer gehängt oder ins Zuchthaus gesteckt. Alle anderen Stammesmitglieder, ungefähr 200 Menschen, wurden in die Sandwüsten Oklahomas verbannt. Die Untat der Modocs, über die ganz Amerika empört war, hatte darin bestanden, sich gegen die Enteignung durch die Weißen zu wehren und, als sie unter dem Druck der Armee nicht mehr ein und aus wussten, die ihnen hart zusetzenden Unterhändler zu töten.

Die unzugänglichen »Lava Beds«, in denen die Modocs Schutz vor dem Zugriff der Bleichgesichter gefunden hatten, wurden etwas später zum »Nationalmonument« erhoben und sind noch heute eine touristische Attraktion ersten Ranges, eine Art Nationalpark, in dem einst ein tapferes Volk der weißen Landräuberei trotzte.

Gegen zehn Cent Eintritt zur Schau gestellt

Sogar nachdem Häuptling Jack am 3. Oktober 1873 gehängt worden war, sollte der tote Modoc-Chief noch keine Ruhe finden, wie Ernie Hearting zu berichten weiß: *»Am andern Tag, als man die Gehängten von den Hanfseilen lösen und sie verscharren wollte, fehlte die Leiche des Häuptlings. – Später erfuhr man, dass ein Schausteller den Leichnam noch in der Nacht abgeschnitten und weggebracht hatte. Der geschäftstüchtige Mann fand tatsächlich einen Arzt, der die Leiche einbalsamierte und so präparierte, dass der Schausteller mit ihr von Ort zu Ort reisen und sie öffentlich auf den Jahrmärkten zeigen durfte. – Über dem Eingang des Zeltes stand geschrieben: ›Hier sehen Sie die Leiche des indianischen Mordbuben Häuptling Jack. Eintritt 10 Cent.‹ So endete Kintpuash, der seinem Volk den Frieden erhalten wollte.«*

Captain Jack, Häuptling der Modocs, lieferte sein letztes Gefecht in den Lava Beds an der südlichen Seite des Tule Lake im nördlichen Kalifornien, wo er sich als ausgezeichneter Stratege erwies, der sich erst ergab (1. Juni 1873), nachdem ihm die Amerikaner die Nahrungs- und Wasserversorgung abgeschnitten hatten: »Haben wir Indianer überhaupt eine Chance, von euch Weißen und euren Gesetzen Gerechtigkeit zu erfahren? Ich sage nein!« (nach einem Gemälde von Henry H. Gross)

festung, die an ihr Gebiet beidseits des Lost River (des Verlorenen Flusses) stieß. In dieser steinernen Hölle, über der dichte Nebelschwaden hingen, hielten 50 halb verhungerte Krieger eine zwanzigfache Übermacht von US-Soldaten in Schach und bereiteten den mit Artillerie bestückten Blauröcken eine Niederlage nach der anderen. Hohntriefende Zeitungsberichte demütigten die unfähige Armee, wogegen die Journalisten aus dem bislang unbekannten Häuptling einen »roten David« machten, dem sie ihre Bewunderung aussprachen. Als sich Häuptling Jack und sein Mitstreiter Boston Charley aber bei Verhandlungen am 11. April 1873 durch die hohlen Phrasen und leeren Versprechungen der Weißen dazu hinreißen ließen, zwei Unterhändler, General E. R. S. Canby und Pfarrer Thomas, kurzerhand zu erschießen, schlug die öffentliche Meinung um und stempelte den Anführer der Modocs zu einem »reißenden Raubtier« und »roten Massenmörder«.

Nach einem verzweifelten Kampf von fünf Monaten brach der Widerstand der gänzlich erschöpften Modocs zusammen. General Alvin C. Gillem war es nämlich gelungen, das wackere Volk in kleine Splittergruppen aufzusprengen, derer er nach und nach habhaft wurde. Am längsten konnte Häuptling Jack

Die Seefahrer der Nordwestküste

Die Tlingit, Totembildhauer und Potlatchverschwender

Die wildbeutenden Seefahrer des Nordwestens, zu deren bekanntesten die Tlingit, Haida, Kwakiutl und Nootka gehören, lebten im Überfluss vom Fischfang und der Jagd. Den reichlich vorhandenen Rohstoff Holz nutzten sie zum Haus- und Bootsbau, zur Anfertigung von Geräten und Waffen und zur Errichtung von Totempfählen

An den Nordwestgestaden, in einem schmalen, von Kiefern und Rottannen gesäumten, 3200 Kilometer langen Küstenstreifen erreichten die Indianer eine bemerkenswerte Entwicklung, die in ganz Amerika einmalig ist.

Die tiefblauen Flüsse, wo sich Lachse in rauen Mengen tummelten, die fischreichen Küstengewässer, in denen sich Wale, Tümmler und Robben zuhauf aufhielten, und die dichten Wälder, in denen Bären, Rotwild und Bergziegen zu Hause waren, erwiesen sich als beinahe unerschöpfliche Nahrungsquellen für die wildbeutenden Seefahrer des Nordwestens. Dank des außergewöhnlichen Naturreichtums kamen sie ohne Ackerbau aus und konnten dabei sogar in einem unerhörten Überfluss leben.

Totempfähle als genealogische Demonstrations-Stammbäume

Holz war in Hülle und Fülle vorhanden und wurde zum meistgebrauchten Rohmaterial. Mit Beilen und Meißeln aus Stein oder Knochen höhlten sie Baumstämme aus, erweichten das Holz mit erhitztem Wasser und stellten daraus Boote in allen Größen her. Die kleinen, unauffälligen und leicht zu manövrierenden Kanus dienten für Arbeiten am Fluss oder zum Seehundfang. Die seetüchtigen Fahrzeuge, in denen einige Dutzend Männer zu Küstenreisen von mehreren hundert Kilometern aufbrechen konnten, waren schön symmetrisch behauen und geglättet und verfügten über einen hochragenden Bug, der sie auch bei rauer See einsatzfähig machte. Kurze Paddel mit einem T-förmigen Griff wurden als Antriebsmittel verwendet. Segel kannten die Nordwestküstenindianer nicht. Erst im Kontakt mit den Weißen wurden sie damit bekannt.

Die großen Häuser der Tlingit, die in einer langen Straße mit Blick zum Meer oder zu einem Fluss nebeneinander standen, waren aus massiven Balken oder dicken Brettern gefertigt, hatten alle Rechteckform und waren, ohne Nägel und Klammern, ganz aus Zedernholz hergestellt. Lücken in den Bretterwänden waren als Türen und Fenster gedacht. Die Wände und das Dach waren zerlegbar, sodass die Konstruktion ohne weiteres an einer anderen Stelle wieder aufgebaut werden konnte. Vor den dauerhaften Holzhäusern ihrer festen Dörfer errich-

teten die Tlingit mit ihren Familienzeichen verzierte, meterhohe Totempfähle oder Wappenpfeiler, deren kunstvolle Schnitzereien die Schutztiere oder Totems ihrer Vorfahren darstellten, wie Wale, See-Elefanten, Bären, Biber, Wölfe oder Raben. Die Figuren auf einer solchen schlanken Säule veranschaulichten die Legenden, die sich um den Erwerb der tierischen Schutzgeister der Hausbewohner oder ihres gemeinsamen Ahnherrn rankten. Neben diesen Schutzgeistern hatte die Religion der Küstenindianer Raum für einen Weltenschöpfer und vor allem für den mythischen Kulturbringer, den Raben, dessen Abenteuer und grobe

Späße im Mittelpunkt zahlloser Erzählungen standen. Die Totembildhauer verschönerten auch die täglichen Gebrauchsgegenstände und trugen so dazu bei, dass an der Nordwestküste eine in ganz Nordamerika unübertroffene Kunstform entstand.

Von der Gewohnheit des Nacktseins bis zur zeremoniellen Bekleidung

Im überaus milden und außerordentlich feuchten Klima der sehr langen, steilen und schmalen Nordwestküste trugen die Männer als Sommerbekleidung nichts als An-

Totempfähle der Tlingit, die als Seefahrer an der Nordwestküste heimisch waren

Cumash-Indianer
(nach einem Gemälde
von W. Langdon Kihn)

Dass die Gesellschaft der Tlingit hierarchisch aufgebaut war mit verschiedenen Rangklassen, veranschaulicht die Bedeutung, die der sozialen Stellung neben persönlichem Grundbesitz, Eigentum, Reichtum und Prestige zukam

herabhängen. Einfaches oder mit Farben gemischtes Bärenfett, vermengt mit funkelnden Splittern von Glimmer, diente als Hautschutz oder, wie man heute sagen würde, als schillerndes Make-up. Als Zeichen von Schönheit und Ansehen galten ein künstlich hochgewölbter Schädel und eine fliehende Stirn, deren Verformung man bereits beim Kleinkind in der Wiege bewirkte, indem man den Kopf mit Brettern zusammenpresste, ohne jedoch der Gehirnentwicklung zu schaden.

Die Wichtigkeit des sozialen Status

Von gesellschaftlicher Gleichheit hielten die Tlingit nicht viel. Ihre Gemeinschaft beruhte auf einem Kasten- oder Ständesystem, das persönlichem Grundbesitz, Eigentum, Reichtum und Prestige die größte Bedeutung beimaß, und war streng gegliedert in Häuptlinge, Vornehme, Gemeine und Sklaven. Die Häuptlinge, die als Oberhäupter von Familiengeschlechtern fungierten, mussten sich treu sorgend um ihre Leute kümmern und vor allem darauf bedacht sein, deren Ansehen durch die Stärkung ihres eigenen beständig zu erhöhen. Die Vornehmen spielten eine bescheidenere Rolle und hatten kaum Aussicht auf einen Häuptlingsstatus. Die Gemeinen waren die armen Verwandten, die keinen Zugang zu den Quellen des Wohlstands hatten. Die Sklaven rekrutierten sich aus Kriegsgefangenen und deren Nachkommenschaft und wurden wie bewegliches Eigentum behandelt, das man je nach Laune des Besitzers tauschen, weggeben oder töten konnte.

hänger in Nase und Ohren. Wenn es regnete, setzten sie sich einen Hut mit Krempe auf und hüllten sich in einen runden Umhang. Der Hut bestand aus geflochtenen Tannenwurzelfasern und der Umhang aus Zedernrindenbast. Die Frauen hingegen hatten stets zumindest einen Lendenschurz an und bei Kälte einen Mantel.

Diese sozial bewussten Menschen besaßen selbstverständlich eine besondere zeremonielle Bekleidung. Bei festlichen Anlässen trugen sie Kopfreifen aus Rotzedernrinde, mit lockeren weißen Flaumfedern gefüllt, und steife Halsreifen mit Rindenbastumwicklung. Häuptlinge und Schamanen besaßen einen bemalten und mit schillernden Muscheln besetzten, von hoch stehenden Schnurrhaaren des Seelöwen gekrönten und mit Hermelinschwänzen behängten Kopfschmuck mit geschnitzten Figuren. Fein gewebte Mäntel aus Rindenbast, aus Wolle von Bergziegen oder aus kostbarem Seeotterfell vervollständigten ihre Garderobe.

Im 19. Jahrhundert verlor sich die Gewohnheit des Nacktseins, kamen bemalte Schamschurze, Leggings (ein hosenähnliches Kleidungsstück), Umhänge und Hemden aus Leder in Mode. Die Männer ließen das Haar lose auf die Schultern fallen, die Frauen das ihre in Zöpfen über den Rücken

Die politische Organisation der Tlingit reichte selten über den Rahmen eines Dorfes hinaus, obwohl es manchmal zu lockeren Bündnissen zwischen einzelnen Dorfgemeinschaften kam. Durch die Rivalität der Häuptlinge waren Streitereien zwischen verschiedenen Dörfern an der Tagesordnung. Krieg führten die Tlingit meistens nur mit dem Ziel, Gefangene zu machen und durch diese ihren Sklavenbesitz zu

erweitern. Je größer die Zahl der Sklaven war, die ein Krieger besaß, desto angesehener war er in der Gemeinschaft. Diese Freibeuter waren in ganz Nordamerika die einzigen Indianer, die sich im Schlachtgetümmel mit Rüstungen aus Leder, Fell oder Holzstäbchen und mit Holzhelmen schützten. Sie fochten mit Speeren, Keulen und zweischneidigen Dolchen aus Stein oder Kupfer. Abgeschlagene Köpfe galten als Siegestrophäen.

Der Potlatch als Wohlstandsübermut

Wenn auch manchmal Reibereien zu grausamen Rachefeldzügen führten, wurde der Kampf um den Vorrang gewöhnlich durch den Potlatch ausgetragen. Durch den großen Wohlstand, der über sie hereinbrach, wandelte sich der Lebensstil dieser seefahrenden Wildbeuter, deren protzige Schenkungsfeste in eine unbeschreiblich verschwenderische Eigentumsprahlerei ausarteten. Während einer derartigen Zeremonie, die man Potlatch nannte, bedachte der Gastgeber seine Gäste mit großzügigen Geschenken wie Kanus, Pelzen, Sklaven, Decken, Truhen und Ähnlichem und vernichtete zudem wertvollen Besitz, um mit seinem Reichtum zu prunken und seine Gleichgültigkeit gegenüber materiellen Gütern genüsslich zur Schau zu stellen. Die Gäste ließen es sich gut gehen, schlugen sich die Bäuche voll und nahmen an einer festlichen Bescherung teil. Die prächtige Gabenverteilung hatte jedoch einen Haken: Man musste mit derselben Geschenkflut aufwarten und womöglich noch mehr Kostbarkeiten zerstören, um seinem Gastgeber den Rang abzulaufen und an Prestige zu gewinnen. Somit mündete der harte Wettbewerb in einen regelrechten Wirtschaftskrieg ein, der darauf abzielte, den Gegner zu ruinieren. 1884 verbot die kanadische Regierung den Potlatch, was die Indianer als verhängnisvollen Schlag gegen ihre Lebensauffassung empfanden. Als das Verbot 1951 wieder aufgehoben wurde, bekam der alte

Brauch des Potlatch neuen Aufwind. Allerdings wird der Potlatch heute mit Fünfdollarscheinen und Kühlschränken statt mit Kanus und Sklaven ausgetragen.

Obwohl an der Nordwestküste keine Kriege zwischen Indianern und Weißen entbrannten, bekam den Tlingit der Kontakt mit den Europäern eher schlecht. Durch importierte Krankheiten und Mischehen kam es zu einem Bevölkerungsrückgang, durch den Eingriff der Missionare und der Behörden sowie durch eine allgemeine Kommerzialisierung zu einer Schwächung ihrer Kultur. Trotzdem ist ihre Lage heutzutage nicht aussichtslos. Viele Indianer verdienen sich ihren Lebensunterhalt in Lachs verarbeitenden Konservenfabriken oder verkaufen Kupfer- und Silberschmuck mit traditionellen Mustern oder kostbare Miniaturtotempfähle und kleine Schmuckstücke aus schimmerndem schwarzem Tonschiefer (Argillit) an zahlungskräftige Touristen. Obwohl sie dabei ihre vom Untergang bedrohte handwerkliche Kunst gegen Plastikimitationen aus Asien schützen müssen, scheint das indianische Handwerk an der Nordwestküste Zukunft zu haben.

Die an der pazifischen Nordwestküste lebenden Indianervölker konnten auf einen derart verschwenderischen Reichtum an Nahrungsangebot zurückgreifen, dass sich bei ihnen ein Wohlstandsübermut breit machte, der in protzigen Schenkungsfesten, den so genannten Potlatchs, seinen Ausdruck fand

Die Potlatchverschwendungszeremonie der indianischen Seefahrer der Nordwestküste (Foto: 1990)

Die Jäger im hohen Norden

Im hohen Norden Amerikas waren die Crees, Chippewas und Eskimos beheimatet, denen der Großwildreichtum der Region teilweise noch bis heute erlaubt, als Jäger, Fischer und Fallensteller ihre traditionelle Lebensweise weiterzuführen

Der hohe Norden umfasst die gesamte arktische und subarktische Zone Nordamerikas, zu der Alaska, Nordwest-Kanada, das zentrale Nord-Kanada, das Gebiet um die Hudson Bay und der äußerste Norden von Labrador gehören. Nur im nordischen Waldland finden sich noch heute indianische Völker, die saisonweise vom Ertrag der Jagd leben, den Karibu, Biber und Fisch abwerfen. Die abweisende Kargheit der Region und ihre grimmige Kälte im Winter stießen den Weißen lange Zeit ab, sodass sich die Kultur der Jäger, Fischer und Fallensteller zum Teil bis in unsere Tage behaupten konnte.

Die Crees, die Kanuindianer

In dem großen Gebiet, das sich vom südlichen Ufer der Hudson Bay bis fast an die Großen Seen zwischen den USA und Kanada erstreckt, lebte die größte Gruppe der Algonkin-Indianer, die Crees, die auf ihren ausgedehnten Wanderungen dem jahreszeitlichen Zug des Wildes und der Fische folgten.

Die Aufspaltung in »Wald-Crees« und »Plains-Crees«

Die »Wald-Crees« bauten sich für ihre Jagdfahrten leichte Birkenrindenkanus, mit denen sie bis weit in die Hudson Bay und in die Seen und Flüsse hineingelangten. Hatten sie Karibus (eine Rentierart) entdeckt, trieben sie diese ins Wasser, wo sie die Tiere ermüdeten und schließlich erlegten. In Lastkanus transportierten sie ihre zusammenlegbaren Behausungen – niedrige, konisch geformte Wigwams aus Karibuhäuten oder Birkenrinde.

Die Crees, ein zur Sprachfamilie der Algonkins gehörendes Volk in der zentralen kanadischen Subarktis, zählen heute etwa 70 000 Stammesmitglieder, die in kleinen Familiengruppen in den riesigen Wäldern Kanadas vom Ertrag der Jagd und von der staatlichen Wohlfahrt leben

Die »Plains-Crees« schlossen sich den Reiterkulturen der Prärie-Indianer an und lebten vom Ertrag der Bisonjagd.

Dass sich die Crees in zwei verschiedene Völker aufsplitterten, von denen das eine in den Norden abgedrängt wurde und das andere in die Ebenen des Westens, ist den kriegerischen Chippewas anzulasten, vor denen die Crees geflohen sind. Ihrer Verdrängung aus den fruchtbaren Zonen im Süden der Großen Seen bis hinauf in die Einsamkeit der subpolaren Regionen verdanken die »Wald-Crees« allerdings die Erhaltung ihrer altalgonkinischen Kultur (ohne Ackerbau) bis in unsere Tage. Die »Plains-Crees« hingegen, die sich dem Lebensraum des Bisons, ihrem Fleischspender, anzupassen wussten, konnten ihre althergebrachte Lebensweise nicht bis in unser Jahrhundert hinüberretten.

Die Männer der Crees trugen hüfthohe Leggings, Schamschurze, Hemden mit Fransen und Mokassins – alles aus weich ge-

gerbtem Karibuleder. Die Mantelumhänge waren manchmal aus Biberpelz gefertigt. Die Frauen hatten kurze Leggings und lange Kleider an. Den Kopf bedeckten sie mit einer Art Kapuze, die sie unter dem Kinn befestigten.

Von der staatlichen Wohlfahrt abhängig

Die Crees stellten vor allem dem Karibu, dem Elch und dem Bären nach. In Schlingen aus Weiderinde fingen sie auch Hasen. Zudem machten sie Jagd auf Waldhühner, Enten und Gänse, die ihre Speisekarte bereicherten. Ehe die Crees an das Versorgungsnetz des weißen Mannes angeschlossen waren, litten sie in strengen Wintern oft unter Hungersnot, wovor sie heute bewahrt sind. Dennoch kommen sie kaum über das Existenzminimum hinaus. Obwohl sich der Staat darum bemüht, mehr Sportfischer und Jagdtouristen ins Land zu bringen, verbessert sich die materielle Lage der Crees nur sehr langsam. Durch eine staatlich geförderte medizinische Betreuung hat die Kindersterblichkeit abgenommen und unter den nördlichen Waldland-Crees ist es sogar zu einer Bevölkerungsexplosion gekommen, was zu einer allzu starken Beanspruchung des Jagdgebiets und zu einer wachsenden Abhängigkeit vom Staat geführt hat. Die Folge davon ist, dass heute 85 Prozent der Haushalte hauptsächlich von der staatlichen Wohlfahrt leben.

In Quebec, wo sich der größte Teil der nördlichen Crees angesiedelt hat, lernen ihre Kinder Französisch, in den anderen kanadischen Provinzen Englisch. Doch alle halten an ihrer Sprache mit den eigenen Schriftzeichen fest, in der auch sporadisch Zeitungen herausgegeben werden.

Der Verlust der religiösen Tradition

Obwohl sich unter dem Einfluss anglikanischer Missionare 90 Prozent der Crees zum Christentum bekehrt haben, bleiben sonn-

Im hohen Norden kam es im Winter oft zu schweren Schneestürmen, während derer die dort ansässigen Indianer keine Hand breit vor den Augen sehen konnten und sich rasch verirrten. »Lost in a Snowstorm – We are Friends«, Gemälde von Charles Russell, Öl auf Leinwand, 1888; Amon Carter Museum, Fort Worth, Texas

Links oben: Dieser Cree-Indianer aus dem Gebiet von Fort Edmonton trägt ein exquisites Hemd mit Bändern an den Schulterpartien und Ärmeln, die mit üppigen Ponyperlenapplikationen dekoriert sind. Gemälde von Paul Kane, 1846; Stark Museum of Art, Orange, Texas

Rechts unten: Otisskun oder »Das Horn«, ein Krieger der Crees, trägt eine Kriegshaube. Diese Kopfbedeckung besteht aus einer mit weißem Hermelinpelz besetzten Kappe, die von Hörnern gekrönt wird. Gemälde von Paul Kane, 1846; Stark Museum of Art, Orange, Texas

sprechen nunmehr der christlichen Religion.

Dass die verstreut im Busch lebenden Familienbanden auch heute noch zumindest teilweise ihrem alten religiösen Gedankengut verhaftet sind, ist nicht weiter verwunderlich. Jahrhundertealte Glaubensformen lassen sich nun einmal nicht ohne weiteres über Nacht ausrotten. Bei den Crees gelten noch immer dualistische Vorstellungen, in denen Quichemanitu, der Gott des Wohlergehens, und Matchimanitu, der Gott des Unheils, in Sonne und Mond symbolisiert werden.

tags die Kirchen meistens leer. Die Crees scheinen aber auch den größten Teil ihrer alten Bräuche aufgegeben zu haben. So braucht heutzutage der Ehemann nach der Hochzeit seinem Schwiegervater nicht mehr eine Zeit lang zu dienen. Vorbei ist es auch mit dem Fasten in der Einsamkeit, um einen Schutzgeist zu gewinnen. Den Tabus und Jagdgebräuchen, die man einst respektieren musste, damit der Geist des Wildes nicht beleidigt wurde, kommt nur noch folkloristische Bedeutung zu. Die neue Lebensqualität hat auch mit der früheren Unsitte aufgeräumt, sich von den gebrechlichen Alten zu trennen und diese einem ungewissen Schicksal auszuliefern, sobald sie mit dem anstrengenden Nomadenleben nicht mehr Schritt halten konnten. Die Gedenkfeiern für die Toten ent-

Die Chippewas, die »runzligen Mokassins«

Die Chippewas oder Ojibwas (Runzlige Mokassins) aus der Algonkin-Sprachfamilie lebten in weiten Gebieten nördlich und südlich der Großen Seen in Kanada, Wisconsin und Minnesota. Schon lange vor der Konfrontation der Indianer mit den Weißen waren sie von einem mächtigen Expansionsdrang beseelt, dem ihre schwächeren Nachbarn zum Opfer fielen. Bereits im 16. Jahrhundert entwickelten sie sich zu einem der größten und unruhigsten Indianervölker Nordamerikas, das durch seinen Pelzhandel mit den Franzosen sehr früh zu Feuerwaffen kam. In Land- und Kanugefechten drängten sie gegen 1610 die Sioux-Stämme aus den Waldgebieten des Oberen Sees nach Westen und Süden und trieben die benachbarten Bauernnationen der Cheyennes und der Arapahos gleichermaßen aus Minnesota, dem Land des himmelblauen Wassers, bis zum Missouri. Dank der Feuerkraft ihrer Büchsen eroberten sich die Chippewas riesige Jagdgründe und konnten sich im Kampf um die natürlichen Nahrungsreserven an den Großen Seen gegen alle Rivalen behaupten.

Chippewas bauen ein Rindenkanu

Der wilde Wasserreis als Hauptnahrungsquelle

Warum so viele Völker um die fruchtbaren Marschen dieses Gebiets erbittert fochten, erklärt Peter Baumann:

»Der wilde Wasserreis (Zizanzia aquatica), der die Ufer der westlichen Großen Seen in breiten Marschen umgürtete und im Norden und Süden kleinere Seen noch heute überzieht, zog als Nahrungsquelle viele Stämme an und machte einen Raum von gut 144 000 Quadratmeilen zu einem ›übervölkerten‹ Zentrum indianischen Lebens. Einige Wissenschaftler vermuten im 16. Jahrhundert sogar zehn Prozent der ganzen Urbevölkerung Nordamerikas im Seengebiet. – Zur gewaltigen Nahrungsquelle in freier Wildbahn dort drängte es auch die Ojibwas. Zizanzia aquatica bezeichnet genau genommen keine Reis-, sondern eine Haferart. Sie sicherte den Stämmen nicht nur Nahrungsvorräte, die sie von der Jagd unabhängiger machten, sondern leitete auch zum Eigenbau an.«

Bei der Wildreisernte im Spätsommer ließen die Chippewas ihre Kanus durch das Flachwasser gleiten, während sie den Reis mit der Hand einbrachten. Dabei fiel genügend Samen ins Wasser, um im folgenden Jahr eine frische Ernte zu garantieren. Sie bestritten ihren Lebensunterhalt aber nicht nur als Reisernter und Pflanzer, sondern auch als Fallensteller und Jäger, die Pelztiere und Bisons erlegten.

Die größtenteils in Kanada ansässigen Chippewas werden zu den subarktischen Waldlandindianern gerechnet. Als so genanntes Erntevolk ernährten sie sich vornehmlich von wildem Reis, auch wenn die Jagd und der Fischfang zur Bereicherung der Speisekarte beitrugen

schon längst aus dem Kampf ausgeschieden waren, die letzte Auseinandersetzung mit amerikanischen Soldaten. Dieser Streit um Holzrechte zwischen Chippewas und einer Kompanie Blauröcken erwies sich zwar als harmloses Geplänkel, setzte aber als »letzte« Schießerei einen Schlussstrich unter die lange Reihe der Indianerkonflikte mit den Amerikanern.

Chippewa-Frauen ernten wilden Reis

Die »letzte« Schießerei der Indianerkonflikte

Aus den Kriegen zwischen Franzosen und Engländern, zwischen Engländern und Amerikanern hielten sie sich bewusst heraus. Auch blieben sie größtenteils den Indianerkoalitionen fern, die Pontiac und Tecumseh zum Kampf gegen die Weißen auf die Beine stellten. Die Bleichgesichter rückten ihnen zudem weniger auf den Leib als anderen Stämmen, weil sie nicht viel mit ihrem für Ackerbau und Viehzucht untauglichen Land anzufangen wussten und es deshalb unbeachtet ließen.

1862 verschmähten sie das vom Santee-Sioux-Sachem Little Crow angebotene Bündnis, mit dem dieser der alten Erbfeindschaft ein Ende setzen und die Chippewas an seinem Aufstand gegen die Weißen in Minnesota beteiligen wollte. Obwohl sie den offenen Krieg mit den weißen Landräubern immer gescheut hatten und Gefechten größeren Ausmaßes mit den US-Truppen ausgewichen waren, verbuchten sie noch 1898, als die kriegerischen Sioux

Beim Vordringen der Weißen ins Herzstück des amerikanischen Kontinents profitierten die Chippewas vom glücklichen Umstand, dass die weißen Siedler auf ihr Land verzichteten, weil sich ihr Gebiet nicht für den Ackerbau eignete. So blieben sie länger als die anderen Stämme von den Bleichgesichtern unbehelligt

Dem Einfluss der französischen Kultur ausgesetzt

Wenn auch die Franzosen schon früh in Kanada von den Engländern ins Abseits gedrängt wurden, so hat sich trotzdem der frankokanadische Einfluss bei den Chippewas bis heute erhalten. Das Einwirken der französischen Sprache und Kultur hat sie zu »französisierten« Indianern gemacht, in deren Familien oft frankokanadische Waldläufer einheirateten.

Viele junge Chippewa-Indianer dienten während des Ersten Weltkriegs als amerikanische Soldaten auf den Schlachtfeldern Europas. Die Stammesmitglieder, die danach als Mechaniker und Industriearbeiter in der weißen Zivilisation verblieben, hatten viel unter der Wirtschaftsdepression der dreißiger Jahre und der damit verbundenen Arbeitslosigkeit zu leiden. Heute wohnen noch etwa 22 000 Chippewas in Reservaten in den US-Staaten Minnesota, Wisconsin, Nord-Dakota, Michigan und Montana, wohingegen in Kanada allein in Ontario mehr als 50 000 Stammesangehörige beheimatet sind.

Die Eskimos, die »Rohfleischesser«

Die Beduinen des hohen Nordens, das sind nur 100 000 Menschen, die sich auf ein riesiges Gebiet verteilen, das sich vom Pazifik entlang der Eismeer-Alaskaküste über die ganze Breite des nördlichen Kanada-Eismeergürtels bis nach Grönland und zur atlantischen Labradorküste erstreckt.

Obgleich sie alle sibirischen Ursprungs sind, sprechen sie vier Dialekte oder Sprachen. 25 000 von ihnen leben in Kanada, 40 000 in Grönland, etwa 30 000 in Alaska, die restlichen im östlichen Sibirien, das wie Alaska an die Beringsee grenzt.

Als Letzte kamen die Eskimos

Während ihrer mehr als zweitausendjährigen Geschichte gelang es den Eskimos, sich vollkommen an ein Klima anzupassen, in dem andere Menschen nicht die geringste Überlebenschance hätten. Sie bildeten wahrscheinlich die Nachhut der urzeitlichen asiatischen Völkerwanderung, die die Beringstraße als Einfalltor nach Amerika benutzte. Sie zogen nicht weiter nach Süden in ein wärmeres Umfeld, sondern erkoren das kalte und trostlose Land um den Nordpol zur neuen Heimat. Mit ihren »Kayak«- und »Umyak«-Booten, die an Leichtheit und Seetüchtigkeit nicht zu überbieten sind, sollen sie sogar Entdeckungsfahrten in Richtung Europa unternommen und bereits um 100 n. Chr. dort Handelsbeziehungen geknüpft haben.

Der Name Eskimo bedeutet Rohfleischesser und stammt von den Indianern. Sich selbst nennen die Eskimos Inuit, was sowohl Volk als auch Menschen heißt. Die Jäger und Fischer im ewigen Eis der Länder um die Nordkalotte der Erde wissen, warum sie sich

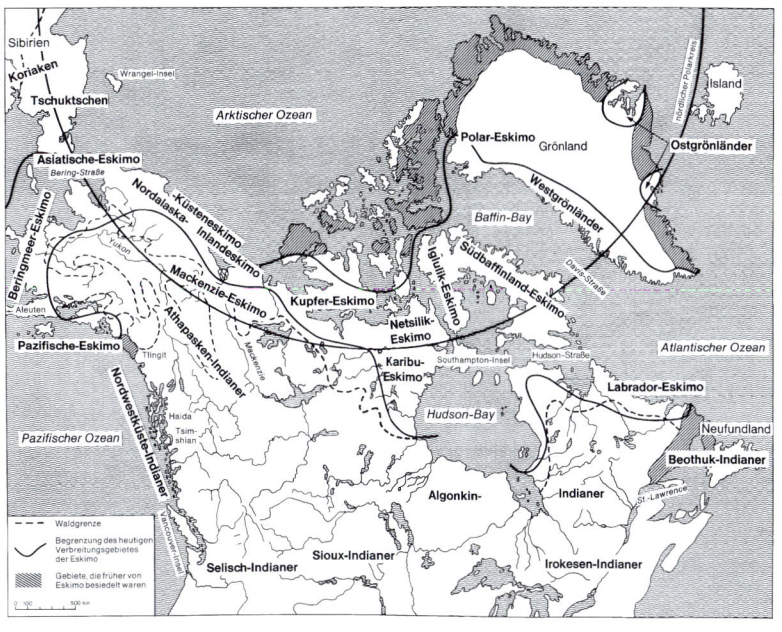

auf eine Weise ernähren, die uns anekelt. Mit Vorliebe verzehren sie rohes Fleisch, das zudem oft leicht angefault ist, um den Körper damit zu intensiver Verbrennung und optimaler Wärmebildung anzuregen. Dass den Eskimos die mörderischen Lebensbedingungen in der Arktis bei durchschnittlich minus 35 Grad Celsius und beinahe ständig wehendem Nordwind, der die Kälte noch steigert, nichts ausmachen, ist ein hartnäckiges Märchen, das in nichts der Wirklichkeit entspricht. Es ist heute bewiesen, dass die enorm tiefen Temperaturen ihnen schwer zusetzen, ihre Lungen »verbrennen«. Hustenanfälle künden von meist chronischen Luftröhrenentzündungen. Trotz ihrer vollendeten Anpassung an eine unerbittliche Natur können die Polareskimos mit keinem hohen Lebensalter rechnen. Die durchschnittliche Eskimofrau zum Beispiel heiratet mit 16 und ist mit 40 verbraucht und vergreist.

Das Gebiet der Eskimos

Als in der nordamerikanischen Arktis lebende eigenständige Bevölkerung zählen die Eskimos nicht zu den Indianern. Sie waren vermutlich die letzten urzeitlichen Einwanderer aus Asien, die nicht dem Drang der Sonne nach Süden folgten, sondern in der kalten Finsternis um den Nordpol verharrten

Die Jagd als Lebensgrundlage

Allen Eskimogruppen ist die Jagd als Lebensgrundlage gemeinsam. Zu Land jagen sie Karibus, Moschusochsen und Eisbären, zu Wasser Walrosse, Seelöwen, Robben und Wale. Die Seesäuger liefern ihnen Fleisch, Häute und außerdem Tran, der sowohl zum Kochen als auch zum Heizen benutzt wird. Als Waffe setzen sie die zweiteilige Harpune, Speer, Pfeil und Bogen ein. Netze dienen zum Fischfang, Schlingen zum Vogelfang. Allerdings haben sich heute Feuerwaffen allgemein durchgesetzt.

Ursprünglich bestand die gesamte Kleidung der Eskimos aus Häuten und Fellen. Heute gilt das nur noch für die althergebrachte Parka oder Kapuzenjacke. Wenn auch Seehundfellhosen, die Pelzparka und die reich verzierten weißen Kamikken (Stiefel) noch immer getragen werden, erfreuen sich Jeans, wattierte Windjacken und Gummistiefel steigender Beliebtheit.

Den kurzen Sommer verbringen die Eskimos vielfach in Zelten, die aus Häuten gefertigt und mit Pelzen bedeckt sind. Für den langen Winter beziehen sie Dauerwohnquartiere: aus Steinen erbaute Häuser mit einem Dachgerüst aus Walknochen. Fernab von der Zivilisation errichten sie noch die traditionellen Hütten aus Treibholz, Walknochen und isolierenden Grassoden. Nur im ewigen Eis sind die Iglus aus gepressten und gefugten Blöcken von Schnee gebräuchlich.

Durch Robbenjagd und Walfängerei haben die Weißen die Lebensgrundlagen der Eskimos stark gefährdet. Heute leben sie zum Teil sesshaft als Fischer und Handwerker, zum Teil halbsesshaft als Rentierhalter oder auch als Saisonarbeiter und Jäger. Nur wenige Gruppen wohnen noch als Nomaden in Sommer- und Winterlagern.

Der Sprung aus der Vergangenheit ist für die Eskimos nicht ohne Erschütterung verlaufen. Ihr Einzug in die Konsumwelt droht ihre traditionellen Lebensformen und ihr kulturelles Erbe verblassen zu lassen. Waren sie gestern noch listenreiche Fischer, wagemutige Walfänger und begabte Jäger, die

den Hundeschlitten noch nicht gegen das Schneemobil eingetauscht hatten, leben sie heute mit den modernsten Errungenschaften der technologischen Welt. Sie empfangen über Satellitenantennen Fernsehen, vergnügen sich an Videospielautomaten und kochen mit Mikrowellenherden. Gestern fristeten sie ihr karges Dasein als genügsames und zufriedenes Volk, das an die harten Bedingungen des hohen Nordens gewöhnt war. In die winzigen Gemeinden, die über tausende Kilometer Entfernung in der arktischen Eiswüste zerstreut sind, haben heute Hamburger und Cornflakes, Kaugummi und Bonbons Eingang gefunden. Jahrtausendelang kannten sie keinen Zucker, heute faulen die Zähne aller Inuit-Kinder einfach dahin, was den kulinarischen Mitbringseln der weißen Coca-Cola-Zivilisation anzulasten ist.

Einst hatten sich die Eskimos bis nach Labrador und sogar noch weiter südlich ausgebreitet. Nördliche Indianerstämme, wie die Chippewas und die Crees, haben es nicht zugelassen, dass sie tiefer in den amerikanischen Kontinent eingesickert sind. Dass die Eskimos sich in ihr nördliches eiserstarrtes Biotop »von erschreckender Nacktheit, abgeschabt, abgewetzt, abgeschliffen von ewigen Stürmen« (Roger Frison-Roche), zurückziehen mussten, dafür trifft den weißen Mann einmal ausnahmsweise keine Schuld.

Nunavut – ein Traum wird wahr

Die ersten Weißen, die die Eskimos oder Inuit zu Gesicht bekamen, waren Pelzhändler und Missionare. 1880 wurde die arktische Wildnis des nordamerikanischen Kontinents, wo die Ureinwohner seit Jahrtausenden gelebt und gejagt hatten, auf Landkarten schlichtweg Kanada zugeschlagen, womit die Inuit juristisch gesehen vor über 100 Jahren kurzerhand enteignet wurden. Erst am 1. April 1999 wurde mit der Schaffung des neuen Territoriums Nunavut dieses geschichtliche Unrecht zumindest teilweise wieder gutgemacht. Für die Inuit

Als Menschen, die in der Einsamkeit der freien Wildnis aufgewachsen sind, tun sich die Eskimos heute schwer mit den Errungenschaften der modernen Industriegesellschaft, der es an der nötigen Ehrfurcht vor der Natur, vor ihren Tieren und Pflanzen mangelt

wurde damit ein jahrzehntelang gehegter Traum zur Realität: Sie haben ein Land, das sie ihr Eigen nennen können.

Viele Millionen Kanadier, die die Fernsehübertragungen der Feiern aus Iqaluit, der Hauptstadt des neuen Verwaltungsgebiets, sahen, wurden wie nie zuvor mit einer Sprache konfrontiert, die für sie eine Fremdsprache, gleichwohl aber jetzt offizielle Amtssprache auf einem Fünftel der Gesamtfläche Kanadas ist: Inuktitut. In der Tat machte der Nunavut-Feiertag deutlich, wie lebendig Sprache und Kultur des kleinsten Ureinwohnervolkes Kanadas sind.

Ein eiskalter Wind wehte über die Baffin-Insel, als die bisherigen Nordwest-Territorien in der kanadischen Arktis, ein 3,3 Millionen Quadratkilometer großes Gebiet, formell geteilt wurden. Der Osten ist nun unter dem Namen Nunavut, was in Inuktitut »Unser Land« heißt, als drittes Territorium neben dem Yukon-Territorium und den restlichen Nordwest-Territorien eigenständiger Teil der kanadischen Föderation. In dem 1,9 Millionen Quadratkilometer großen Nunavut leben 25 000 Menschen, von denen etwa 85 Prozent Inuit sind. *»Heute schließen sich die Menschen von Nunavut formell Kanada an«*, sagte der Premier von Nunavut bei der Geburt des neuen arktischen Territoriums, der vierunddreißigjährige Jurist Paul Okalik, selbst ein Angehöriger der Inuit, der seinen Amtseid ablegte und zusammen mit der von ihm gebildeten achtköpfigen Regierung die Amtsgeschäfte aufnahm: *»Wir haben die Kontrolle über unser Schicksal wiedergewonnen.«*

Kein Grund zum Feiern

Abgesehen vom dem wiedergewonnenen Land und der Teilselbstständigkeit haben die Bewohner Nunavuts, die Inuit, allerdings nicht sehr viel Grund zum Feiern. Nunavut, das etwa so groß ist wie Westeuropa, hat erhebliche Probleme zu bewältigen. So sind die Ureinwohner, die in 28 Gemeinden leben, nur auf dem Luftweg oder in einigen wenigen Sommermonaten per Schiff zu erreichen. In der ganzen Provinz gibt es nur 20 Kilometer Straße. Über ein Drittel der Inuit fristen ein kägliches Dasein in bitterer Armut und sind von der Sozialhilfe aus der kanadischen Hauptstadt Ottawa abhängig.

Nunavut, das im Wesentlichen aus zehn weit auseinander liegenden Sicdlungskonglomeraten besteht, hat auch die höchste Selbstmord- und Kriminalitätsrate Kanadas. Ursache dafür ist der dramatische Wandel der Lebensbedingungen, der den ursprünglich nomadisierenden Inuit in diesem Jahrhundert von der kanadischen Regierung aufgezwungen wurde. Zur Erleichterung der Verwaltung wurden die Eskimos zwangsweise in feste, oft weit voneinander entfernte Dauerquartiere umgesiedelt, was zur Folge hatte, dass ihre Jagdtraditionen und der kulturelle Austausch zwischen den einzelnen Stämmen weitgehend zerstört wurden. Besonders in den letzten 40 Jahren ging viel der einst reichen Eskimokultur verloren. So trennte die kanadische Regierung die Kinder der Inuit von ihren Eltern und schickte sie in kirchlich geführte Internate, wo sie ihre eigene Sprache nicht sprechen durften. Die mehr als zwanzigprozentige Arbeitslosigkeit, die Wohnungsnot und die Alkohol- und Drogenabhängigkeit vieler Menschen sind weitere Herausforderungen, denen Nunavut gegenübersteht.

Die gelb-weiße Flagge des neuen Territoriums zeigt den Polarstern und einen Inukshuk, eine aus Steinen errichtete Wegmarkierung, die einen Menschen darstellen soll. Auf dem Wappen skizzieren Karibu, Narwal, Iglu und Steinlampe das Lebensumfeld der Inuit.

Insgesamt zählen die Inuit heute in Kanada 41 000 Einwohner. Sie sehen sich als die Urbevölkerung des Landes und, wie sie schreiben, *»als Gründungsvolk dessen, was heute als Kanada bekannt ist«*. Gleichzeitig fühlen sie sich als Teil einer internationalen Gemeinschaft von 125 000 Inuit in der Polarregion von Russland über Alaska bis Grönland.

Nach jahrzehntelangem Kampf hat die kanadische Regierung der Forderung der arktischen Ureinwohner nachgegeben und ihnen eine eigene Provinz und die damit verbundene Teilselbstständigkeit zuerkannt

In der Mitte von nirgendwo

Reservate gestern und heute: Zwangsjacke oder Heimatland?

Reservate heißen in Nordamerika den indianischen Ureinwohnern vorbehaltene Wohngebiete, die die US-Regierung ihnen fast immer in unfruchtbaren, öden Landstrichen zugewiesen hat. In den Vereinigten Staaten und in Kanada gibt es heute ungefähr 300 größere und kleinere Reservate, in denen schätzungsweise 450 000 Indianer, größtenteils von der Gnade des Staates abhängig, leben

Allgegenwärtiger Staub und Sand, furchtbare Hitze und Trockenheit, Millionen von Fliegen, Mücken und Käfern kennzeichneten sehr oft die den Ureinwohnern Nordamerikas vorbehaltenen Wohn- und Schutzgebiete, die einen völlig wertlosen Ersatz für das ihnen von den Weißen geraubte Land darstellten. Diese Reservate lagen gewöhnlich weit weg von fruchtbaren Landstrichen, in den kargen Halbwüsten von New Mexico, Arizona und Kalifornien, in den ausgedörrten Sandsteppen von Oklahoma und Kansas, im zerklüfteten Gebirge von Nord-Carolina und in anderen trostlosen Gegenden, die die Bleichgesichter nicht haben wollten.

Landraub und Zwangsumsiedlung

Gemäß der Redensart *»Ein Indianer kann leben, wo ein weißer Mann verhungern würde«*, wies die US-Regierung den Rothäuten grauenvolle, wüste Einöden als neue Heimstätten zu. Durch zweifelhafte Kaufverträge betrog Washington die Eingeborenen um ihre angestammten Jagdgründe, die dann zur Besiedlung durch Weiße freigegeben wurden. Durch ihre unterschiedliche Auffassung vom Land, auf dem sie im Einklang mit der Erde lebten – die sie als ihre Mutter verehrten –, verstanden die Indianer anfangs den Gedanken nicht, ihre Heimat zu

handeln, zu tauschen oder zu veräußern. *»Das Land verkaufen? Warum nicht die Erde, die Wolken oder das Meer?«*, erkundigte sich Tecumseh bei den bleichgesichtigen Unterhändlern, deren Idee kaum fassbar für ihn war. So glaubten die Rothäute – die man vor Kontraktabschluss oft auch betrunken machte, damit sie umso williger ihre eigene Enteignung unterzeichneten –, dass sie den Weißen ihr Land nur für eine bestimmte zeitlich begrenzte Periode zur Verfügung stellen würden und dass sie danach wieder in dessen Besitz kämen. Setzten sich die Indianer gegen den von oben abgesegneten US-Landraub zur Wehr, wurde die Armee der Vereinigten Staaten herbeibeordert und der ganze Stamm vertrieben. Als Präsident Andrew Jackson sein »Indianer-Aussiedlungsgesetz« 1830 durch den Kongress schleuste, verfügte die amerikanische Regierung endlich über die legale Handhabe zur Zwangsevakuierung der Rothäute in die wasserarme Steinwüste des späteren Oklahoma, das damals zum Indianerterritorium ausgerufen wurde.

Ein Untermieterdasein im eigenen Haus

Trotz der schlechten Bodenverhältnisse und der lebensfeindlichen klimatischen Bedingungen in den einstigen Reservaten missgönnten viele Weiße den Ureinwohnern sogar diese von jeglicher Vegetation ent-

blößten Regionen, sodass General William T. Sherman, Oberbefehlshaber der US-Armee zur Zeit der letzten Indianerkriege, mit Recht sagen konnte: »*Ein Reservat ist eine Landparzelle, die für Indianer bestimmt und vollständig umzingelt ist von weißen Dieben.*« Bezogen auf das Indianerterritorium Oklahoma stimmte der bekannte Ausspruch Shermans hundertprozentig. Der Name Oklahoma, der »Rotes Volk« bedeutet, wurde 1866 vom Choctaw-Häuptling Allen Wright geprägt, als die 67 Stämme, die Washington dorthin zwangsumgesiedelt hatte, Pläne für einen Indianerstaat schmiedeten, der den Namen des schöpferischen Denkers der Cherokees, Sequoyah, tragen sollte, dessen Gründung aber am Einspruch der Weißen scheiterte. Obwohl dieses Gebiet westlich des Mississippi für alle Zeiten dem roten Mann zugesprochen worden war, wurden die Indianer in ihrem eigenen

Haus zu einem Untermieterdasein erniedrigt, als ihre neue Heimat Oklahoma am 16. November 1907 zum 46. Bundesstaat der Union erhoben und damit der Erschließung durch die Weißen preisgegeben wurde.

Ein menschenunwürdiger Lebensstandard

In den USA (ausgenommen Alaska) gibt es heute 235 Reservate in der Größe zwischen einer einfachen Dorfgemarkung und 65 000 Quadratkilometer, mit einer Einwohnerschaft zwischen 3 000 und 200 000 Menschen. Das ausgedehnteste Schutzgebiet mit der größten Bevölkerung ist das der Navahos in Arizona. Wie der Name »Arizone« besagt, handelt es sich um eine von der Sonne ausgedörrte Öde von radikaler Dürre, brütender Sommerglut und spärli-

Der Hogan der Navahos: ein sechs- oder achteckiger, aus Baumstämmen errichteter, mit Lehm abgedichteter und mit Erde abgedeckter Rundbau, der oben auf dem kuppelförmigen Dach eine Öffnung für den Abzug des Rauchs enthält. Der Hogan mit einem aus dem Dach herausragenden Abzugsrohr auf diesem Foto befindet sich im Monument Valley gegenüber der wunderschön gelegenen Goulding's Lodge, die der »Navaho Nation« gehört und von ihr betrieben wird (Foto: René Oth, Monument Valley, 1999)

Navaho-Frau, die das Reservatsdasein der Welt der Weißen vorgezogen hat und in ihrem traditionellen Hogan einen der begehrten Navaho-Teppiche mit den typischen Stammesmustern knüpft (Foto: René Oth, Monument Valley, 1999)

chem Niederschlag. Von den 850 000 Rothäuten der Vereinigten Staaten leben ungefähr 450 000 in Reservaten, die unter der Oberaufsicht der amerikanischen Regierung stehen. Das Land der Schutzgebiete ist steuerfrei und kann ohne Einwilligung des Staates und der einzelnen Stämme, denen es gehört, weder verkauft noch verschenkt, weder vermietet noch verpachtet werden. Weißen Privatleuten ist es strengstens untersagt, dort Grund und Boden zu erwerben.

Die soziale und menschliche Situation der heutigen Reservatsindianer kann man kaum anders als erbärmlich nennen. Arbeitslosigkeit, Unterbeschäftigung, Minimallöhne und Bildungsnot sind eher die Regel als zur Ausnahme geworden. Große Säuglingssterblichkeit, niedrige Lebenserwartung, hohe Selbstmordrate bei Jugendlichen und extreme Krankheitsanfälligkeit infolge schlechter Ernährung charakterisieren den menschenunwürdigen amerindiani-

schen Lebensstandard. Obwohl das Büro für Indianische Angelegenheiten (Bureau of Indian Affairs oder abgekürzt BIA), dem die Reservate unterstehen, sich darum bemüht, die ungünstige wirtschaftliche Lage der nordamerikanischen Ureinwohner zu verbessern, ist noch kein richtiger Durchbruch erzielt worden.

90 Jahre nach Ende des Krieges zwischen Rothäuten und amerikanischen Pionieren dürfen die in Reservaten lebenden Indianer wieder frei Waffen und Munition kaufen. Ein Gesetz aus der Mitte des vorigen Jahrhunderts, das eine Sondergenehmigung für die Waffenkäufe vorschrieb, wurde erst anfangs 1979 aufgehoben.

Zwischen Tradition und Integration

Die Indianer müssen jedoch nicht im Reservat bleiben, sondern können es zu jeder Zeit verlassen. Die Regierung hat ihnen nämlich das zweischneidige Recht zuerkannt, zwischen der Existenz innerhalb oder außerhalb eines Reservats zu wählen. Es liegt demnach allein bei ihnen, die schwerwiegende Entscheidung zu fällen, ob sie jämmerliche Wohlfahrtsempfänger auf Lebenszeit des mit Sonderrechten versehenen Stammes oder traurige Staatsbürger zweiter Klasse in der wettbewerbsergebenen und rassistisch eingestellten Zivilisation der Bleichgesichter werden möchten. Von ihnen hängt es ab, ob sie den Fortbestand des indianischen Brauchtums oder die totale Integration anstreben. Solange aber diese theoretische Wahlmöglichkeit keine richtige praktische Alternative mit sich bringt, solange der Reservatsindianer sich gänzlich von der weißen Kultur abkapselt und die Großstadtrothaut unter den Auswüchsen der Rassendiskriminierung zu leiden hat, ist es schlecht um die Zukunft des roten Mannes bestellt.

Red Power – Das neue indianische Bewusstsein

Die letzten freien Indianer Nordamerikas: gibt es sie noch?

Im Frühjahr 1973 besetzten etwa 300 militante, bis an die Zähne bewaffnete Sioux des Oglalla-Stammes 69 Tage lang, vom 27. Februar bis zum 8. Mai, das Städtchen Wounded Knee, das inmitten des Pine-Ridge-Reservats im US-Bundesstaat South Dakota liegt. Durch diese Protesthandlung wollten die »zornigen« jungen Indianer die Weltöffentlichkeit auf ihr menschenunwürdiges Reservatsdasein aufmerksam machen, ihren Beschwerden und Klagen Nachdruck verleihen und der amerikanischen Regierung schnelle Maßnahmen zur Verbesserung ihrer sozialen Lage abnötigen. Sie forderten eine Untersuchung über die Aktivitäten des Büros für Indianische Angelegenheiten, dem die Reservate unterstehen. Sie beantragten dessen Abschaffung, die Erfüllung der 371 gebrochenen Verträge, die man ihren Vorfahren im 19. Jahrhundert durch List oder Gewalt abgerungen hatte, sowie die Rückgabe unrechtmäßig erworbener Indianerterritorien, die Washington seinerzeit unter weiße Siedler aufgeteilt hatte.

Der Aufstand der Ogalla-Sioux

Dass es sich bei der Besetzung von Wounded Knee um keinen »Sturm im Wasserglas« handelte, belegt die Indianerspezialistin Liselotte Ungers mit ihrem Rückblick auf die damaligen dramatischen Ereignisse: »In wenigen Tagen entwickelte sich die Umgebung des sonst so friedlichen Ortes zu einem Miniaturkriegsschauplatz mit all den Attributen eines echten Krieges: mit Panzern und Truppen, mit Feuergefechten und Waffenstillstandsabkommen, mit Verhandlungen, die zeitweilig abgebrochen und wieder aufgenommen wurden, mit Blockade und Waffenschmuggel. Es konnte angesichts der militärischen Ungleichheit der Gegner nur ein symbolischer Krieg sein, aber er wurde von den unmittelbar Beteiligten bitter ernst genommen. Infolge der immer wieder ausbrechenden Schießereien gab es Dutzende von Verwundeten, ein Federal Marshal wurde schwer verletzt, und für zwei junge Indianer wurde der Schwur, eher zu sterben als sich zu ergeben, zur tödlichen Wirklichkeit.«

Dass die heutigen Sioux sich gerade in Wounded Knee gegen ihre unentwegt fortschreitende Verarmung aufbäumten, ist geschichtlich bezeichnend. Denn das letzte Massaker, das die US-Kavallerie im 19. Jahrhundert unter 300 keines Angriffs gewärtigen Männern, Frauen und Kindern dort anrichtete (29. Dezember 1890), ließ Wounded Knee zum Golgatha der leidgeprüften

Wounded Knee, ein geschichtsträchtiger Ort, geriet erneut ins Rampenlicht allgemeiner Aufmerksamkeit, als 300 Mitglieder des »American Indian Movement« aus den Reihen der Oglalla-Sioux und unter Führung von Russell Means und Dennis Banks 1973 mit Waffengewalt das Städtchen in South Dakota besetzten, um die Missstände in den Reservaten der Indianer weltweit anzuprangern

roten Rasse werden. Zudem befindet sich am Wounded-Knee-River das Grab eines der größten Indianerkämpfer aller Zeiten. Nur seine Eltern, die »an der Biegung des Flusses« seine sterblichen Überreste begruben, kannten den geheimen Bestattungsort des 1877 in Fort Robinson hinterrücks erstochenen Oglalla-Sioux-Häuptlings Crazy Horse, der mit Sitting Bull in einem taktisch brillant geführten Gefecht am Little Big Horn das 7. US-Kavallerie-Regiment in einer letzten Hurraschlacht am 25. Juni 1876 gänzlich aufrieb.

Eine Wiedergeburt indianischer Würde

Die 1973er-Rebellen von Wounded Knee gehörten größtenteils dem radikalen Flügel der zeitgenössischen »Amerikanischen Indianer-Bewegung« an, die sich selbst »American Indian Movement« nennt und unter dem Kürzel AIM für Schlagzeilen sorgt. In seinem Kampf um die gerechte Anwendung der US-Verfassung auf alle Bürger des Landes, zu denen die indianische Minderheit auch zählt, verlangte das AIM »Red Power« und verstand sich als Vergleichsbewegung zum »Blackpower«-Zusammenschluss der in ihren Gettos aufbegehrenden Schwarzen. Einer der Gründer des AIM, Dennis Banks, nimmt kein Blatt vor den Mund, wenn er ohne Umschweife erklärt, warum eine indianische Widerstandsorganisation vonnöten war: *»Man impft uns ein, dass wir die Errungenschaften der restlichen Zivilisation annehmen müssten, dass acht Stunden Arbeit am Tag Gleichheit schaffen würden … Wir werden herumgeschoben, werden weiß gemacht, werden zu Nichtindianern erzogen … Das Programm des Bureau of Indian Affairs ist das unmenschlichste, das je von Menschen 100 Jahre lang praktiziert wurde … Diese Regierung ist unser Feind und das BIA, sie bestehlen uns, sie beschneiden unsere Rechte, wo sie nur können. Und dafür werden sie bezahlen. Wir werden diesen Krieg gewinnen, es war ein langer Krieg für uns Indianer, es ist der längste unerklärte Krieg der Geschichte.«*

Das »American Indian Movement«, das aus der stummen Verzweiflung über die Übergriffe der Polizei und die Ungerechtigkeiten der US-Gerichte gegenüber den roten Bürgern am 27. Juli 1968 in Minneapolis entstand, trug durch seinen ansehnlichen und berechtigten Forderungskatalog zu einer Wiedergeburt indianischer Würde bei. Ein neues rotes Bewusstsein keimte auf und entwickelte sich zu einer Form der praktischen Lebensbewältigung in einem gesellschaftlichen Milieu, das ohne falsche Übertreibung als indianerfeindlich eingestuft werden kann. In seinem Bestreben, sich von der Entmündigung durch den Staat zu befreien und die kulturelle Identität des roten Mannes zu bewahren, schreckte das AIM nicht vor einer harten Konfrontation mit den Ordnungskräften zurück. Seine Mitglieder, die sich als »Warrior Class«, als »Kriegerkaste« des 20. Jahrhunderts betrachten, besetzten Land, das die Regierung den Indianern widerrechtlich abgenommen hatte, weigerten sich, ihren Grund und Boden für den Bau von Straßen oder für andere öffentliche Einrichtungen zur Verfügung zu stellen, verlangten von Museen die ausgestellten Gebeine ihrer Vorfahren zurück, zogen gegen die Benachteiligung ihrer Rassenbrüder in amerikanischen Gerichten zu Felde, protestierten gegen die »Entindianisierung« ihrer Kinder in den Schulen der Weißen und sprachen sich lautstark für die allgemeine Einführung indianischer Reservatsschulen mit indianischen Lehrkräften aus.

Der Geist, der das amerikanische Gewissen plagt

Dank der Bemühungen des nach »Red Power« strebenden AIM bekam das vielschichtige Indianerproblem neue Aktualität. Mit allen Mitteln des politischen Protestes werden dem Durchschnittsamerikaner die heutigen Schwierigkeiten und

Nöte der »Urbevölkerung« der Neuen Welt vor Augen gehalten. Entgegen der Behauptung von D. H. Lawrence, der die Rothäute dazu verdammt sah, im großen weißen Sumpf zu verschwinden, sind die nordamerikanischen Ureinwohner noch nicht vom bleichgesichtigen Strudel verschlungen worden. Im Gegenteil: Aus den 250 000 Indianern um die Jahrhundertwende wurden bis heute weit mehr als 850 000. Der rote Mann vermehrt sich, organisiert sich, verlangt, bekommt, nimmt: hier die Alcatraz-Insel, deren Besetzung zu einem Symbol in der jüngsten Geschichte der Indianer geworden ist, dort das Recht, zu fischen oder zu jagen oder den Zoll bei der amerikanisch-kanadischen Grenze einfach zu umgehen.

Wie der Schriftsteller Leslie Fiedler mit Recht bemerkt, ist der Indianer heutzutage der Geist, der das amerikanische Gewissen plagt. Denn der körperliche Totschlag, der Genozid, und der kulturelle Mord, der Ethnozid, an der amerindianischen Bevölkerung hat Wunden geschlagen, die nicht vernarben. Den Amputierten schmerzt das abgeschnittene Glied. Amerika kommt nicht über seine toten Indianer, über seinen verlorenen Westen hinweg. Der rote Mann ist allgegenwärtig in der geistigen Landschaft der Vereinigten Staaten und erinnert den heutigen Amerikaner unentwegt an die Gräueltaten seiner Vorfahren.

Das Wiedererscheinen des Indianers im zeitgenössischen amerikanischen Bewusstsein fand seinen Höhepunkt im 1973er-Wounded-Knee-Aufstand der Oglalla-Sioux, dem die Okkupation des Bureau of Indian Affairs in Washington, die Erstürmung des historischen Forts von Robinson in Crawford (Nebraska), die heftigen Zusammenstöße mit der Polizei in Scottsbluff (Nebraska), der Brand des custerschen Justizgebäudes in South Dakota und die Eroberung der berüchtigten Gefängnisinsel Alcatraz vor der Küste Kaliforniens vorausgingen.

Die in ihren Forderungen immer radikaler und in ihren Methoden immer streitbarer werdende »Red-Power«-Bewegung wendet sich auch gegen die Schicht der einflussreichen und bürgerlichen Mitglieder der Indianergesellschaft, gegen die so genannten »Uncle Tomahawks«, die – wie der willfährige »Uncle Tom« der Schwarzen – alle Erniedrigungen durch die Weißen schlucken, und gegen die »Red Apples«, die mit roten Äpfeln verglichen werden, weil sie nur außen rot und im Inneren, worauf es ankommt, weiß sind. Die »Uncle Tomahawks«, deren Passivität angeprangert wird, und die »Red Apples«, die als Verräter der indianischen Sache gelten, werden als Marionetten und Handlanger der Willkürmaßnahmen des verhassten Bureau of Indian Affairs entlarvt. Anstatt sich um die wahren Bedürfnisse ihrer Völker zu kümmern, machen diese gemeinsame Front mit den Unterdrückern der indianischen Minderheit und verweisen alle Hoffnungen auf eine bessere Zukunft durch ihre elende Kopfnickerei auf den St.-Nimmerleins-Tag.

Dass heutzutage eine indianische Interessengemeinschaft wie die aggressive »Red Power« die Belange der nordamerikanischen Rothäute verteidigt, haben die Weißen, vornehmlich die Bundesregierung mit dem wurmstichigen Bureau of Indian Affairs, sich selbst zuzuschreiben. Wie heißt es doch in einem traditionellen indianischen Scherz, der Bezug nimmt auf Kolumbus und dessen Entdeckung Amerikas im Jahre 1492: *»Er wusste nicht, wo er hinfuhr, und nicht, wo er gewesen war. Und er tat alles mit anderer Leute Geld. Die anderen Weißen sind seitdem seinem Beispiel gefolgt.«*

Nordamerikas Indianer sind fordernder und selbstbewusster geworden, sprechen sich offen gegen die Aufgabe ihrer kulturellen Identität aus und verlangen lautstark das ihnen von den Weißen geraubte Land zurück

Eine »Neue Partnerschaft« zwischen der US-Regierung und den Indianern

Präsident Bill Clinton bat 1994 als erstes amerikanisches Staatsoberhaupt Bevollmächtigte aller Indianervölker der Vereinigten Staaten zu sich ins Weiße Haus und sicherte ihnen seine Hilfe zu

Dies versprach Präsident Bill Clinton den Ureinwohnern Nordamerikas bei einem Empfang im Weißen Haus. Er hatte 1994 zum ersten Mal in der Geschichte seines Landes Vertreter aller 547 Stämme der USA nach Washington eingeladen. *»Unsere Geschichte war nicht immer ruhmreich, aber unsere Zukunft kann es sein«*, sagte der Präsident zu den Abgesandten der amerikanischen Urbevölkerung, die in traditioneller Kleidung mit Federschmuck erschienen waren. Clinton bekräftigte seine Unterstützung für das *»Selbstbestimmungsrecht der Stämme«* und sagte eine Reihe von Maßnahmen zu, die den Indianern mehr Souveränität und die freie Ausübung ihrer religiösen Riten ermöglichen sollen.

Die zweieinhalb Stunden dauernde Begegnung, bei der die meisten Minister der Clinton-Regierung zugegen waren, fand in einem großen Zelt im Garten des Weißen Hauses statt. Einige Indianervertreter intonierten, von Trommelschlägen begleitet, traditionelle Gesänge.

»So lange waren die Türen des Weißen Hauses für uns verschlossen. Nun sind sie symbolisch geöffnet worden«, meinte der Vorsitzende des Nationalrats der US-amerikanischen Indianer, Gaiashkibos, der sich im Namen der von ihm vertretenen Stämme zu einer *»vollständigen Partnerschaft«* mit der Regierung bereit erklärte. Neben der Forderung nach mehr Unabhängigkeit verlangen die Indianer, dass jeder einzelne Stamm als eigenständige Nation anerkannt wird.

»Window Rock«, der rote Felsen mit dem runden Sandsteinfenster, hat der Hauptstadt des Navaho-Reservats den Namen gegeben. Unterhalb des Felsens liegen ein schön gestalteter Memorial Park, der mit seinen bajonettähnlichen Skulpturen an die gefallenen Navahos des Zweiten Weltkriegs gemahnt, sowie die Regierungsgebäude der »Navaho Nation«, in deren Architektur überlieferte Muster des Holzbaus mit modernen Strukturen raffiniert kombiniert sind (Foto: René Oth, 1999)

Literaturverzeichnis

Ambrose, Stephan E.: »Der Häuptling und der General, Entscheidung am Little Bighorn« (Hoffmann und Campe Verlag, Hamburg 1977)

Augustin, Sicgfried: »Die Geschichte der Indianer, Von Pocahontas bis Geronimo (1600 – 1900)« (Nymphenburger Verlagsbuchhandlung, München 1995)

Augustin, Siegfried: »Die Welt der Indianer in Augenzeugenberichten, Malt ihm das Gesicht an mit rötlicher Farbe« (Nymphenburger Verlag, München 1997)

Bancroft-Hunt, Norman (Text) & Forman, Werner (Bilder): »Totempfahl und Maskentanz, Die Indianer der pazifischen Nordwestküste« (Verlag Herder, Freiburg im Breisgau 1980)

Baumann, Peter: »Die Erben von Tecumseh und Sitting Bull. Indianer und Eskimo« (Safari-Verlag, Berlin)

Baumann, Peter: »Reise zum Sonnentanz. Indianer zwischen gestern und morgen« (Fischer Taschenbuch Verlag, Frankfurt a. M. 1978)

Baumann, Peter & Schiessler, Martin: »Amerikas indianische Seele, Die Bilderwelt des Roten Mannes« (Econ Verlag, Düsseldorf 1987)

Brown, Dee: »Begrabt mein Heer an der Biegung des Flusses« (Droemer Knaur Verlag, München 1970)

Brown, Dee: »Im Westen ging die Sonne auf, Die Eroberung des amerikanischen Kontinents« (Hoffmann und Campe Verlag, Hamburg 1975)

Bruggmann, Maximilien & Actos, Sylvio: »Die Pueblos, Prähistorische Indianerkulturen des Südwestens« (U. Bär Verlag, Zürich 1989)

Bruggmann, Maximilien & Gerber, Peter R.: »Indianer der Nordwestküste« (U. Bär Verlag, Zürich 1987)

Buschenreiter, Alexander: »Unser Ende ist euer Untergang, Die Botschaft der Hopi und anderer US-Indianer an die Welt« (Econ Verlag, Düsseldorf 1983)

Capps, Benjamin: »Die großen Häuptlinge« (Time-Life International, Niederlande. B. V. 1978)

Capps, Benjamin: »Die Indianer« (Time-Life International, Niederlande. B. V. 1978)

Carter, Raymond: »In die neue Welt, Wie die Europäer Nordamerika besiedelten« (R. Piper Verlag, München 1978)

Courlander, Harold & Dömpke, Stephan (Hrsg.): »Hopi, Stimmen eines Volkes« (Eugen Diederichs Verlag, Köln 1986)

Egli, Werner J.: »Als die Feuer erloschen, Der Untergang der Nez Percé Indianer« (C. Bertelsmann Verlag, München 1977)

Egli, Werner J.: »Im Sommer als der Büffel starb, Roman um den Untergang der Comanchen« (C. Bertelsmann Verlag, München 1974)

Engel, Elmar: »Blackfoot, Cree, Mohawks…, Zur Geschichte der Indianer im Norden Amerikas« (Lamuv Verlag, Göttingen 1993)

Farb, Peter: »Die Indianer, Entwicklung und Vernichtung eines Volkes« (Nymphenburger Verlagsbuchhandlung, München 1988)

Feest, Christian F.: »Das rote Amerika, Nordamerikas Indianer« (Europaverlag, Wien 1976)

Fehrenbach, T. R.: »Comanchen« (Fackelträger-Verlag, Hannover 1974)

Gold, Peter: »Wind des Lebens – Licht des Geistes, Das heilige Wissen der Navajo und der Tibeter« (Droemer Knaur Verlag, München 1997)

Hagen, Christopher S.: »Die Indianer-Kriege, Der Wilde Westen original« (Deutsche Verlags-Anstalt, Stuttgart 1976)

Hartmann, Horst: »Die Plains- und Prärieindianer Nordamerikas« (Museum für Völkerkunde Berlin 1973)

Hassrick, Royal B.: »Indianer« (Falken-Verlag, Wiesbaden 1975)

Hassrick, Royal B.: »Das Buch der Sioux« (Eugen Diederichs Verlag, Köln 1982)

Hearting, Ernie: »Sitting Bull, Der große Führer im Freiheitskampf des Sioux-Indianer« (Waldstatt Verlag, Einsiedeln 1950)

Hearting, Ernie: »Rote Wolke, Ein Lebensbild des großen Häuptlings der Sioux-Indianer« (Waldstatt Verlag, Einsiedeln 1951)

Hearting, Ernie: »Stumpfes Messer, Führer der Cheyenne-Indianer in ihrem letzten Kampfe um die Heimat und Freiheit« (Waldstatt Verlag, Einsiedeln 1952)

Hearting, Ernie: »Geronimo, Die Geschichte der Apachen in ihrem Kampfe um Freiheit und Unabhängigkeit« (Waldstatt Verlag, Einsiedeln 1952)

Hearting, Ernie: »Rollender Donner, Kriegshäuptling Joseph, Die Geschichte seines Lebens und seines Volkes« (Waldstatt Verlag, Einsiedeln 1953)

Hearting, Ernie: »Kleinkrähe, Die Geschichte eines Siouxhäuptlings« (Waldstatt Verlag, Einsiedeln 1954)

Hearting, Ernie: »Kriegsadler, Die Geschichte des Comanchenhäuptlings Quanah Parker« (Waldstatt Verlag, Einsiedeln 1955)

Hearting, Ernie: »Wildes Pferd, Die Geschichte eines großen Kriegshäuptlings der Teton-Dakota« (Waldstatt Verlag, Einsiedeln 1956)

Hearting, Ernie: »Moxtaveto, genannt ›Schwarzkessel‹, Das tragische Schicksal dieses großen Häuptlings der Cheyenne-Indianer« (Waldstatt Verlag, Einsiedeln 1961)

Hearting, Ernie: »Einsamer Wolf, Die Geschichte eines Kriegers der Apachen-Indianer« (Waldstatt Verlag, Einsiedeln 1961)

Hearting, Ernie: »Pontiac, Sendung eines Schicksals eines großen Indianerhäuptlings« (Waldstatt Verlag, Einsiedeln 1961)

Hearting, Ernie: »Osceola, Häuptling der Seminole-Indianer« (Waldstatt Verlag, Einsiedeln 1963)

Hearting, Ernie: »Schwarzer Falke, Die Geschichte eines Häuptlings der Sauk-Indianer« (Albert Müller Verlag, Rüschlikon-Zürich 1975)

Hearting, Ernie: »Häuptling Jack, Kintpuash, Anführer der Modoc-Indianer im Kampf um ihre Heimat« (Albert Müller Verlag, Rüschlikon-Zürich 1975)

Hearting, Ernie: »Metacomet, Sendung und Schicksal eines großen Indianerhäuptlings« (Albert Müller Verlag, Rüschlikon-Zürich 1975)

Jeier, Thomas: »Die letzten Söhne Manitous, Das Schicksal der Indianer Nordamerikas« (Econ Verlag, Düsseldorf 1976)

Heyden, Ulrich van der (Hrsg.): »Das Indianer-Lexikon« (Lamuv Verlag, Göttingen 1997)

Jeier, Thomas: »Die Eskimos. Geschichte und Schicksal der Jäger im Hohen Norden« (Econ-Verlag, Düsseldorf 1977)

Kennedy, Roger G.: »Die vergessenen Vorfahren. Die Wiederentdeckung der indianischen Hochkulturen Nordamerikas« (Droemer Knaur Verlag, München 1996)

Kreppold, Guido: »Die Indianer und das weiße Christentum« (Pattloch Verlag, Augsburg 1996)

Kunze, Albert (Hrsg.): »Hopi und Kachina, Indianische Kultur im Wandel« (Trickster Verlag, München 1988)

La Farge, Oliver: »Die Welt der Indianer, Kultur, Geschichte und Kampf eines großen Volkes« (Otto Maier Verlag, Ravensburg 1961)

Läng, Hans: »Kulturgeschichte der Indianer Nordamerikas« (Lamuv Verlag, Göttingen 1989)

Lamp, Hugo F.: »Ich will nie wieder kämpfen, Der Feldzug des Generals Howard gegen die vertragsunwilligen Nez Percé-Indianer« (Karl-May-Verlag, Bamberg & A. Graff Verlag, Braunschweig 1978)

Lampe, Peter: »Pocahontas, Die Indianer-Prinzessin am Englischen Hof« (Eugen Diederichs Verlag, München 1995)

Lindig, Wolfgang: »Die Kulturen der Eskimos und Indianer Nordamerikas« (Akademische Verlagsgesellschaft Athenaion, Frankfurt am Main 1972)

Lindig, Wolfgang/Münzel, Mark: »Die Indianer, Kulturen und Geschichte der Indianer Nord-, Mittel- und Südamerikas« (Deutscher Taschenbuch Verlag, München 1976)

Lindig, Wolfgang (Hrsg.): »Indianische Realität, Nordamerikanische Indianer in der Gegenwart« (Deutscher Taschenbuch Verlag, München 1994)

Mankiller, Wilma & Wallis, Michael: »Weg der Tränen, Die Geschichte der Cherokee erzählt von ihrem ersten weiblichen Häuptling« (Droemer Knaur Verlag, München 1994)

Mittler, Max: »Eroberung eines Kontinents, Der große Aufbruch in den amerikanischen Westen« (Atlantis Verlag, Zürich 1968)

Müller, Werner: »Die Religionen der Waldlandindianer Nordamerikas« (Dietrich Reimer Verlag, Berlin 1956)

Niethammer, Carolyn: »Die Indianer-Frau. Legende und Wirklichkeit« (Econ Verlag, Düsseldorf 1982)

Nölle, Wilfried: »Die Indianer Nordamerikas« (W. Kohlhammer Verlag, Stuttgart 1959)

Reichert, Carl-Ludwig: »Red Power, Indianisches Sein und Bewußtsein heute« (R. Piper Verlag, München 1974)

Schlesier, Karl H.: »Die Wölfe des Himmels, Welterfahrung der Cheyenne« (Eugen Diederichs Verlag, Köln 1985)

Schomaekers, G.: »Der Wilde Westen« (Welsermühl Verlag, Wels-München 1977)

Schulze-Thulin, Axel: »Weg ohne Mokassins, Die Indianer Nordamerikas heute« (Droste Verlag, Düsseldorf 1976)

Schwarzer Hirsch: »Die heilige Pfeife, Das indianische Weisheitsbuch der sieben geheimen Riten« (Walter Verlag, Olten 1978)

Snow, Dean: »Die ersten Indianer, Archäologische Entdeckungen in Nordamerika« (Gustav Lübbe Verlag, Bergisch-Gladbach 1976)

Sobol, Rose: »Woman Chief, Es gab eine Frau, die Häuptling war« (Otto Maier Verlag, Ravensburg 1982)

Stammel, H. J.: »Indianer, Leben – Kampf – Untergang, Legende und Wirklichkeit von A – Z« (Bertelsmann Lexikon-Verlag, Gütersloh)

Stammel, H. J.: »Solange Gras wächst und Wasser fließt, Die Sioux und das Massaker am Little Big Horn« (Deutsche Verlags-Anstalt, Stuttgart 1976)

Stammel, H. J.: »Der Wilde Westen im Bild« (Prisma Verlag, Gütersloh 1978)

Stammel, H. J.: »Die Apotheke Manitous, Das medizinische Wissen der Indianer und ihre Heilpflanzen« (Wunderlich Verlag, Reinbek bei Hamburg 1986)

Starita, Joe: »Häuptling Dull Knife, Die Geschichte einer Indianerfamilie« (Droemer Knaur Verlag, München 1996)

Tedlock, Dennis & Barbara (Hrsg.): »Über den Rand des tiefen Canyon, Lehren indianischer Schamanen« (Eugen Diederichs Verlag, Düsseldorf 1978)

Tippelskirch, Wolf-Dieter v.: »Die Stunde des Roten Mannes, Crazy Horse und Sitting Bull, Der Sieg am Little Big Horn« (Hoch-Verlag, Düsseldorf 1977)

Turner, Geoffrey: »Indianer, Zur Kultur und Geschichte der Indianer Nordamerikas« (Verlag Werner Dausien, Hanau 1983)

Ungers, Liselotte: »Die Rückkehr des Roten Mannes, Indianer in den USA« (Kiepenheuer & Witsch Verlag, Köln 1974)

Worcester, Donald E.: »Die Apachen, Adler des Südwestens« (Econ Verlag, Düsseldorf 1982)

Zimmermann, Larry J./Molyneaux, Brian Leigh: »Indianer« (Knaur Verlag, München 1998)

Zolbrod, Paul G.: »Auf dem Weg des Regenbogens, Das Buch vom Ursprung der Navaho« (Eugen Diederichs Verlag, München 1988)

Register

Abenakis 13, 14
Acoma 62
Adair County 48
A-da-tli-chi siehe Cochise
Adobe Walls 90, 93
Alabama 23, 41, 43, 46, 51
Alaska 7, 66, 158, 163, 165, 167
Alberta 84
Alchesay 68
Algonkins 12 f., 14-32, 88, 158
American Horse 100, 122
Amerikanisch-englischer Krieg 26, 28
Amherst, Jeffrey 22
Anasazi 58, 60, 62, 82
Ankotash 151
Apachen 13, 58 ff., 66-83, 85 f.
Appalachen 20, 44
Ap-sa-ru-ke siehe Crows
Arapahos 10, 13 f., 97, 101, 111, 113, 115, 123, 132 ff., 136, 147 f., 161
Araukaner 8
Aravapais 67
Arikaras siehe Pawnees
Arikaree River 129
Arizona 58 f., 66, 68 f., 73, 75, 78 f., 81 ff., 166 f.
Arizpe 77
Arkansas 84 ff., 92, 95, 128, 130, 132

Arktis 163 ff.
Assiniboins 136 f.
Attakullaculla 45
Austin 70
Baffin-Insel 165
Bannocks 148
Bascom, George N. (Leutnant) 73
Baxter Springs 141
Bear-Paw-Mountains 145
Bear Springs 80
Beecher's Island 129 f.
Bents 90
Betatakin 60
Big-Cypress-Reservat 53
Big Foot 101 ff., 111
Bighorn-Land 123, 132
Big Horn Mountains 150
Big Tree 96
Bitterwurzel-Gebirge 139, 145
Blackfoot-Sioux 98
Black Hawk 16, 27-30
Black Hills 8, 92, 100-103, 107 f., 110, 113, 116, 118 f., 121, 126
Black Kettle 101, 123 f., 127 f., 132 f.
Black Medicine 113
Bonneville, B. L. E. (Captain) 140
Bosque Redondo 80
Boston Charley 152 f.
Bourke, John Gregory 73, 147, 149 f.
Brant, Joseph siehe Thayendanegea
Brighton-Reservat 53
Brulés-Sioux 98, 107
Bürgerkrieg, amerikanischer 45 f., 104

Buren, Martin van 45
Burlington 30
Busk 42
Cahokia 23
Canadian River 93
Canby, E. R. S. (General) 153
Candelaria-Gebirge 75
Cañon-Creek 145
Cañon de los Embudos 78
Canyon de Chelly 60, 80, 82
Cap Cod 18
Captain Jack 152 f.
Carolina 44, 46 f., 51 f., 56, 166
Carrasco, José Maria 77
Carrington, Henry (Colonel) 109
Carson, Christopher (Kit) 80, 82, 93, 151
Carter, Robert (Captain) 89
Cartier, Jacques 30
Carver, John 19
Casa Blanca 82
Cayugas 31 f., 36
Chatteehoochee River 54
Cherokees 13, 24, 38, 44-48, 167
Chesapeakebucht 17
Cheyenne River 121
Cheyennes 7, 13 f., 84, 97, 101, 111, 113, 115, 123-134, 136, 147, 150, 152-161
Chickees 51 ff.
Chief Joseph 10, 137, 139-146
Chihuahua (Provinz) 66, 75
Chihuahua-Apachen 10

Chikasaws 24 f., 38, 44, 49 f.
Chiluk-ki siehe Cherokee
Chippewas 14, 22 f., 26, 37, 98, 112, 136, 158, 161 f., 164
Chiricahua-Apachen 67 f., 72, 73 ff., 77 f.
Chiricahua-Bergkette 67, 73
Choctaws 24 f., 38 ff., 44, 49 f.
Clark, William (Captain) 99, 139 f., 147
Clearwater (Schlacht) 145
Clinch (General) 56
Coacoochee 52 f.
Cochise 68, 72 ff., 77
Cochiti Pueblo 62
Cocoteros 67
Colorado 58, 85, 87, 123 f., 128, 150 f.
Colville-Reservat 142, 146
Comanchen 8, 66 f., 84-92, 97, 123
Connecticut 19 f.
Connor (General) 132
Conquista 7 f.
Cornplanter 32 f.
Coronado, Fransisco de 60
Cortéz 60
Crazy Horse 10, 100 f., 107, 110, 113 f., 115-122, 126, 130, 132, 134, 144, 149, 170
Creeks 24, 38, 41 ff., 44, 50, 54
Crees 14, 158 ff., 164
Crook, George (General) 68, 75 f., 78, 117, 122, 132, 147, 149

»Crooked Lances«   129
Crow Dog   106 f.
Crows   112, 115, 125 f., 134 ff., 147, 149 f.
Cumberland River   14
Curly   siehe Crazy Horse
Custer, George Armstrong   93, 95, 101, 103, 115, 117, 120 f., 124, 128, 133 f., 149
Dade, Francis L. (Major)   55
Dakota   99, 102, 107, 111, 114, 118, 119, 121 ff., 126, 147, 162, 169, 171
Dakotas   siehe Sioux
Dania-Reservat   53
Darlington-Reservat   130 ff.
Deganawidah   31, 35 ff.
Delawaren   14, 26, 32
Delgadito   72
Denver   126
Des-Moines-River   30
Detroit   22 f.
Devil's Lake   105
Dohasan   13, 93 f.
Doniphan, Alexander W. (Colonel)   80
Dragoon   73
Dry Tortugas   52
Dull Knife   123 f., 130 ff., 150
Durango   92
Elkswatawa   siehe Tenskwatawa
El Paso   75
Eriesee   26
Eriksson, Leif   7
Erster Weltkrieg   34, 162
Eskimos   158, 163 ff.
Felsengebirge   138
Fetterman, William   108 f., 116, 121
Fischkopf (Krieger)   28
Flathead-Indianer   148
Florida   23, 47, 51-54, 78
Fort Apache   68
Fort Belknap   96
Fort Buford   114
Fort C. F. Smith   109, 122
Fort de Chartres   22
Fort Edmonton   160
Fort King   56
Fort Lapwai   143
Fort Laramie   100, 102, 108, 110, 131
Fort la Salle   123
Fort Leavenworth   141
Fort Marion   54
Fort Mims   43
Fort Moultrie   52, 56
Fort Peyton   52, 56
Fort Phil Kearny   108 ff., 116, 121
Fort Randall   114
Fort Reno   109, 124
Fort Richardson   96
Fort Ridgeley   105
Fort Robinson   117, 131 f., 170 f.
Fort San Carlos   68
Fort Sill   78, 91
Fort Washakie   150
Fort Worth   87 f.
Fort Yates   98, 114
Forsyth, George A. (Major)   129
Foxes   14, 16, 22, 27-30
Französisch-englischer Indianerkrieg   21, 32

Fünf-Nationen-Konföderation   31, 35, 37
»Fünf Zivilisierte Nationen«   25 f., 38, 44, 46
Gaines, E. P. (General)   29
Galaz   70
Gall   100, 119 f.
Geistersee   104
Geistertanzglauben/ -bewegung   101 f., 107, 111, 114
Georgia   43-46, 51, 54
Geronimo   10, 68, 73, 76-79
»Gesellschaft der Zehn Tapfersten«   96 f.
Gila River   72, 75
Gilerios   67
Gillem, Alvin C. (General)   153
Gleason   71
Golf von Mexiko   24, 41
Grand Canyon   81
Grant, Ulysses S.   74, 110
Great Plains   98
Grönland   163, 165
»Großer Geist«   33, 88, 91, 102, 140, 143
Guadalupe Hidalgo   60, 73
Guatemala   92
Guerillapraktiken/-krieg   21, 55, 67, 72, 74-77, 109, 133, 144 f., 149
Guerillos   52, 56, 147
Guero   151
Guess, George   siehe Sequoyah
Haida   154
Hakada   siehe Sitting Bull
Hannibal, araukanischer   8
Hano   63
Harrison, Josiah (General)   25 ff.
He Dog   115
Hiawatha   31, 35 ff.
Hopis   61-64
Howard, Oliver Otis (General)   74, 141, 143 ff.
Hudson Bay/River   33, 158
Hundeprärie   28 f.
Hunkpapa-Sioux   12 f., 98, 112 ff., 119 ff.
Huntsville   93, 96
Huronen   22, 31, 35
Hush-Hush-Cute   141
Hutchinson   105
Idaho   138, 140, 145, 147
Illinois (River)   27, 29 f., 123
Imeshwakihug   siehe Foxes
Inkas   26
In-mut-too-yah-lat-lat   siehe Chief Joseph
Inuit   163
Inukshuk   165
Inuktit   165
Iowa River   29
Iqaluit   165
Irokesen   13, 22, 27, 30-37
Irokesen-Bund   siehe Sechs-Nationen-Bund
Isatai   90 f.
Istechaque   41
Ite-o-Magazu siehe Rain-in-the-Face
Jackson, Andrew   43, 45, 51 f., 166
James River   17
Jamestown   17

Janos   72
Jefferson (Präsident)   118
Jeffords, Thomas   74
Jesup, Thomas Sidney (General)   52, 56
Jicarillas   67 f.
Johnson, James   71
José, Juan   71
Kalifornien   138, 147, 151 ff.
Kanada   21, 26 f., 32, 34, 66, 79, 105, 114, 120 f., 136 f., 144 ff., 158, 161 ff., 164 ff.
Kansas   29, 85, 87, 95, 124, 142, 166
Kaposia   105
Kayenta   60
Kearny, Stephen Watts (General)   60, 71
Kentucky   46
Keokuk   28 f.
Kickapoos   14
Kicking Bear   102
Kicking Bird   93
King, Charles Bird   50, 136
King Philip   siehe Metacomet
Kintpuash   152 f.
Kiowa-Apachen   67, 93, 97
Kiowas   13, 90, 92-97, 123
Kolonialkrieg   21
Kolumbus, chinesischer   7
Kolumbus, Christoph   6 f., 9, 79, 171
Konquistadoren   41, 45, 60
Koshare   63
Kotsoteka   87
Kwahadi   87, 90
Kwahari   87
Kwakiutl   154
Labrador   158, 163 f.
Laguna-Pueblos   62
Lame Deer   126
Lander, F.   149
Langhaus   30 ff.
Lapwai-Reservat   140, 143
Laulewasikau   siehe Tenskwatawa
Lautaro   8
Lava Beds   151 ff.
Lawton   91
Lewis, Meriwether (Captain)   99, 139 f., 147
Lincoln, Abraham   105, 118
Lipans   67
Little Big Horn   13, 93, 98, 100 f., 111, 113 ff., 117, 120 f., 124, 132, 134, 149, 170
Little Big Man   117 f.
Little Crow   100, 104 ff., 119, 162
Little Raven   133
Little Turtle   23, 114
Little Wolf   124, 130 f.
Llano Estacado   87, 90
Locke, John   41
Logan, James   32
Lolo-Pfad   145
Lone Wolf   93 f.
Longfellow, Henry Wadsworth   37
Looking Glass   140 f.
Lost River   152 f.
Lousiana   22, 28, 38
Machpiyaluta   siehe Red Cloud
Mackenzie, Ranald Slidell (Colonel)   90 f.
Mad River   23

Mangas Coloradas   68, 71-74
Mangus   72
Manitu   37, 102
Mankiller, Wilma   47 f.
Manuelito   80
Mascoutens   22
Massachusetts   18 f.
Massasoit   18 f.
Mdewakantons   98, 104
Medicine Lodge Creek   93, 95, 97, 128, 133
Meeker-Massaker   151
Meeker, Nathan Cook   150
Mekatawinesheka   siehe Black Hawk
Mescaleros   67 f., 70, 75
Metacomet   16, 18 ff.
Mexikanisch-amerikanischer Krieg   71, 73
Mexiko   7, 26, 58, 68, 78, 87, 90, 92, 99
Miamis   14, 22 f., 26, 114
Michigansee   20, 26 ff.
Michikinikwa   siehe Little Turtle
Micmacs   14, 22
Micnggee   41
Mico   41, 54
Mikenopah   54
Miles, Nelson A. (General)   78, 93, 114, 117, 137, 144 f.
Milk River   137
Mills, Anson (Captain)   122
Mimbrenjos   67, 70 f., 75 f.
Mimbres   67, 70
Mimbres Mountains   75
Mingo   siehe Logan, James
Miniconjou   98, 122
Minnesota   98, 100, 104 f., 119, 123, 132, 136, 161, 162
Minni-wakan   104
Mississippi   14, 21, 23, 26-29, 38, 40, 45, 49 f., 105, 167
Missouri   27, 92, 98 ff., 124, 135, 147, 161
Modocs   138, 151 ff.
Mogollons   67
Mohawks   31 f., 33, 35 f.
Mohegan-Sachem   20
Mokassins   62, 68, 88, 158, 161
Mokshulatubbee   50
Montana   99, 101, 109, 125, 132, 134-137, 139, 147, 162
Montaup   18
Montcalm, Marquis   21
Morgan, Lewis Henry   32
Morning Star   123
Moshulatubbee   50
Mount Graham   69
Mount Rushmore   118
Moxtaveto   siehe Black Kettle
Muskhogee-Sprachfamilie   38, 51
Nadouessioux   siehe Soioux
Nadoweissiw   siehe Sioux
Naiche   78
Naizhan   siehe Apachen
Namanti   96
Nana   68, 76
Narragansetts   14, 19
Natchez   38 ff.
Navahos   47, 58 ff., 79-83, 150, 167 f., 172
Nebraska   7, 108, 117, 123 f., 135

Nemene 84
Neuenglandstaaten 14, 19 f.
Neu-Ulm 100, 105
Nevada 138, 147, 150
New Mexico 58 f., 61, 66, 68-70, 72, 75, 79, 81 f., 87, 150, 166
New York 30, 34, 47, 50, 82
Nez-Percés 10, 137-146
Nimipu 138
Nokomi 37
Nokoni 87, 89 f.
Nootka 154
North, Frank (Major) 136
North Platte 92, 122, 130 ff.
Norton, A. B. 80
Nunavut 164 f.
Oconaluftee 47
Oglalla-Sioux 10, 98, 101 f., 108 ff., 115, 117, 122, 149, 169 f.
Ohio 21 ff.
Okechobee-See 52
Oklahoma 29, 43, 45-48, 50, 52 f., 55, 78, 87 f., 124 ff., 128, 130 ff., 136, 142, 153, 166 f.
Old Bull 98
Old Piqua 23
Ollicut 141
One Bull 98
Oneidas 31, 36
Onondagas 31, 36
Ontario 34 f., 162
Opechancanough 17 f.
Oregon 138, 142, 151
Osagen 27
Osakiwag siehe Sauks
Osceola 52, 54-57
Otisskun 160
Ottawas 14, 21 ff., 16, 21 ff.
Ouray 151
Pablo Montoya 60
Palmer (General) 129
Palo-Alto-Berge 72
Palo Duro Canyon 87, 91
Panateka 87
Pawnees 85, 92, 132, 135 f., 147
Payne's Landing 52
Pazifik 139, 163
Pease River 91
Peco-Fluss 80
Pequotes 14
Perico 78
Peru 26
Petalasharo 135 f.
Peta Nocona 89
Pinalenos 67
Pine-Ridge-Reservat 102 f., 111, 114, 169
Pinos Altos 72
Pittsburgh 22
Platte River 108, 123
Plenty Coups 134 f.
Plymouth 19
Pocahontas 17
Pokanokets 18
Pontiac 16, 20-23, 26, 162
Potawatomis 14, 22 f., 26
Powder-River-Land siehe Pulverfluss-Gebiet
Powell siehe Osceola
Powhatan (Häuptling) 16 ff.

Powhatans 14, 17
Powwow 81, 87 f., 142
Proctor (General) 26
Prophet 25 f., 37, 90
Pueblos 58-67, 79, 150
Pulverfluss-Gebiet 107-110, 116, 123, 126, 128 f., 131 f.
Pulvergesicht 132
Push-i-can 149
Pushmataha 25, 50
Quanah Parker 87, 89 ff., 144
Quebec 159
Rain-in-the-Face 100, 112, 120 f.
Rapid City 118
»Rat der fünfzig Sachems« 13
Ratsfeuer 36, 98 f., 128
Ratsversammlung 43, 52, 55, 144
Red Cloud 99 f., 107-111, 113, 116, 121, 131, 144
Red Eagle 43
Red River 91
Red Tomahawk 113 f.
Rees siehe Pawnees
Republican River 129
Roberts, Thomas (Captain) 72 f.
Rock River 27, 29 f.
Rocky Mountains 51, 84, 86, 108, 116, 124, 139
Rolfe, Rebekka 17
Roman Nose 123, 129 ff.
Roosevelt, Theodore 46, 78, 118
Rosebud 107, 113, 117, 147, 149
Ross, Lawrence Sullivan (Captain) 89
Sacajawea 147
Sagamores 12 f.
Sagoyewatha 32
Saint Louis 28 f.
San-Carlos-Reservat 69, 75, 77
Sand Creek 123 f., 127, 129, 133
San Juan Basin 62
Sankt-Lorenz-Strom 14, 27, 31
San Salvador 79
Sans Arcs 98
Santa Fe 62
Santa Rita del Cobre 72
Santee-Sioux 123, 144
Saskatchewan-Fluss 137
Satank 93, 95 ff.
Satanta 93, 95 ff.
Saukenuk 27, 30
Sauks 14, 16, 22, 27-30
Scott, Winfield (General) 45
Sechs-Nationen-Bund 13, 17, 30-37
Seminolen 24, 38, 44, 50-57, 70
Senecas 31 ff., 36
Sequoyah 44, 46, 48, 167
Shahi'yena siehe Cheyennes
Shai-ena siehe Cheyennes
Shavano 151
Shawnees 14, 16, 22 f., 25 f.
Sherman, William Tecumseh (General) 68, 80, 96, 145, 167
Shields, G. O. (Oberst) 144
Sezessionskrieg 100, 115
Shiprock 82
Short Bull 115
Shoshonen 10, 84, 115, 133 f., 136, 138, 146-150
Sibirien 163
Sibley, Henry Hastings (General) 105

Sierra Madre 78
Sierra Nevada 138
Sin-ta-galles-sca siehe Spottes Tail
Sioux 8, 12 f., 29, 84, 92, 97-126, 128 ff., 135 f., 145, 147, 150, 161
Sissetons 98
Sitting Bull 12 f., 100 f., 111-114, 117, 119-122, 134, 137, 144 f.
Sky Chief 135 f.
Slim Buttes 122
Smert, Pierre Jean de 146
Smoky Mountains 47, 129 f.
Sonnentanz 92, 99, 113, 115, 123
Sonora 66, 77 f.
Soto, Hernando de 41, 45, 49
Spider Rock 82
Spotted Tail 100, 105 ff., 144
Stand Watie 45 f.
Standing Bear 118
Standing Rock Reservation 102, 114, 120
St. Augustine 52, 54
Steep Wind 12
St. Louis 78
St. Paul 105
Tablitas 62
Talladega 43
Tallaschatchee 43
Taos 61
Tashunko Witko siehe Crazy Horse
Tatanka Yotanka siehe Sitting Bull
Taylor (Major) 28
Taza 77
Tecumseh 16, 20, 23-26, 28 f., 43, 50, 144, 162, 166
Tennessee 44, 46
Tenskwatawa 25
Teton-Sioux 98, 100, 113, 123
Tewa 62
Texas 71, 84, 87, 90 f., 93, 96 f.
Thayendanegea 32 f.
Thomas (Reverend) 152 f.
Thompson, Wiley (General) 52, 56
Thunderhead Mountain 118
Tikamthi siehe Tecumseh
T'Inde siehe Apachen
Tippecanoe 25 f.
Tirapihu siehe Arapahos
Tirawa 135
Tlingit 154-157
Toboggan 24
Todadaho 36
Tohopeka 43
Tomasito 60
Tongue River 125, 130 f.
Tontos 67
Too-Hul-Hul-Sote 141, 143 f.
Tres Castillos 75 f.
Tsegi Canyon 60
Tshe-ton Wa-Ka-wa Ma-ni siehe Little Crow
Tsisnah 78
Tu-eka-kas 140
Tule Lake 153
Turner (Captain) 20
Tuscaroras 31
Two Kettles 98
Unabhängigkeitskrieg, amerikanischer 32, 43, 45 f., 51
Unca 20

Utah 58, 81, 138, 147, 150 f.
Utes 84 f., 136, 138, 150 f.
Valdivia, Pedro de 8
Victorio 68, 75
Virginia 18, 46
Wabash 23, 25 f.
Wagenburg-Schlacht 109 f., 116 f.
Wahoo-Sumpf 55
Wahpehutes 98
Wahpetons 98
Wahunsonacock siehe Powhatan
Waldläufer 21, 80, 99, 162
Wallowa-Tal 140, 142 ff.
Wambli-luta 112, 121
Wampanoags 14, 16, 18 f.
War Chief siehe Kriegshäuptling
Warency 151
Washakie 10, 133 f., 147-150
Washington, George 32, 42, 118
Washita River 101, 124, 127 f., 133
Weatherford, Charles 43
Weatherford, William 43
White Bird 141
White Bird Creek 145
White House 60
Whitlacoochee River 56
Window Rock 81, 172
Wind-River-Land 147 ff.
Wind-River-Reservat 133, 148, 150
Winnebagos 22
Wisconsin 29, 98, 161, 162
Wolf Robe 125
Woodlands 84
Worth, William J. (General) 53
Wounded Knee 101 ff., 111, 118, 169 f.
Wyoming 84, 99, 123 f., 133, 147 ff.
Yamparika 87
Yanktonais 98, 136
Yanktons 98
Yellow Calf 10
Yellowhand 7
Yellowstone River 92, 108, 116
Young King 32
Yucatan 92
Yukon-Territorium 165
Zah 83
Zunis 59, 61 f., 67, 80
Zweiter Weltkrieg 34, 80, 172

176 Register